全国高职高专旅游专业工学结合规划教材

现代酒店管理

（第二版）

主　编　程旭东

副主编　陈　超

人民邮电出版社

北　京

图书在版编目（CIP）数据

现代酒店管理/程旭东主编. —2版. —北京：
人民邮电出版社，2011.1（2022.7重印）
全国高职高专旅游专业工学结合规划教材
ISBN 978-7-115-24316-4

I. ①现… II. ①程… III. ①饭店—企业管理—高等
学校：技术学校—教材 IV. ①F719.2

中国版本图书馆CIP数据核字（2010）第217595号

内容提要

本书以项目和任务的形式，全面阐述了酒店管理中的基本原则、营销技能、服务质量提升、前厅管理、餐饮管理、人力资源开发和宾客关系完善等多个方面。同时，教材内容注重理论与实践相结合，并对酒店管理的岗位活动、工作流程、实际案例进行了深入剖析和解读，突出实训过程，用任务驱动、实战演练来提高学生的职业岗位能力。

本书思路清晰，内容完整，体例新颖，注重与行业的紧密结合和对学生实际工作能力的培养，融知识、理论、实践于一体，具有较强的应用性和创新性。

本书可以作为高职高专旅游管理专业的教材，也可以作为高等旅游职业教育和自学考试的专业用书，以及旅游酒店业从业人员的培训用书。

全国高职高专旅游专业工学结合规划教材

现代酒店管理（第二版）

◆ 主 编 程旭东

　副 主 编 陈 超

　责任编辑 王莹舟

　执行编辑 槐艳菲

◆ 人民邮电出版社出版发行　　北京市丰台区成寿寺路 11 号
　邮编 100164　电子邮件 315@ptpress.com.cn
　网址 http://www.ptpress.com.cn
　大厂回族自治县聚鑫印刷有限责任公司印刷

◆ 开本：700×1000 1/16
　印张：15.5　　　　　　　　　　2011 年 1 月第 2 版
　字数：250 千字　　　　　　　　2022 年 7 月河北第 11 次印刷

ISBN 978-7-115-24316-4

定　价：27.00元

读者服务热线：(010)81055656　印装质量热线：(010)81055316
反盗版热线：(010)81055315

第二版总序

"全国高职高专旅游专业规划教材"自2006年出版以来市场反响强烈，获得了广大读者的好评，并被国内众多院校采用，对高职高专旅游管理类专业的教学起到了很好的促进作用。

随着改革开放的不断深入和发展，我国旅游业也迎来了新的机遇，尤其是2008年北京奥运会、2010年上海世界博览会等大型国际性盛会的举办进一步推进了我国旅游业的跨越式发展。为适应旅游业新的发展变化，迎接挑战，满足社会对新型旅游人才日益扩大的需求，使当前的旅游专业课堂教学内容与形式紧密结合，根据教育部进一步提高高职高专教育教学质量的相关文件和精神，我们对本套教材进行了全新的改版，编写成为了"全国高职高专旅游专业工学结合规划教材"。在本套教材的改版过程中，我们始终坚持"以能力为本位，以就业为导向"的指导思想，把"工学结合"作为高职高专教育人才培养改革的重要切入点，紧紧围绕现阶段高职高专教育人才培养目标从"培养能够与企业工作岗位对接的'制造型人才'向培养能够适应旅游产业结构升级和工作岗位变换的'创造型人才'"转型这一实际要求，采用"工学结合、任务驱动、项目导向、顶岗实习"的模式，融"理论、实务、案例、实训"四位一体，全面提高学生的实际操作能力。

"全国高职高专旅游专业工学结合规划教材"的改版原则与特色如下。

1. 以学习目标为导向，采用任务驱动型教学理念。以学习任务的形式进行编写，明确知识目标、技能目标、案例目标和实训目标，改变了传统教材的理论式灌输，使学生首先明确在该学习任务中的技能要求，从而有方向、有针对性地展开学习。

2. 以学习任务为目标，重新梳理整合知识体系。通过对学习任务的分析和整理，提炼学生需要掌握的学习性工作任务，以岗位操作的要求指导教学。

3. 以同步案例为引导，融入丰富的教学资源。在大部分学习任务之前设置"想一想，做一做"栏目，以典型案例的形式引导出该学习任务的内容。

4. 提供同步实战演练，激发学生学习兴趣。在技能要求的知识点中，设置相应的同步实战演练，要求学生及时进行实务分析与操作，达到理论与实践的统一，并通过操作有效激发学生的学习兴趣。

5. 进行综合实训操作，强化学生专业技能。同步演练与综合实训操作既是对任务知识的运用，也是对业务技能的训练，能有效强化学生的操作技能。

6. 搭建校企合作平台，强调教、学、做合一。学习任务来源于企业的实际工作要求，又回归到企业的实践中去，强调教、学、做合一。

7. 引入科学准确的数据，注重资料的时效性。数据、资料列有出处，并介绍了本学科最新的研究成果和国内外的先进经验，以便能够反映出现代旅游业发展的新要求。

由于我们的经验有限，教材中难免存在不妥和疏漏之处，我们期待着旅游界的同行、专家、学者和广大读者的批评与指正，以便我们能够紧跟旅游业发展的新形势，及时修订和出版更新、更优秀的旅游系列精品教材。

胡德华
2010年6月

前　言

随着旅游业的迅猛发展，我国的宾馆酒店业也逐步按照国际惯例来实施经营管理。但是，在越来越激烈的国际、国内市场竞争中，宾馆酒店所面临的环境、旅游客人的需求、宾馆酒店自身的情况等都发生着剧烈的变化。在这种新形势下，宾馆酒店的经营管理人员必须运用新观念、新思路、新理论、新知识来更新陈旧的观念和做法，探索适合中国酒店实际的经管管理模式、管理措施和管理方法，这也是现今酒店业所面临的主要课题。为此，在人民邮电出版社的倡导和支持下，我们对原教材（《现代饭店管理》）进行了重新改版。

本教材的主要特点是：（1）博采众长，理论先进，反映了现代酒店经营管理的新思想、新观念与新方法；（2）内容充实，体系完整，除了对原有的酒店管理知识进行充实以外，在内容上密切结合了当前酒店管理实践日新月异的变化，在体例上又有新的调整和突破；（3）根据我国的社会文化特点和酒店的实际情况来研究酒店管理，注重与时俱进，富有科学性、针对性和实用性。

本书既是高职高专旅游管理专业的规划教材，又可作为酒店宾馆管理人员的培训教材，也可作为相关企业经营管理人员的参考用书。本书由程旭东主编，各项目执笔人员如下：项目1、项目2、项目3、项目10，程旭东；项目4、项目5，朱江；项目6、项目7，王平；项目8、项目9，陈超。

本教材得以出版首先要感谢人民邮电出版社相关人员的辛勤工作。在本书的编写过程中，也得到了浙江商业职业技术学院冯文昌、台州科技职业学院包锦阳、深圳市博伦职业技术学校张华林、莆田学院旅游系陈超等的大力支持和帮助，同时，作者学习、参考并吸收了许多同志的科研成果、资料，由于篇幅有限，不能一一列举。在此表示衷心感谢。

由于时间和水平所限，本书疏漏之处在所难免，敬请广大读者不吝指正。

目　录

项目 1 全面认识酒店

■ 学习目标

■ 知识目标

1. 了解酒店的布局、规模等级、经营特色、服务项目等内容。

2. 理解酒店的内涵、酒店的不同类型、酒店的主要客源对象、酒店行业的功能特点。

3. 对酒店有一个概括性的总体认识。

■ 案例目标

通过案例学习，学生能够学会设计酒店的"名片"，激发学生的创作思维，提高学生对专业学习的积极性。

■ 实训目标

通过课外参观、采访、调查、收集资料等不同形式的活动，学生能够做到感性与理性知识、理论与实践的有机结合，提高学生对本章知识的掌握程度，为今后学生学习酒店管理的相关理论和专业知识打下基础。

■ 教学建议

1. 通过案例，学生能够体会到酒店业经营与服务的主要内容及基础知识。

2. 教师对知识点进行详细讲解。

3. 通过多媒体，学生直观地了解酒店的建筑设计、内部结构、岗位安排及人员形象等。

4. 教师将学生分组，进行参观、网络信息收集、查找相关图片等不同方式的实训练习，提高学生对酒店及本专业的了解。

学习任务 ❶ 设计酒店 "名片"

【想一想，做一做】

南京金陵饭店

所在地区：南京

酒店星级：五星级

详细地址：南京新街口汉中路2号

交通说明：距离市中心（公里）0　火车站（公里）10　机场（公里）35
展览中心（公里）10

商务配套：小会议室（7个）可容纳8~30人、扬子厅可容纳40~380人、钟山厅可容纳200~1200人

娱乐设施：游泳、健身、桑拿、按摩、棋牌、台球、乒乓球、夜总会

特色服务：璇宫餐厅、香江餐厅、太平洋餐厅、金海湾餐厅、梅苑餐厅、樱花苑餐厅、金焱餐厅

其他：金钥匙、会议厅、商务中心、停车场、外币兑换、票务服务、DDD、IDD、洗衣服务、商场、医务室、美容美发、出租车、宽带上网、残疾人客房、婴儿看护、茶座

南京，东方的钟灵毓秀之地，中国恢宏的历史曾在这里浩瀚演绎而形成了灿烂的六朝文明。如今，荣膺中国十佳酒店的五星级金陵饭店矗立在这座城市的中心。作为"世界一流酒店组织"的成员，它以典雅舒适的尊贵客房，荟萃环球美食的各式餐厅，先进、快捷的商务和会议设施，以及功能齐备的康乐服务，接待了无数海内外宾客。金陵饭店独具的人文素养和其婉约柔丽的殷殷之情，创造了中国酒店的服务经典。金陵饭店于1983年开业，2001年重新装修，楼高36层，标间面积30平方米。它设计新颖、建筑华丽、装潢典雅、设施完善，是一座五星级豪华酒店，不仅为宾客提供多种类别的客房和不同形式的中、西佳肴，还设有商场、汽车公司以及商业信息、市内旅游、交通票证等服务机构。金陵饭店是南京第一家五星级酒店，矗立于六朝古都市中心，距机场35公里，车站10分钟车程。商业、外贸、银行等机构近在咫尺，往来机场、车站、码头十分便捷，是商务旅客及旅游者的最佳选择。有游泳池、健身房等娱乐设施，有可容纳500人的会议室。饭店餐饮以淮阳菜为主，梅苑中餐厅，供应江苏地方名菜淮扬菜肴；竹居中餐包间，供应淮扬菜；香江厅中餐厅，供应新派港式粤菜；太平洋厅西餐厅、酒吧；璇宫顶层旋转餐厅，供应午晚自助餐及下午茶；樱花苑日本料理餐厅；金焱德式现酿啤酒餐厅；金海湾咖啡厅；雪茄屋供应百余种古巴产名牌雪茄；雨花茶座、商务书廊为入住商务楼层的宾客单独提

供美味早餐、全天软饮及小点。

资料来源：天下旅游资讯网

根据以上资料为南京金陵饭店设计一张300字左右的"名片"——酒店简介，可参考酒店的地理位置、环境、规模、等级、设施设备、服务范围、服务项目、服务特色、经营宗旨等内容，从而有效地指导客人选择酒店，满足客人的需求，保障客人的利益，并起到为酒店宣传促销的作用。

实战要点

1. 由教师提前联系相关酒店宾馆，学校相关院系开具介绍信并组织学生到宾馆酒店参观，聆听酒店人员介绍，索取酒店产品相关资料。

2. 了解酒店的主要内容，如酒店的历史、员工数、占地面积、规模、星级、特色服务、特色菜肴；酒店的经营状况、经营业绩、发展前景等。

3. 将学生分组，设定每组组长负责参观事宜的准备工作、组织纪律、路途安全及之后的信息汇总、讨论总结等，由每组提供一份酒店的简介作为实践的成果。

学习任务 ❷ 认识酒店小常识

【想一想，做一做】

资料一　世界上最豪华的酒店

伯瓷是世界上建筑高度最高的八星级酒店（因为酒店设备实在太过高级，远远超过五星级的标准，只好破例称它为八星级），1999年12月开业，共有高级客房202间，建立在离海岸线280米处的人工岛丽晶海滩度假村上。伯瓷融合了最新的建筑及工程科技，迷人的景致及造型，使它看上去仿佛和天空融为一体。伯瓷的工程花了5年的时间，2年半的时间在阿拉伯海填出人造岛，2年半的时间用在建筑本身，使用了9000吨钢铁，并把250根基建桩柱打在40米深海下。酒店由英国设计师W.S. Atkins设计，外观如同一张鼓满了风的帆，一共有56层，321米高，是全球最高的酒店，比法国艾菲尔铁塔塔身还高上一截。

资料来源：http://www.soufun.com/house

资料二　中国星级划分

中国现有星级酒店评定体系中的最高级别是白金五星级。白金五星级酒店硬件、软件标准都比五星级酒店要高，如要求普通客房有效使用面积不小于36平方米，有净高度不少于5米、可容纳500人的豪华宴会厅，主要经营指标连续3年居于当地五星级酒店的前三名等。2007年8月，代表中国顶级豪华酒店的首批中国白金五星级酒店正式诞生，北京中国大饭店、上海波特曼丽嘉酒店、广州花园酒店入选。

资料来源：http://www.9ih00.com/9./food/1747119.html

想一想

1. 酒店为什么要分等定级？
2. 我国的酒店星级划分主要从哪些方面进行评定？

 **参考要点**

星级制是根据一定的标准把酒店分成的等级，用星号（★）表示，以区别其等级的制度。比较流行的是五星级别制，星越多，等级越高。这种星级制在世界上，尤其是欧洲，采用得最为广泛，如法国、西班牙、英国等。我国的酒店也采用此种分级方法。

酒店分等定级，目的是确立统一的酒店服务和产品质量标准，有利于建立有序的酒店产品销售系统，可以有效地指导客人选择酒店，保障客人的利益，同时也便于政府对酒店业的管理和监督，维护酒店企业的利益，创造一种平等、公平竞争的市场环境。但由于各地区、各国家间酒店业发达程度和出发点不同，制定执行机构也不同，如有的是政府部门，有的是酒店协会或相关协会。因此，各种等级制度所采用的标准不尽相同，但各地酒店分等定级的依据和内容却十分相似。通常都从酒店的地理位置、环境条件、建筑设计布局、内部装潢、设施设备配置、维修保养状况、服务项目、清洁卫生、管理水平和服务水平等方面进行评价确定。

 **知识储备**

1.1 酒店的含义

酒店（Hotel）一词源于法语，其最初的含义为招待重要宾客的乡间别墅，是主人款待宾朋、为之炫耀的场所，也是人们赞赏和向往的去处。到18世纪后期，英美国家沿用这一名称来指所有商业性的住宿设施。在中文里表示住宿设施的称谓很多，如"酒店"、"宾馆"、"度假村"、"大厦"等，但基本功能总是服务于旅居者的住、食及其他的综合服务，这是酒店的共性。

国外的一些权威辞典对酒店下过这样的定义。

酒店是装备好的公共住宿设施，它一般都提供膳食、酒类与饮料以及其他的服务。

——《美利坚百科全书》

酒店一般地说是为公众提供住宿、膳食和服务的建筑与机构。

——《科利尔百科全书》

酒店是提供住宿、膳食等而收取费用的住所。

——《牛津插图英语词典》

根据上述定义，作为一个酒店，应该具备以下四个条件。

1. 它是由建筑物及装备好的设施组成的接待场所。作为酒店首先是一个或多个建筑群组成的接待设施，具有接待应具备的硬件设施，如客房、餐厅、前厅、娱乐中心等场所，而且这些服务部门应配备一系列设备和用品。

2. 它必须提供住宿、餐饮和其他服务。酒店业是一种服务性行业，酒店提供的产品除了要满足宾客旅居的基本物质需求以外，也要给宾客一种精神和心理的满足，而体现无形产品的服务是一种直接提供客人享受的活动。

3. 它的服务对象是公众，主要以外地旅游者为主，同时也包括本地居民和其他消费者。与其他住宿设施的重要区别之处在于，家庭住宅及部分特殊的招待所尽管也招待客人，提供住宿、膳食与其他服务，但一般来说，不是为公众服务而开放的，就不能称之为酒店。酒店所从事的是公用事业，必须接待所有要求住宿的正常人，具有"公用性"的特点。

4. 它是商业性的，以盈利为目的，所以使用者要支付一定的费用。酒店是从事旅居接待活动，为旅客提供综合服务的，就要占有社会劳动，为社会产生效益，因而只有合理地利用人、财、物等资源，强化管理、灵活经营，才能更好地创造经济效益，以营业收入来抵补支出、上缴税收，平衡整个酒店的收支，用多余的资本发展扩建酒店。

如果从经济形态来理解酒店的内涵，酒店是一个以提供服务为主的服务企业，有着自身的经济活动，是独立的企业法人。而法人是指具有一定的组织机构和独立的财产，能以自己的名义进行民事活动，能独立享有民事权利并承担民事责任的组织。酒店依法取得法人资格，以法人资产自主经营，自负盈亏，独立核算，上缴利税。

基于以上认识，可将酒店定义为：酒店是以接待性建筑设施为依托，为公众提供食宿及其他服务的商业性服务企业。

1.2 酒店的业务特点

酒店作为一个独立的营利性经济组织，除具备经营上的自主性、组织上的完整性、经济上的独立性以及法律上的法人地位等基本条件以外，酒店还有着与其他企业不同的特点。

1. 服务性

酒店提供的产品，是酒店有形设施设备与无形劳务服务的有机结合，其中以劳务服务为主。酒店的经营活动是以租让酒店设施的使用权的形式来进行的，消费者只是在一定的时间和空间内购得有形设施的使用权，但不能购得有形设施的所有权。酒店产品中的实物部分，实际上只起着促进服务销售的作用。因此，从本质上说，酒店生产和销售的主要是无形的服务产品。

2. 综合性

酒店是一个具备综合功能的企业。住宿服务是酒店产品的基本形态，但随着行业规模的扩大和市场需求的多样化，酒店同时提供餐饮、娱乐、购物、交通、商务、会议、休闲度假等一系列的服务，形成了综合性的特点。因而，酒店必须配备相关的设施设备并提供相应的服务。综合服务已成为酒店竞争的重要手段，一家酒店的功能越多、设施越完备，就越能满足客人的多样化需求，获得更多的客源。

3. 协调性

当宾客进入酒店后，要消费由不同部门所生产的使用价值，以宾客的活动为纽带，各相关部门使用价值的综合就形成酒店产品。宾客的需求是多种多样的，满足宾客需求的酒店产品也是多种多样的。无论是酒店还是酒店产品，都是一个整体，分散在不同空间的不可凝聚的多种使用价值和业务内容包容在一个整体中，去满足某一特定对象的需要，这就决定了酒店业务的综合协调性。如前台部门的业务运转都需要后台部门的能源、用水、空调的支持；客房送餐服务需要客房部与餐饮部协调配合来提供给客人满意的酒店产品。因此，正是酒店业务的综合性带来酒店业务的协调性，并要求酒店部门、岗位做好业务的组合和衔接，达到平衡和谐。

4. 时空性

时间是酒店产品的载体，酒店产品的使用价值是和时间紧密地联系在一起的。酒店产品的时间性决定了酒店产品的不可储存性、周期性、重复性的特点。酒店产品的使用价值是有时间段的，在特定的时间段里未被使用，那么这个时间段的产品使用价值和价值就都受到了损失。从形式上看，没用过的酒店产品的价值和使用价值依然存在，但这个存在是在一个新时段的存在，而上个时段的产品价值和使用价值因未被使用而闲置，是一种损失，如宾客出租、餐厅使用等。

空间是酒店产品的外壳，是使用价值的组成部分。酒店空间的使用价值就是给宾客一个空间环境和空间使用功能。酒店产品只有在特定的、固定的空间才有使用价值，才成为产品。酒店的空间是不能移动的，这就决定了酒店产品的不可移动性，也决定了酒店产品的销售是吸引宾客在一定的空间就地消费，因此，酒店经营也称为出售空间。虽然酒店空间不能移动，但酒店空间功能可以做改变，酒店可以常常根据市场需求而改变空间功能，如多功能厅功能的变换、客房单人房、标准间、套房等房型的转换。

因此，酒店要实现产品价值，就要充分利用营销手段，充分利用酒店空间和时间特性，在淡旺季、客源不同的情况下，利用价格杠杆的作用来调节客流量，充分利用酒店的时空特性，来取得最大的效益。

5. 文化性

探求异地文化、追求现代生活质量，使宾客对旅游、旅居生活的需求带有更为浓厚的文化色彩。酒店产品的文化性表现形式可以是多方面的，通过酒店的硬件和软件两个方面来体现。硬件方面主要有建筑造型、装修设计、色彩图案装饰、设施设备款式、环境艺术等。软件方面主要有酒店的产品理念、服务宗旨、对宾客服务程序设计、文化理念等。因此，为了表现酒店业务的文化性内涵，须讲究酒店地域特点、地方风貌、历史文化、民族文化、特色文化、文化品位与酒店业务的融合与统一，从而建立在酒店的外在形象与内在机制有机统一的基础上，将文化主题体现在酒店经营管理和服务的每一环节中，使客人在丰富多彩的酒店文化氛围中感受到精神的享受和愉悦。如酒店咖啡厅、西餐厅针对西式文化主题进行设计和体现，而中餐厅则以蕴含东方的民族文化和地域特色文化的基调来烘托。

1.3 酒店的业务功能

1. 酒店是旅游者的活动基地

酒店是旅游者食宿等基本生活的物质承担者。旅游者外出旅游，其基本生活条件——食宿，通常都由酒店提供，酒店是旅游者游览观光或商务活动的生活基地，是旅游者旅游活动能够持续进行的物质保证。与此同时，酒店也是当地居民、政府机关、企事业单位举行各种活动的重要场所，通常酒店还是一个城市、地区的对外窗口，是反映一个国家和地区旅游接待能力的重要标志。

2. 酒店是旅游服务体系的重要环节

从社会再生产过程中产、供、销之间的联系来看，酒店业处于消费环节，属于第三产业。

在旅游服务体系中，酒店业是构成旅游业的基本要素之一，与旅游景区、旅行社、旅游交通等组成旅游服务体系。一个国家或地区只有拥有丰富的旅游资源才能吸引旅游者，旅行社是旅游者从出发地到旅游目的地的组织者和服务者，交通是实现旅游活动的重要工具和手段，酒店则是向旅游者提供基本生活服务的重要环节，各个要素既互相联系，又互相促进，缺一不可。

发展旅游业首先要考虑酒店业的设施条件，中国酒店业发展的实践表明，酒店业的建设应适度超前，否则就难以适应市场需求的发展和变化。具备了相对宽松的酒店供应空间，就能吸引更多的游客，甚至延长游客的逗留时间和增加旧地重游的机会，因此，可以说酒店业的发展水平的高低是影响一个国家或地区客源量的重要因素之一。

3. 酒店业是创造旅游收入的重要行业

酒店业是创造旅游收入的重要来源，尤其是接待国外旅游者的酒店，对国家外汇收入、平衡国际收支有着重要的意义。国外旅游者不仅食宿在酒店，而且还在酒店内购买旅游产品，进行其他消费，为酒店带来大量的外汇收入。酒店在营运过程中还使许多相关行业获得收入，如带动建材、装饰、水电等生产中间环节的需求，同时更直接刺激了社会最终需求，推动消费，具有相当大的"乘数效应"。

4. 酒店能为社会创造大量直接就业和间接就业的机会

酒店业是提供服务为主的行业，是一种劳动密集型的行业，为了满足宾客的需要，饭店必须雇用大量员工以保证每天24小时服务。随着酒店规模的扩大，酒店功能、服务项目的增多，将为社会提供更多的就业岗位，吸纳大量的劳动力。根据国际统计资料和我国近年来的实践经验表明，高档酒店每增加一个房间，就可以直接或间接地为5~7个人提供就业机会；中档酒店每增加一个房间，则可以为4~5个人提供就业机会。

5. 酒店业是国民经济的一个重要部门和地区经济发展的窗口

酒店业的发展会刺激国内消费，形成新的消费热点，推动经济的发展，为社会运行做出贡献。酒店业已经成为旅游业中一个重要的经济部门和创汇渠道，同时酒店业的发展不仅带来新的文化和新的生活方式，酒店在经营过程中的创新和发展更能带来新的管理观念与管理制度，成为当地投资环境的重要组成部分和经济发展的窗口。

1.4　酒店的分类

酒店业由各种类型和等级的酒店设施组成。酒店分类有两大目的，一是利于营销，能使酒店明确所处市场的营销对象，从而更有效地制订营销计划，更集中地使用广告宣传费用；同时，也能使宾客在选择酒店时有明确的目标。二是便于比较，一家酒店经营效果的好坏，要与同一类型的酒店相比才具有意义，特别是在当酒店在运用酒店业各种统计资料分析市场动向、研究竞争对策和制定经营策略方针时，同类相比就显得格外重要。

1.4.1　根据酒店用途及客源市场分类

1. 商务型酒店

商务型酒店也称暂住型酒店。此类酒店主要为从事商业贸易活动的宾客提供住宿、餐饮和商务服务，多位于城市的中心或商业区。由于商务客人一般文化层次、消费水平较高，商务酒店的设施设备也就比较豪华，一般为四星级、五星级酒店，为满足商务活动需求而提供各种设施和通信系统一应俱全，如国际直拨电话、互联网、传真、商务中心、洽谈室、会议室及提供秘书和翻译服务等，并配备供宾客娱乐、健身和交往的设施与场所，如健身房、游泳池、网球场、桑拿浴室、康乐中心等。

2. 长住型（住宅）酒店

这类酒店的主要市场是住宿期较长的在当地短期工作或度假的客人或者家庭。其客房多采用家庭式布局，以套房为主，配备适合宾客长住的家具和电气设备，通常都有厨房设备供宾客自理饮食。这类酒店一般只提供住宿、餐饮等基本服务，但服务讲究家庭式气氛，特点是亲切、周到、针对性强。酒店的组织、设施、管理比其他类型简单。

3. 综合型酒店

综合型酒店是指同时接待游览、商务、会议、度假等客人的酒店。为适应各种类型宾客的需要，综合型酒店往往功能齐全、设施完备，能提供全方位的服务。在中国，此类酒店大多数是旅游业发展过程中较早出现的，通常在当地承担主要的接待任务。目前中国各地中小城市以此类酒店为主。

4. 休闲度假型酒店

休闲度假型酒店主要以接待商场、度假及娱乐的旅游者为主，大多数位于海滨、温泉、风景名胜区附近，除了提供其他酒店应有的设施和服务以外，其最突出的特点是占地面积大，拥有种类繁多的娱乐健身设施，开辟各种娱乐体育项目如网球、高尔夫球、骑马、冲浪和划船等来吸引游客。这些活动的质量往往是一个度假型酒店成功的关键。近年来，在许多酒店业发达国家，已出现度假型与商务性相结合的酒店，即所谓改良的度假型酒店，并被认为是当代酒店设施发展的方向。

5. 会议展览型酒店

此类酒店主要是为各种展销会、博览会、国际会议、经贸洽谈会等提供会议展览场所、住宿及餐饮等综合服务的酒店。会议型酒店一般设在大都市和政治、经济中心或交通方便的游览胜地，不仅要求有各种类型和规格的会议室、展览厅、陈列室、洽谈室等，必须配备会议设施如投影仪、通信设备、视听设备、影像设备和同声传译装置等，还要求有良好的会议组织和协调功能，提供高效率的服务。

6. 观光游览型酒店

观光游览型酒店主要以接待观光旅游的团体客人为主。此类酒店主要分布于旅游城市，酒店的设施和服务要符合观光旅游客人的需求特点：既要价格便宜、经济实用，又美观舒适、服务周到。观光型客人主要目的不是追求享受和炫耀，而是为了在旅行中进行恢复和休息，因此酒店的综合设施不必过于完备和齐全，以1~3星级酒店为主，管理和服务相对来说比较规范，但此类酒店受客源的制约较大。随着客源市场的变化，此类酒店逐步向综合型酒店过渡，纯粹的观光游览型酒店目前已不多见。

7. 康复疗养型酒店

通常以疗养院和干休所等形式出现，是以提供康复疗养服务为主的酒店。目前一些大中型城市的边缘地区也出现了现代康复疗养型酒店，集康复疗养和休闲健身于一体，使人们在繁重的工作之余得以修身养性，陶冶情操。

1.4.2　根据酒店规模大小分类

1. 大型酒店

一般指拥有600间以上标准客房，服务项目较齐全，设施比较豪华的酒店。通常大型酒店都是豪华酒店，随着旅游业的快速发展，许多中小型酒店也不断扩大规模而成为大型酒店。

2. 中型酒店

一般指拥有300~600间标准客房的酒店。这类酒店设施齐备、精良，服务项目齐全，价格适中，是一般旅游者较多选择的酒店。

3. 小型酒店

通常指拥有标准客房数在300间以下的酒店。这类酒店的设施和服务能满足宾客的基本需求，一般价格较为便宜，多为经济型酒店。

1.4.3　根据酒店计价方式分类

1. 欧式计价酒店

欧式计价酒店指酒店客房价格仅包括房租，不含食品、饮料等其他费用。世界各地绝大多数酒店均属此类。

2. 美式计价酒店

美式计价酒店的客房价格包括房租以及一日三餐的费用。目前，尚有一些地处偏远地区的度假型酒店仍属此类。

3. 修正美式计价酒店

此类酒店的客房价格包括房租和早餐以及午餐或晚餐的费用，以使宾客自由安排白天的活动。

4. 欧陆式计价酒店

此类酒店的房价包括房租及一份简单的欧陆式早餐（包括咖啡、面包和果汁等）。此类酒店一般不设餐厅。

5. 百慕大计价酒店

此类酒店的房价包括房租及美式早餐的费用。美式早餐包括用粗粮做的甜麦圈、烤面包片（上面抹上蜂蜜、果酱和花生酱）、火腿（ham）和牛奶。有时候还加点水果。

1.4.4　根据其他标准分类

1. 按酒店的地理位置可分为机场酒店、公路酒店（汽车旅馆）、风景区酒店、城市中心酒店等。

2. 按酒店的营业时间可分为全年性营业及季节性营业。

3. 按酒店星级可分为一星级、二星级、三星级、四星级、五星级酒店，星越多，级别越高。

4. 按经营性质划分，酒店有国有酒店、合资酒店、外资酒店、酒店集团（联号）、股份制酒店和个体酒店之分。

以上是以酒店各种特点为依据的基本分类。但由于一家酒店常常具有多种特点，因而往往能同时被归入上述任何一类。因此，要决定一家酒店的类型，必须根据该酒店的主要特点归纳，即最能将其区别于其他酒店的特点。

1.5 酒店发展趋势

随着知识经济时代和信息时代的迅速到来，酒店业直接联系着国际和国内市场，正随着时代的发展而发展。在我国，从改革开放初至今30多年来的发展，酒店业在经营模式、建设理念、管理方法上也经历了翻天覆地全方位的变化，酒店业也走进了全球酒店发展的前列。在今后的发展过程中，未来酒店发展趋势主要表现在下述几个方面。

1. 绿色化趋势

绿色酒店的兴起是酒店企业以可持续发展思想作为经营理念，以环境保护作为价值观开展的一项自觉行为。酒店开发绿色产品、提供绿色服务、提倡绿色消费，对于酒店企业而言，有着多方面的积极意义。一方面，绿色酒店推出绿色客房，倡导绿色营销的理念，讲究生态化设计，尽量减少对环境的污染，与人类实现全球环境与社会经济发展的目标相协调，保持和促进人类社会的可持续发展，从而最大限度地得到消费者的支持和青睐；另一方面，绿色酒店引入循环经济的概念，通过节能降耗、绿色消费等方式，在很大程度上降低酒店的运营成本。据统计，在绿色酒店创建方面起步最早的浙江省，凡是参加绿色酒店创建的宾馆酒店，平均成本均比创建之前下降15%。

2. 主题化趋势

所谓主题酒店是指在市场定位的前提下，形成酒店产品特色、风格特色、经营特色，从而使酒店品牌带有明显的市场特征和品牌联想。在宾客需求日益多元化的今天，主题酒店可以被看作市场高度细化的结果，它能够极大地满足对应市场群体的特定需求，因而在全球范围内迅速普及。主题可以从客源市场、酒店产品的个性、酒店的环境氛围、服务特色、品牌上等各方面来体现，从而以个性化的服务代替传统的服务模式，以提高宾客的满意度，实现酒店效益的最大化。主题酒店不再单纯是住宿、餐饮消费的场所，更是以历史、文化、城市、自然等吸引顾客体验生活的舞台。

3. 科技化趋势

21世纪是一个以网络为核心的信息时代，数字化、网络化、信息化是这个时代的基本特征。作为对信息和信息技术依赖性很强的酒店业，顾客对个性化、智能化、互动性的服务需求在未来的高科技、智能化酒店中均可得到极大的满足。如服务账单查询（快速结账）、消息与留言、快捷预订、呼叫管家服务、事务提醒、闹铃服务，以及独树一帜的房间设施控制，如通过遥控器按键就可以"一点通"；可以利用无线键盘，使酒店的电视成为客人的电脑，宾客可以足不出户浏览喜欢的网站或查询邮件、处理文件等。

4. 品牌化趋势

21世纪经济全球化以及市场经济的高度发展使得国际酒店之间的竞争由价格竞争、质量竞争、规模竞争转向了品牌竞争。所谓品牌，实际上就是商标、商号（字号）、商誉等的统称，目的是使自身与竞争对手的产品和服务区别开来。

酒店的客房、设备设施、菜点、就餐环境和服务是酒店品牌的物质载体，名称是酒店品牌的形象符号，商标是酒店品牌的法律界定。只有当一个名称与酒店所能提供的产品、服务和消费者体验等建立起了联系，并产生认同时，该名称对酒店才有速记作用，才形成酒店的品牌，才能体现品牌的价值。品牌是企业的一种无形资产、重要的知识产权，会产生社会影响力，能提升酒店的价值，具有增值效应。当一个品牌享有相当知名度的时候就成为名牌，其结果是市场向名牌集中，消费者向名牌靠拢，资本向名牌集聚，从而提高了酒店自身的竞争力和获利水平。我国实力最强的本土酒店集团——锦江酒店集团，它的发展历程正是由于其首先走出了品牌扩张的地域限制，在短短20多年的时间里，锦江酒店集团由一个地方性的酒店集团迅速成长为国内第一、世界前30强的国际性酒店集团，以"三级跳"的方式实现了品牌竞争力的快速提升。

5. 集团化趋势

酒店集团，也称连锁酒店，是第二次世界大战以后为适应不断扩大的旅游市场而产生的，它一般是指在本国或世界各地直接或间接地控制两个以上的酒店，以相同的店名和店标、统一的经营程序和管理水平、统一的操作程序与服务标准进行联合经营的酒店企业。早在20世纪50年代，国外联号酒店便蓬勃发展，特别是西方一些发达国家，随着交通运输业的迅速发展，许多大的旅馆联号应运而生，并从某一国家内的旅馆联号，逐步走向世界，向海外发展。目前，全世界较大的旅馆联号已达几百家，控制着全世界客房总数的绝大多数，并产生了号称世界酒店联号三大巨头的假日、喜来登和希尔顿酒店管理公司，这些联号旅馆在资金、技术、人才、设备设施等方面具有雄厚的实力，对所管酒店实现了统一模式，达到了管理水平高、服务质量优、经济效益好，深受广大游客的好评。1982年，中国第一家合资酒店——建国酒店开业，标志着中国酒店集团化管理的开始。进入21世纪，中国酒店集团化发展速度稳步加快，管理数量稳步增长，管理规模正逐步向大集团、大公司集中。2006年，中国酒店业国际品牌10强中有洲际酒店集团、香格里拉酒店集团、上海豪生酒店管理有限公司、万豪国际集团、喜达屋酒店与度假村集团、法国雅高国际酒店集团、康年国际酒店集团、美国最佳西方国际集团、希尔顿国际亚太有限公司、香港中旅酒店管理有限公司；酒店业民族品牌20强中有锦江国际酒店管理有限公司、北京首旅建国酒店管理有限公司、粤海国际酒店管理（中国）有限公司、河南中州国际集团管理有限公司、南京金陵饭店管理有限公司、上海海航国际酒店管理有限公司、岭南花园酒店管理有限公司、开元国际酒店管理有限公司、浙江世贸酒店管理有限公司、北京东方嘉柏酒店管理有限公司等；也出现了如锦江之星旅馆有限公司、如家和美酒店管理有限公司等中国经济型酒店的品牌先锋。

本项目总结

知识梳理

1. 酒店概念：酒店是以接待性建筑设施为依托，为公众提供食宿及购物、娱乐等其他服务的商业性服务企业。

2. 酒店行业特点

（1）服务性；（2）综合性；（3）协调性；（4）时空性；（5）文化性。

3. 酒店业务功能

（1）旅游者的活动基地；

（2）旅游服务体系的重要环节；

（3）创造旅游收入的重要行业；

（4）提供大量直接就业和间接就业的机会；

（5）国民经济的一个重要部门和地区经济发展的窗口。

4. 根据酒店用途及客源市场分类主要有：商务型酒店、长住型酒店、综合型酒店、度假型酒店、观光游览型酒店、会议展览型酒店、康复疗养型酒店等。

5. 现代酒店发展趋势：绿色化、主题化、科技化、品牌化、集团化。

习题与技能训练

1. 作为一个酒店应具备哪几个方面的条件？

2. 酒店简介一般包含哪些方面的内容？

3. 酒店行业与其他行业相比较有什么特点？

4. 酒店业的功能作用表现在哪几个方面？

5. 根据酒店用途和客源市场分类主要有哪几种类型的酒店，它们各有什么特点？

6. 何谓品牌？品牌的价值体现在哪些方面？

7. 何谓酒店集团？试举出2~3家中国酒店的国际品牌和民族品牌。

8. 参观当地某家星级酒店，对该酒店的地理位置、等级、规模、服务项目等进行调查和了解，简要叙述该酒店的概况。

项目 2　掌握基本原理

■ 学习目标

■ 知识目标
1. 掌握酒店管理的内涵。
2. 了解酒店管理的基本理论。
3. 掌握现代酒店管理的基本职能。
4. 了解酒店集团经营的主要形式。

■ 案例目标
　　通过案例学习，学生能够体会到经营管理的要旨及重要性，并结合酒店服务行业的特点进行深入思考和讨论；通过对国外酒店经营管理模式的探讨和借鉴，寻找适合我国国情的具有中国特色的管理模式和方法。

■ 教学建议

1. 通过企业案例讲解，引起学生对经营管理的兴趣和思考。
2. 介绍酒店管理的主要基本理论和不同时期的运用与发展。
3. 阐述现代酒店管理中管理理论在酒店中的具体运用。
4. 结合学生经常接触的学生超市进行经营管理的探讨。

学习任务 ❶ 探寻"肯德基"的成功秘诀

【想一想，做一做】

肯德基创始人——桑德斯（Sanders）上校一生充满着美国式成功的传奇。他年轻时做过许多工作，包括铁路消防员、养路工、保险商、轮胎销售及加油站主等，最后他在餐饮业找到了自己事业的归宿。当他在肯德基州经营加油站时，为了增加收入，他自己制作各种小吃，提供给过路游客，加油站的生意由此缓慢而稳步地发展，而他烹饪的美餐也吸引了过往的游客。他最受欢迎的拿手好菜是他精心研制出的炸鸡，是他经历了十年的调配，才得到的令人吮指回味的口感。肯德基州长于1935年封他为肯德基上校，以表彰他对肯德基州餐饮的贡献。当上校66岁之际，他开着他那辆1946年的福特老车，载着他的11种独特的配料和他的得力助手——压力锅开始上路，他到各地的餐厅，将炸鸡的配方卖给有兴趣的餐厅。令人惊讶的是，在短短5年的时间里上校在美国及加拿大已有400家连锁店。他创立肯德基时，他只是一个66岁、月领105美元社会保险金的退休老人，而今天肯德基已成为全球最大的炸鸡连锁店。

想一想

1. 肯德基的成功仅仅是其调制的秘方吗？
2. 如果你有这样的秘方能复制上校的成功吗？

参考要点

肯德基的成功秘诀

1. 实施本土化战略

（1）人才本土化。

（2）产品本土化。

（3）供应商本土化。

（4）健康理念本土化。

（5）企业形象本土化。

2. 推行标准化体系

（1）食品品质标准化。

（2）服务质量标准化。

（3）就餐环境标准化。

（4）暗访制度标准化。

---

3. 发展连锁经营

连锁经营和特许加盟是肯德基理想的扩张模式，具有"竖可传代、横可复制"的发展优势和成熟标准。

4. 建设企业文化

肯德基注重利用企业文化统一公司的经营理念，不断增强企业的团队凝聚力。

（1）餐厅经理第一。

（2）群策群力，团结合作。

（3）鼓励先进，表彰杰出。

5. 强化员工培训

科学的绩效考评体系和完善的教育培训发展系统。

6. 建立连锁保障系统

完整的开发策略和科学的开发系统保障。

实战演练

1. 实战方法

① 将每班学生分成6组，针对以上各个要点由学生收集肯德基在全球经营管理中的具体做法、措施或实例来加以论证；

② 到本地的肯德基店去实地观察食品、服务、环境的标准化实施情况，分析其优势和劣势；

③ 拟订假期到肯德基店打工计划或其他勤工俭学计划。

2. 实战地点：肯德基店或其他餐馆。

学习任务 ❷ 我为校园的超市管理提建议

【想一想，做一做】

通过对本校超市经营对象的观察和调查统计，你认为校园超市在经营理念、指导方针、商品管理、营销策略、人事管理、安全管理上有哪些方面需要改善和提高，谈谈你的看法和意见。写一篇500~800字左右的建议书。

实 战 要 点

1. 到某家校园小超市购物或咨询，亲身体验其超市的经营氛围和服务质量，对其商品的定价策略、物品种类、促销手段等方面进行观察和了解，提出你的经营管理方案。

2. 学生可分成2~3组，由组长进行责任分工，针对位置、规模、商品类别不同的超市进行体验和观察，完成相关统计和调查任务，并将数据等相关信息资料进行汇总，从而完成每组一份超市建议书的完稿。

3. 由教师对每个组的完成情况进行评定和打分，作为小组成员平时成绩的一项考核内容。

4. 学生须事先做好相应的准备工作，如调查表格的设计、调查内容的选择、小组人员的分工、对调查结果的确认和评估分析、具体执笔人员安排等，提高学生协调合作、调查分析问题、综合判断、市场营销、社交活动等方面的能力。

学习任务 ❸ 了解酒店的商品经营模式

【想一想，做一做】

灵活多样的酒店商品经营模式

商品经营在酒店经营中所处的位置，直接决定着商品部在酒店企业中的定位。商品经营的定位，需要从不同层次展开分析。从需求角度看，就是要适应需求、满足需求；从多元化经营看，就是要拓宽渠道，全面增收；从长远看，就是要全面树立企业形象，培育和巩固潜在客源层。酒店商品经营除具有不同的空间模式外，经营模式也有所区分。目前，主要有以下几种类型。

一是自主经营。酒店自主经营商品销售，从商场建设与装修、进货渠道、销售策略以及员工配置等，统一纳入酒店总体发展计划。二是整体承包。酒店把商场整体出租，收取一定的场地费、管理费等各种物业费用。三是柜台出租。这是整体出租模式的一个深入，又可分为两种模式，酒店直接出租柜台和由承包方转租柜台。四是独立经营。对于一些大型酒店企业，经营机制较为灵活，往往成立有专门公司，负责酒店的多种经营。如南京金陵饭店专门成立"五星公司"，与金陵饭店两套人马，财务相对独立，负责除金陵饭店主业之外的一些业务范围，其中，"金陵购物中心"和"金陵商场"是其商业领域内的两大企业。

资料来源：http://www.deming-china.com/world98/xinxidongtai-10.htm

想一想

1. 作为承包酒店商场部的经营者，需要考虑哪些风险因素？
2. 如何签订承包经营合同？

 **参考要点**

附承包经营协议书范本

承包经营协议书

发包人：　　　　　　　　　　　　　　　　（下称甲方）

承包人：　　　　　　　　　　　　　　　　（下称乙方）

保证人：　　　　　　　　　　　　　　　　（下称丙方）

为了更好地开展经营服务，经甲乙双方充分协商，就乙方承包经营甲方的××商场中心事宜达成一致，并签订本协议书，以资双方共同遵守。

一、合同标的

甲方将坐落在××的××商场中心承包给乙方经营，乙方根据本协议书约定享有经营管理权和承包受益权。

乙方对甲方所有的××商场中心的现状已有充分了解，愿意承包经营甲方的上述商场中心，并保证合法经营。

甲方将经营商场中心所需的证照提供给乙方保管使用，乙方应当按照经营规定正当经营，并切实维护甲方的商誉。

二、经营方式

乙方承包经营期间，实行独立核算、自负盈亏、自主经营、自主用工。

三、承包期限

1. 承包期限为两年，即从＿＿＿年＿＿＿月＿＿＿日起至＿＿＿年＿＿＿月＿＿＿日止。实际承包期限自甲方移交之日起算。

2. 根据法律规定或本协议书约定，提前解除或终止协议书履行的，不受上述期限的限制。

四、承包金及缴纳

乙方承包经营的年承包金为＿＿＿元，采取先缴纳后使用的原则；乙方应按下列方式向甲方缴纳承包金：

1. ＿＿＿＿＿＿＿＿＿＿＿＿＿＿＿＿；

2. ＿＿＿＿＿＿＿＿＿＿＿＿＿＿＿＿；

3.＿＿＿＿＿＿＿＿＿＿＿＿＿＿；

4.＿＿＿＿＿＿＿＿＿＿＿＿＿。

五、经营证照

1. 甲方于本协议签字之日将商场中心经营所需的各种证照交给乙方，证照清单详见附件。

2. 上述证照乙方经营期间由乙方保管，证照的年检工作及相关费用由乙方负责，甲方提供必要的协助。

3. 乙方应在本协议书解除或终止之日将有效证照全部移交给甲方。

六、消费卡（券）

乙方同意甲方此前已发放的消费卡（券）可在乙方经营期间可继续使用，持卡（券）者在持甲方消费卡（券）至乙方消费时，乙方应当提供服务。

七、担保或保证金

丙方自愿为乙方在本协议框架类的全部义务向甲方提供连带责任担保，丙方提供担保的期限为两年。或乙方向甲方缴纳保证金＿＿＿元，乙方违约的，乙方无权主张退还保证金，保证金归甲方所有。乙方无违约行为的，甲方应在协议解除或终止后及时退还保证金。乙方缴纳的保证金由甲方保管期间，不计收利息。

八、甲方的权利义务

1. 甲方有权按约定收取承包金。

2. 本协议签订后甲方应及时将商场中心移交给乙方使用，乙方在确认甲方提供的设备设施等处于适用状态、能够满足乙方正常承包经营需要时予以接收（详见移交清单）。

3. 甲方将商场中心设备设施管道等的线路图提供给乙方，以便乙方经营过程中负责维护保养。

九、乙方的权利义务

1. 乙方应按约定及时足额缴纳承包金。

2. 乙方应当合法经营。

3. 乙方应当爱护商场中心设备设施，适时维修和保养。经营期间的水电费用及其他有关部门收取的费用均由乙方自行承担。

4. 乙方确需适当调整商场中心装饰的，应当事先征得甲方书面同意，所有费用由乙方承担；在协议解除或终止时，乙方应当将调整后的装饰等无偿地移交给甲方享有。

5. 乙方在经营中不得违反国家的政策和法律，否则后果与经济责任自负。乙方与第三方之间签订的任何协议与甲方无关，涉及甲方的应事先征得甲方同意。

6. 未经甲方同意，不得擅自使用甲方财产对外提供担保，不得擅自处置甲方财产。

7. 乙方不得以甲方商场中心名义对外进行担保或从事与经营范围无关的经营活动，不得作出任何有损甲方利益的行为。

十、违约责任

双方应当全面履行本协议书约定，任何一方违约的，均应向守约方承担违约金____元；违约金不足以弥补守约方损失的，还应当赔偿守约方的损失。一方违约的，守约方有权提前解除协议或终止本协议书的履行。

十一、其他

1. 协议期满后，甲方如重新对外发包经营的，在同等条件下，乙方有优先承包经营权。

2. 协议期满或解除后，原有设备及设施归甲方所有，乙方添置的设备设施归乙方所有，甲方可折价取得该部分设备设施。

3. 协议中如有未尽事宜，应由甲乙双方共同协商作出补充规定。补充条款具有与本协议同等的效力。

十二、本协议经双方签字后生效。

十三、本协议一式三份，甲乙双方及担保人各一份。

甲方：   乙方：

担保方：

____年____月____日

知识储备

2.1　酒店管理的内涵

酒店管理是酒店经营与管理的简称，既包括对外经营，又包括内部管理，两者相辅相成、密不可分，和谐地统一于酒店的各项业务活动中。酒店经营属于商品经济特有的范畴，面向的是外部市场，是以商品生产和交换为手段，使酒店的内部条件与外部环境达到动态平衡的一系列有组织、有计划的经济活动；而酒店管理则侧重于酒店内部，是指酒店管理者针对酒店的业务特点，对所拥有和能够支配的人力、物力、财力、信息、知识等资源加以优化配置和有效整合，以用最小的投入获取最大收益的经济活动。

基于上述认识，酒店管理可做如下表述：酒店管理是指酒店管理者在充分了解市场需求的情况下，为实现酒店预定的综合目标，根据酒店具备的经营条件和所处的经营环境，对酒店拥有的资源进行计划、组织、指挥、协调和控制等一系列活动的总称。

2.2　酒店管理的理论基础

酒店管理是以管理学为基础，结合酒店业务特点与管理特点而形成的一门独特的学科。因此，酒店管理的理论是以管理学的理论与思想和酒店业务运动规律相结合，形成酒店管理的基础理论。

酒店管理者要掌握现代化酒店管理的原理及方法，必须了解各种管理的基础理论，善于从管理思想、理论的发展过程中吸收新理论和新方法。

2.2.1　科学管理理论

科学管理是随着资本主义从自由竞争向垄断过渡逐步形成的。20世纪初，由于生产技术的进步，生产社会化程度的提高，市场和企业规模的扩大，管理工作的要求越来越高。管理工作逐渐成为一种专门职业，企业所有权和管理权逐步分离。管理的发展要求对管理的经验进行总结提高，使之系统化、科学化、理论化，以便可以更有效地指导管理实践。

1. 泰罗的科学管理理论

科学管理的奠基人是被称为"科学管理之父"的美国人泰罗，他在工厂长期工作中积累了许多管理经验，为改进传统管理的不足，他于1911年出版了《科学管理原理》一书，这是世界上第一本以工业生产组织管理为研究对象的著作，其主要观点如下。

（1）对工人提出科学的操作方法，以便有效利用工时，提高效率。研究工人工作时动作的合理性，去掉多余动作，改善必要动作，并规定完成每一单位操作的标准时间，制定出劳动时间定额。

（2）对工人进行科学的选择、培训和晋升。把合适的工人安排在合适的岗位上，并培训工人使用标准的操作方法，使之在工作中逐步成长。

（3）制定科学的工艺规程，使工具、机器、材料标准化，并对作业环境标准化，用文件形式固定下来。

（4）实行具有激励性的计件工资报酬制度。对完成和超额完成定额的工人以较高的工资率计件支付工资；对完不成定额的工人，则按较低的工资率支付工资。

（5）管理和劳动分离。管理者和劳动者在工作中密切合作，以保证工作按标准的设计程序进行。

泰罗管理理论的主要贡献在于摒弃了传统的放任管理，主张一切管理都应从科学入手，从而开创了管理科学理论的新纪元。

2. 法约尔的组织管理理论

在以泰罗为代表的倡导科学管理的同时，欧洲也出现了一些研究一般管理理论的人物，其中影响最大的是法国的法约尔。法约尔从1866年开始一直担任高级管理职务，他和泰罗的经历不同，研究管理的着眼点也不同。泰罗所研究的重点是企业内部具体工作的作业效率，而法约尔是把企业作为一个整体加以研究。他的代表作是1916年出版的《工业管理和一般原理》。

法约尔组织管理理论的主要内容可以概括为以下四个方面。

（1）从企业经营活动中提炼出管理活动

法约尔区别了经营和管理，认为这是两个不同的概念，管理包括在经营之中。通过对企业全部活动的分析，将管理活动从经营职能（包括技术、商业、财务、安全和会计五大职能）中提炼处理，成为经营的第六项职能，进一步得出了普遍意义上的管理定义，即"管理是普遍的一种单独活动，有自己的一套知识体系，由各种职能构成，管理者通过完成各种职能来实现目标的一个过程"。

法约尔还分析了对不同层次的管理者各种能力要求，随着企业由小到大、职位由低到高，管理能力在管理者必要能力中的相对重要性不断增加，而其他诸如技术、商业、财务、安全、会计等能力的重要性则会相对下降。

（2）倡导管理教育

法约尔认为管理能力可以通过教育来获得，"缺少管理教育"是由于"没有管理理论"，每一个管理者都按照他自己的方法、原则和个人的经验行事，但是谁也不曾设法使那些被人们接受的规则和经验变成普遍的管理理论。

（3）提出五大管理职能

法约尔将管理活动分为计划、组织、指挥、协调和控制五大管理职能，并进行了相应的分析和讨论。管理的五大职能并不是企业管理者个人的责任，它同企业经营的其他五大活动一样是一种分配于领导人与整个组织成员之间的工作。

（4）提出14项管理原则

法约尔提出14项管理原则，它们是劳动分工原则；责权统一原则；纪律约束原则；统一指挥原则；统一领导原则；个人利益服从整体利益原则；合理报酬及奖励原则；等级制度原则；集中原则；有序原则；公平原则；人员稳定原则；提倡首创精神原则和团队精神原则。这14项原则为后人的管理研究与实践奠定了基础。

法约尔的一般管理理论是西方古典思想的重要代表，后来成为管理过程学派的理论基础，也是以后各种管理理论和管理实践的重要依据，对管理理论的发展和企业管理的历程均有着深刻的影响。

泰罗和法约尔的科学管理理论不足之处在于，严格的工种分配专门化制度限制了其他能力的发挥，只注重产值效率而忽略了人在工作以外的需求和满足，抹煞了人的价值和尊严，妨碍主观能动性的发挥。

2.2.2　行为科学理论

所谓行为科学，就是研究人在生产中的行为以及产生行为的心理原因和社会原因的一门科学。它的研究内容包括人的本性和需要，行为动机，特别是生产中的人际关系。

1. 霍桑实验与梅奥的人际关系理论

行为科学时期代表人物是美国哈佛大学教授爱尔顿·梅奥，梅奥从1927年开始，领导由哈佛大学和西方电气公司联合组成的调查组，对西方电气公司在霍桑地区的工厂进行调查研究，通过对照明、继电器装配小组的观察和大规模交谈以及对接线板接线工作的研究分析，找出了工人们士气不高、工作效率低的原因。他总结了亲身参与并指导的霍桑实验的初步成果，写成了《工业文明与人类问题》一书，为提高生产效率开辟了新途径。

梅奥人际关系理论的主要内容有以下几个方面。

（1）企业员工都是"社会人"，是复杂的社会系统的成员。物质条件的变化并非是劳动生产率提高或降低的决定性因素。梅奥创立了"社会人"假说，不仅是单纯追求金钱收入，更重要的是他们有社会和心理方面的需求，期望得到满足。

（2）劳动生产效率主要取决于员工的工作态度及其人际关系状况。梅奥认为，提高生产效率的主要途径是使员工在生理尤其是心理方面的需要得到满足。

（3）企业中存在着非正式组织。正式组织讲求的是降低成本、提高效率，这割断了他们之间的感情纽带，而非正式组织讲求的是情感。两者之间的矛盾冲突，妨碍管理目标的实现。非正式组织不仅存在于工人之中，而且存在于管理人员、技术人员之中。

与古典管理理论相比，这一时期的主要变化是由原来的以"事"为中心，发展到以"人"为中心；由原来对纪律的研究，发展到对行为的研究；由原理的监督管理，发展到"人性激发"的管理；由原来的独裁管理，发展到参与管理。

2. 激励理论

把心理学、社会学应用于管理的理论还有马斯洛的需要层次理论、赫茨伯格的双因素理论和麦格雷戈的"X-Y"理论。他们都是在研究人际关系理论的同时，把激发人的动机的理论作为重要课题来进行研究。

（1）需要层次理论

美国心理学家亚伯拉罕·马斯洛的观点有以下几条。

① 人的各种需要按其重要程度和产生的先后顺序依次为生理需要、安全需要、社会交往需要、受人尊重需要和自我实现需要。

② 一个人首先产生的是最低层次的需要，当这一需要基本满足后，才依次要求高层次的需要。

③ 在同一个人身上，这几种需要可能同时存在，但由于其心理发展程度不同，占主导地位的需要也就不同。

④ 人的需要带有发展的、动态的性质。管理人员必须根据不同人的不同需要，研究调动积极性问题，开展具体管理活动。

（2）双因素理论

美国人弗雷德里克·赫茨伯格把多种影响人们心理和行为的因素分为两大类，即保健因素和激励因素。保健因素包括公司的政策、管理、监督、工资、同事关系、工作条件等。激励因素包括成就、上级赏识、工作责任、个人进步等。赫茨伯格认为，激励因素的存在才能真正调动职工的积极性、产生激励作用。

（3）"X-Y"理论

美国著名行为科学家麦格雷戈提出的"X-Y"理论把人看作具有两种本性的人：一种性"恶"，一种性"善"。前者称为X理论，后者称为Y理论。X理论认为企业管理中所出现的问题在很大程度上是由人本性"恶"造成的，人天性好逸恶劳、自私、保守，缺乏进取心。因此，要用奖惩手段激发他去努力工作。而Y理论则认为，劳动和娱乐一样令人愉快，人们可以在劳动中充分发挥想象力和创造力，并从中得到满足，但人们的这种智慧和潜力并未真正发挥出来，而管理者的责任便是挖掘这种潜力，创造一切机会激励职工去发挥自己的能力。

（4）期望价值理论

美国心理学家弗鲁姆提出的期望价值理论公式表示为：$M = V \cdot E$，M代表激励力量，V代表满足个人需要的预期价值，而E代表可能获得该价值的概率。

（5）管理方格法

美国管理学者布莱克和穆顿提出的管理方格图改变以往各种理论中"非此即彼"式（要么以生产为中心，要么以人为中心）的绝对化观点，指出在对生产关心和对人关心的两种领导方式之间，可以进行不同程度的互相结合。为此，他们就企业中的领导方式问题提出了管理方格法，使用自己设计的一张纵轴和横轴各9等份的方格图，纵轴和横轴分别表示企业领导者对人和对生产的关心程度。第1格表示关心程度最小，第9格表示关心程度最大。全图总共81个小方格，分别表示"对生产的关心"和"对人的关心"这两个基本因素以不同比例结合的领导方式。只有"9×9"方格表示对人和工作都很关心，能使员工和生产两个方面最理想、最有效地结合起来。

2.2.3　现代管理理论

20世纪40年代开始至今，现代管理理论的发展，在科学管理理论基础之上，吸纳了行为科学理论的成果，同时应用20世纪自然科学研究成果，开始朝着管理学科化的方向演进，形成了管理科学学派。

1. 社会系统理论

由美国管理学家巴纳德创立，以协作系统为核心论述组织内部平衡与外部条件适应的管理理论。该理论认为，组织是协作的系统，是由人组成的，这些人的活动是互相协调构成的系统。协作的意愿、共同的目标和信息联系是这个系统正常运行的基本要素。

2. 管理科学理论

管理科学理论是泰勒科学管理理论的继承和发展，它以运筹学、系统工程、电子技术等科学技术手段，从操作方法、作业水平的研究向科学组织扩展，同时吸收了现代自然科学和科学技术的新成果，形成一种现代的组织管理科学。它的特点是利用有关的科学工具，为管理决策寻找一个有效的数量解，着重于定量研究。

3. 决策理论

这是研究决策行为的理论。它认为"管理的关键是决策"，决策贯穿着管理的全过程。在企业管理中必须采用一整套制定决策的新技术，寻求最佳的方案。最早把决策概念引入管理理论的是巴纳德等人所建立的社会系统理论，西蒙和马哥等人发展了巴氏提出的理论，特别是决策理论，吸收了行为科学、系统理论、运筹学和计算机科学的内容，发展成为现代决策理论。

4. 系统管理理论

系统管理理论的建立同一般系统论和控制论的出现是分不开的。这种理论的要点如下。

（1）企业是一个人造的开放系统。企业是由相互联系而共同工作的各要素组成的人造系统，目的在于达到组织和成员的目标。这同周围环境之间存在着动态的相互作用，并具有外部的信息反馈网络，可自行调节，以适应环境和本身的需要。

（2）企业组织是一个完整的系统。在这个系统中，企业的基本职能必须用系统观点来考察，计划、组织、领导控制是一个循环往复的链条，同时又构成自己的子系统，发挥着系统的整合作用。

5. 权变理论

权变理论，又称情境理论。在管理中根据组织所处的内外条件权宜应变，制定特定条件组织的最有效的管理方式。这种理论经过大量案例的研究和概括，把企业归纳为几种类型。

（1）企业的结构模式。权变理论在企业组织结构方面，把企业看成是一个开放的系统，并把企业分成不同的结构模式。

（2）权变理论在管理方式上认为，在人事方面必须按不同的情况，采用不同的方式来管理。

（3）在领导方式上，权变理论认为，并不存在一种普遍适用的领导方式。一切以企业的任务、个人和小组的行为特点以及领导者与员工的关系而定。

2.3 酒店管理的基本职能

管理是任何宏观和微观的社会、政治、经济组织有效地实现其目标的必要前提和可靠保证。早在1916年，法国管理学家法约尔在《一般管理与工业管理》一书中就提出，管理是由计划、组织、指挥、协调和控制五个因素构成，即管理的五大职能。酒店作为一个经济组织，其管理过程也离不开这些基本职能。酒店管理的核心就是管理者通过执行管理职能来实现酒店的经营目标，也就是说，执行管理职能是酒店管理者的主要职责，酒店管理职能贯穿于酒店管理的全过程。

在酒店管理系统中，根据酒店管理对象的特点以及酒店管理的内容和规律，我们把酒店管理的职能分为以下几个方面。

2.3.1 决策计划

酒店的决策计划职能是在预见未来的基础上对酒店组织的目标和实现目标的途径作出筹划和安排，以保证酒店经营活动有条不紊地进行。

决策计划的内容包括对酒店经营环境的分析和预测，酒店经营方向、内容和方式的选择，以及经营计划的具体编制和实施。

1. 环境分析

如果要对酒店的经营管理作出科学的决策和合理的计划，就要考虑国家的经济、社会、政治等因素对酒店经营的影响，分析竞争对手的状况、宾客的需求、与酒店供应商的关系、管理部门对酒店的政策和活动，结合酒店内部人力、财力、物质资源，揭示经营环境变化的规律，预测经营环境在未来的变化中会对酒店经营造成何种影响，从而为酒店的决策提供依据。

2. 经营决策

美国著名学者，1978年诺贝尔经济学奖的获得者西蒙提出："管理就是决策。"这一论断表明了决策在管理中的地位。酒店经营决策就是在酒店经营思想的指导下，在研究经营环境的基础上，选择并制定以经营目标、经营方针和经营策略为主体的经营方案的过程。如酒店发展决策、重大营销决策等。酒店的经营决策贯穿于酒店经营管理的全过程，实际上酒店管理就是由一连串的决策组成的，决策始终影响着经营活动的每一个环节，决策质量的高低对酒店管理各项职能工作的效率和效果都起着决定性的作用。

3. 计划编制

计划编制指根据酒店的经营决策，把酒店的经营目标分解为不同的计划（如长期计划、年度计划和专项计划等）和指标（如营业指标、财务指标），并对这些计划和指标进行综合平衡，形成合理的计划体系。然后对实现各种计划目标的活动及其采取的方式和所使用的资源等作出科学合理的安排。

4. 计划执行

包含着两层含义：一是根据酒店的经营目标和总体计划，编制具体的行动计划，下达到各个部门甚至每个人贯彻执行；二是在行动计划的具体执行中，注意各种信息的反馈，用滚动的方式随时对计划进行调整和修改。

不同层次的管理人员有不同的计划管理内容，涉及面也不尽相同。最高决策者更多研究的是宾馆的总体性计划，这类计划事关酒店大局，举足轻重，因此要求此类计划具有很强的准确性、合理性与可操作性。各部门经理的计划管理是以总体性计划为依据，与总体计划保持一致，同时须考虑与其他部门合作和协调问题，并结合本部门具体情况进行的。而基层管理人员的计划管理侧重于实务操作，计划的时间跨度较小，如对于某项接待活动的人力与物品安排、准备工作和监督检查工作等事务。

2.3.2　组织管理

计划的实施要靠员工的共同合作，组织这一职能正是从人类对合作的需求产生的。组织管理就是根据工作的需求与员工特点，进行工作设计，通过授权和分工，把各个人员安排在适当的岗位上，用制度规定好各个员工的职责与上下左右的关系，形成一个有机的组织结构，使整个组织协调运转。

酒店的组织管理是实现计划的必要手段，主要内容有如下几点。

1. 按酒店的决策，建立合理的组织结构，确定各部门、各层次的划分。

2. 选拔和聘任各级管理人员。

3. 确定管理人员和普通员工的编制定员。

4. 确定各部门的责、权、利，并予以监督。

5. 明确并协调各级各部门的关系。

6. 对各种业务、业务活动群体进行组合，形成系统。

7. 配备、培训、使用、激励各岗位人员，同时建立合理的薪酬制度。

8. 建立健全酒店各项规章制度。

2.3.3　督导管理

我们通常把指挥与指导管理称为督导管理，指挥就是给下属发布命令和指示，而指导则是管理人告诉下属应当如何做。在酒店业，指挥与指导管理通常是形影不离的。

有了计划和组织，并不等于目标的实现，管理人员须告诉下属该做什么和不该做什么，这就是命令。在科学管理体系中，下级服从上级是一条基本原则，即使有时候下级在完成某项任务的方式上与上级的命令不一致，他也应该服从上级。如果时间允许的话，他可以向上级提出自己的想法，如果不能说服上级改变命令，那他就必须服从上级命令。

管理人尽管拥有绝对的权威，但不应滥用权威向下属瞎指挥。为使自己的命令具有科学性，管理人员必须精通业务，熟悉实际情况，平时多接触第一线，虚心听取下属的意见，观察下属的工作。如果下属有异议，应认真、冷静地听取。在一线工作的员工通常有许多值得学习和借鉴的经验，这些经验对于科学指挥具有重要的指导意义。

另外，只对员工下达命令是不够的，还应对他们进行适当的指导与诱导。指导，就是告诉员工如何做得更正确、更有效，带有一定的示范性；诱导，则是用劝说和鼓动的方式，使员工主动工作。

酒店的业务督导包括高层、中层、基层三个层次。

1. 高层督导

高层督导是指酒店决策层根据酒店经营决策和计划,指导和督促酒店各部门按计划组织酒店业务运转,协调部门之间的工作,处理酒店与外部的各种关系。

2. 中层督导

中层督导是指酒店部门管理人员根据酒店对本部门的要求,将高层领导的计划、决策、指令具体化、明确化,组织基层管理者贯彻执行。

3. 基层督导

基层督导是指基层管理者根据基层单位的工作任务要求,对每一位员工和每一道程序进行直接的作业指挥,保证工作数量和服务质量。

2.3.4 协调沟通

酒店企业是由多个部门、不同业务组成的综合性企业,众多的部门和功能在运作中,都是互相联系、互相制约的,都是酒店整体的有机组成部分,任何一部分的不协调,都会影响酒店的整体运作,协调职能的发挥能使各部门的活动互相衔接、互相配合、互相促进,形成有序和谐的运转。而沟通作为人与人之间的思想感情、观念认识、信息情报的交流,对充分发挥协调的作用,是十分必要和有效的。因此,协调沟通能平衡酒店内外部的各种关系,保证酒店经营活动的顺利进行。

协调沟通职能主要分为以下两大方面。

1. 内部协调沟通

(1)计划协调沟通:酒店把计划的总目标和各部门计划目标相互平衡衔接起来,从全局着眼,不仅对酒店及各部门的目标、指标做了规定,进行平衡,而且还对完成目标所需的资金、物资、人员、业务安排进行具体的协调沟通,在整体上做出基本保证。酒店制订计划是决策过程,也是协调过程。在计划执行过程中,同样要利用计划执行的协调沟通职能,控制计划完成进度及各部门进度之间的平衡。

(2)业务协调沟通:在业务进行过程中,通过协调与沟通,使各业务部门能按整体衔接组合的要求运作。酒店各部门的运行,相互间必然产生联系,也会相互制约。排除制约,使联系形成合力,就要协调。业务协调,一是靠制度的规定,二是靠信息系统的完善,三是要确定合理的流程或程序。

2. 外部协调沟通

(1)与政府协调沟通:酒店必须服从政府对整个社会的统一管理以及对企业经营活动的具体管理。酒店要清楚了解有关各级政府的职能和工作程序,建立健全与政府有关部门的经常性信息交流和联系制度,获取政府部门对酒店各项工作的理解和支持,维护国家和酒店的共同利益。

(2)与宾客协调沟通:协调好酒店与宾客的关系,是酒店管理者能力的主要体现。宾客是酒店的衣食父母,是否把宾客需求作为酒店决策的依据,关系到酒店的兴衰，因而要深入调查研究宾客的心理，认真对待宾客的投诉，为宾客提供高质量、适销对路的产品。同时，酒店还要承担企业的社会责任，对宾客消费进行引导，促使宾客不断改进消费观念，提高生活质量和生活水平。

酒店和宾客的协调沟通职能主要内容包括经常进行市场调查、重视宾客意见、不断调整产品和服务、注意产品组合和新产品开发、及时处理宾客投诉等。

（3）与同行业协调沟通：任何企业都以追求市场最大化和利润最大化为经营目标，因此同行企业必定是最直接的竞争对手。在市场经济条件下，酒店企业是无法垄断经营的，与同行企业共同协调发展是酒店管理者必须要解决的课题。无论是取长补短，还是强强联合，酒店之间的合作都是为了充分联合同业的"盟友"，充分利用社会的各种资源，把蛋糕做大，避免无谓的资源浪费，共同竞争、共同发展、共同奋斗、共享其利，这对每一家酒店来说都是有利无害的。

（4）与新闻媒介协调沟通：新闻媒介是公共关系的重要因素，它控制着最重要的公共沟通渠道。酒店需要新闻媒体的中介作用，有效地传播酒店企业生产、经营和发展规划方面的信息，以此树立良好的社会形象。同时，酒店也需要通过新闻媒介的各种报道，及时、准确地了解社会公众对酒店的看法和态度，掌握市场的经济环境现状和变化趋势，为酒店经营的调整和变革提供依据。

2.3.5 控制管理

在酒店管理过程中，管理者应始终以目标为基准，对酒店中的各种资源进行尽可能合理的调配和组织，并随时调整和改变策略以适应酒店经营的需要，这就要求对整个酒店管理过程进行有效的控制。控制职能是指酒店根据计划目标和预定标准，对酒店业务的运转过程进行监督、调节、检查、分析，以确保目标任务完成的管理活动。

根据酒店业务的特点，控制管理的内容包括以下几个方面。

1. 目标控制

酒店经营目标既是计划管理的重点，也是控制管理的重点。制定目标本身就是一种控制，而控制的作用还在于修改或调整目标，使之更适合酒店的实际经营和管理需要。

2. 规划控制

酒店规划控制一般包括三个方面：酒店发展前景包括酒店设施设备的更新调整、酒店服务项目和酒店产品的创新；管理水平和服务水平的不断提高；酒店员工的发展，改善员工队伍素质。

3. 服务质量控制

服务质量是酒店生存和发展的基础，酒店之间的竞争，本质上是服务质量的竞争，因此，酒店服务质量的控制是酒店控制管理的主要任务，也是所有酒店管理者共同努力的目标和日常管理的核心内容。

4. 人员控制

酒店业就是人的行业，酒店企业人员控制意义重大。人员控制不仅包括劳动力成本控制，还包括具体的员工选聘、培训、评估、激励、奖惩等方面的控制以及员工潜力发掘和发展的控制。

5. 效益控制

追求良好的社会效益和经济效益是酒店经营的最终目的。酒店效益控制是对酒店的营业收入、费用成本、经营利润以及物质材料、资金和各种资产的综合控制。

2.3.6 创新管理

创新概念最早源于美籍奥地利经济学家约瑟夫·熊彼特于1912年出版的《经济发展理论》中首次提出的著名"创新理论"。随着酒店业的发展，创新性活动成为酒店取得市场竞争优势的重要手段，进而从管理活动中延伸出来成为创新职能，并日益受到酒店管理者的高度重视。

从某种意义上说，组织、指挥与控制都是保证实现酒店计划所必不可少的"维持职能"，其任务是保证酒店系统按预定的方向和规则运行。但是，酒店组织是在动态环境下生存和发展的，仅有维持是远远不够的，还必须不断调整组织活动的内容和目标，以适应环境变化的要求，或在一定程度上改造环境，从而为酒店的发展创造更好的条件——这就是酒店管理的"创新职能"。

酒店创新的内容十分广泛，涉及酒店活动的方方面面，主要可以归纳为以下几个方面。

1. 理念创新

理念创新是指形成能够比以前更好地适应酒店内外部环境的变化并更有效地利用资源的新概念、新看法或新构想的活动。理念创新是其他一切创新活动的先导或基础。酒店的管理者只有根据内外环境的变化和酒店自身发展的要求不断更新自己的理念，转变自己的认识，才能作出正确的管理决策并付诸管理及运作实践，引导酒店健康发展。

2. 知识创新

知识创新是指通过科学研究，包括基础研究和应用研究，获得新的基础科学和技术科学知识的过程。酒店知识创新就是酒店经营管理的新思想（比如新理论）的产生、演化、交流并应用于酒店实践的过程。知识创新的目的在于发现、探究酒店新的运行规律、创建新的学说和操作方法，从而为酒店获得更有利的竞争实力创造条件。

3. 组织创新

酒店组织创新的重点在于机构的设置和结构安排的创新，酒店组织创新要受酒店活动的内容、特点、规模、环境等因素的影响和制约。同一酒店在不同时期活动的内容、特点、规模和所处的环境可能完全不同，所以组织的机构和结构也需要不断予以调整。通常情况下，酒店组织机构的设置和结构安排的创新要以有利于提高酒店运行效率、降低酒店运作成本为原则。

4. 制度创新

制度创新就是酒店根据内外环境要求、变化和自身发展壮大的需要，对酒店的运行方式、原则、规定等进行的调整和变革。酒店制度创新包括产权制度、经营制度和管理制度的创新。酒店产权制度规定了酒店各种资源所有者之间的权、责、利关系，是酒店最根本的制度；酒店经营制度则规定了酒店的经营方式，是有关酒店经营权的归属及其行使条件、范围、限制等方面的原则性规定；而酒店管理制度则是管理者行使经营权、组织酒店日常运作的各种具体规则的总称。这些制度都直接影响着酒店的正常运行和市场竞争力，因而需要不断优化更新和调整，以适应不断变化的酒店市场。

5. 技术创新

所谓技术，就是酒店在生产过程中采用的手段、方式和方法。技术水平的高低往往是酒店实力的重要标志，它在相当程度上决定了酒店的竞争力。因此，酒店技术创新就是酒店在生产过程中采用的手段、方式和方法的变革和突破。酒店要在激烈的竞争中胜出，就必须不断进行技术创新，以顺应甚至引导行业的技术进步。

6. 产品创新

产品创新是指创造与原有产品在功能、结构、技术、符号、规格以及服务等方面都有显著差异的产品的过程。它包括对现有产品的改良、对竞争者产品的仿制以及对原有产品的重新组合等。酒店只有通过对自己产品的不断创新，才能够满足宾客不断变化的需求，并获得良好的经济效益，抵补生产消耗，求得生存和发展。

7. 环境创新

环境创新主要是指酒店与供应商、销售商、顾客、政府以及其他公众的关系创新和市场需求创新，它影响和制约着酒店的正常运行和发展，是酒店创新的重要内容之一。酒店应通过积极的创新活动改造环境，引导环境朝有利于酒店可持续发展的方向变化。

综上所述，酒店管理从本质上讲，就是通过具体的计划、组织、指挥、协调、控制和创新职能的执行，对酒店所拥有的资源进行合理的组合，使之发挥最大的效应，来达到酒店预期的目标，为酒店赢得忠诚客人，并树立良好的企业形象，最终取得满意的经济效益和社会效益。

2.4 酒店管理的基本方法

管理方法是管理者履行管理职能和完成管理任务的方式、手段和措施的总称。酒店是一种综合性的企业，管理方法是多种多样的，以管理的基本方法为基础，结合酒店的业务特点，针对不同部门与不同的管理对象的特点，酒店管理的基本方法主要有以下几种。

1. 制度管理法

制度管理法是指酒店根据国家的法律、法令、条例、规定等，将酒店管理中的一些比较稳定的和具有规律性的管理事务，运用规章制度的形式确定下来，以保证酒店经营活动正常进行的管理方法。

制度管理方法的特点有以下几个。① 强制性。即必须遵守、执行，违者必须要受到制裁。② 权威性。即制度本身高度规范，任何人都必须遵纪守法。③ 稳定性。即制度一旦形成并颁布实施，就不能因人、因地而异或朝令夕改。④ 防范性。即制度是人们必须遵守的行为规范，制约任何人的行为，它可起到预防作用。

在酒店中制度管理方法的具体体现是依法经营，如严禁黄、赌、毒现象的存在；严格遵守《食品卫生法》以确保饮食安全；禁用国家保护类动物入厨制作菜肴等。制度管理方法的优点是具有自动调节功能，但因它缺乏弹性和灵活性，有时容易限制部门积极性和主动性的发挥。因此，制度管理方法应与其他方法相辅相成，从而发挥其真正作用。

2. 经济管理法

经济管理方法是指酒店根据客观经济规律，运用各种经济手段对劳动者进行引导和约束的管理方法。

经济管理方法的特点有以下几个。① 间接性。它是以经济手段调节人的利益关系，而非直接干预和控制员工的行为。② 有偿性。它按照多劳多得的原则调节员工的行为。③ 平等性。它具有一个统一的获利标准，如以规章制度来保证每位员工能平等获利。④ 关联性。各种经济利益之间存在一定的关系，并且是相互影响的。

3. 行政管理法

行政管理方法是指酒店根据酒店各级行政组织的行政命令、指示、规定和制度等有约束性的行政手段来管理酒店的方法。

行政管理方法的特点有以下几个。① 强制性。即行政命令、指示等必须执行，不得拖延或违抗。② 权威性。即行政权力使下级对上级的命令必须遵守并执行。③ 垂直性。即行政方法直接用于被管理者，一级管理一级垂直进行，处理问题及时高效。④ 无偿性。即下级对上级的指令必须无条件服从和执行。

在酒店管理中使用行政管理方法时，首先，应根据本酒店的实际情况，建立合理的组织机构，形成合理的行政层次或能级。其次，应按照行政管理的程序发布指令、贯彻执行、检查反馈和协调处理。行政管理方法的优点是能使酒店在总经理的领导下实行集中统一管理，但管理效果的好坏与管理人员的管理水平高低有着密切关系。

4. 教育管理法

教育管理方法是指通过说服教育和引导启发等形式，激发员工工作积极性和创造性，从而达到管理目的的一种管理方法。

教育管理方法的特点有以下几个。① 灵活性。教育管理方法没有统一不变的模式，应因人、因地、因时而异。② 艰巨性。只有坚持长期不懈的教育，才有可能改变人的思想并影响其行为。③ 广泛性。人的思想和行为的形成原因众多，教育方法也应对症下药，多方着手。④ 持久性。只有持久不断的教育才能收效，而一旦有成效，其影响也深远和持久。

在运用教育方法时，应根据员工的不同情况，通过爱国主义、集体主义教育，坚定员工的社会主义信念，抵制腐朽思想意识的侵蚀；通过谈心等交流方式，了解员工的思想、工作和生活状况，使其树立正确的人生观、世界观和价值观；通过奖励和惩罚相结合的方式，激励员工的工作积极性；通过旅游、竞赛、体育运动、健康娱乐等活动，丰富员工的生活，增进员工与酒店的感情，营造健康文明的企业文化氛围。

2.5 酒店的集团经营

随着酒店业竞争的日益激烈，酒店联号已远远超出了传统意义上的酒店公司，向庞大而复杂的跨国集团公司发展，在世界酒店业中起着支配性的作用。

2.5.1 酒店集团的优势

酒店集团与一般的单体酒店相比较，往往具有不可比拟的优势，表现在以下几个方面。

1. 经营管理优势

酒店集团一般具有较为先进完善的管理体制，以及行之有效的管理方法和高标准的规范。酒店集团，能为所属的酒店制定统一的经营管理方法和程序，为酒店的建筑设计、内部装饰布局提供服务；为酒店的服务和管理制定统一的操作规程，使得各连锁酒店的经营管理达到所要求的水平，同时根据经营环境的变化，确保酒店集团经营管理的先进性；酒店集团定期派遣巡视人员到所属的酒店检查，不断提出建议和指导，从而提高酒店的经营管理水平。

2. 技术优势

酒店集团有能力向所属的酒店提供各种技术上的服务和帮助，这些服务和帮助通常根据所属酒店的需要有偿提供，酒店集团化经营也为生产和技术的专业化及部门化提供条件。

3. 财务优势

参加酒店集团可使金融机构对酒店的经营成功的信任度增加，从而愿意提供贷款。同时，酒店集团还能为所属酒店提供金融机构的信息，并帮助推荐贷款机构等。

4. 市场营销优势

酒店集团可以使用集团名称和店标，这对广告宣传有好处，特别是在开拓国际市场的时候，有很大的帮助。

5. 采购优势

酒店集团内标准化程度高与其规模大的特点，使之便于发挥集中采购的优势。

酒店设备标准化，便于维修；酒店消费品如床单、毛巾、香皂与其他卫生用品、文具、餐具、家具标准化，便于更换与补给。这两方面的标准化，使酒店集团可以集中大批量地向生产商订购或采购，从而有可能得到优惠价格或其他条件，这比中小批量的交易要经济得多。

6. 预订优势

酒店集团在世界各地建立起自己独立的全国乃至全球性的客房预订中央控制系统，或与其他集团联合，使用共同的预订系统。通过这一系统，可以在世界各地本集团的旅馆里办理对其他姊妹酒店的客房预订。一般都开设免费预订电话，公众可以通过它随时了解该酒店集团内某酒店的客房占有情况。如果要预订酒店，你无需放下电话，便可了解到你将住在哪个房间、里边有什么设施、房价是多少等情况。

7. 人才优势

酒店集团可以从整个集团的实际需要出发，集中聘请各方面的专门人才。例如，工程技术、装潢、会计、促销、经济分析、人事管理、电脑技术、食品技术等方面的专家，为酒店集团内的各酒店服务，他们有专门的技术，了解集团整体的战略与经营状况，处理事故快，解决问题合理。

8. 抗风险优势

酒店集团，特别是大型的国际酒店集团，由于它的酒店分布地域广，产品品种多，因此，集团有较强的应变能力与抗风险能力。

2.5.2 酒店联号的经营方式

酒店联号集团的组合方式主要有以下几种。

1. 管理合约方式

它是由酒店业主和酒店管理集团签订管理合同，委托酒店管理公司经营管理酒店。管理公司允许酒店使用集团的名称、管理方式和服务方式，并成为酒店集团的成员。在合同管理过程中，酒店集团收取酒店总收入或利润的一定百分比作为经营管理费用。同时，酒店集团也要承担酒店管理必要的责任、义务，达到各项经济、技术、服务质量指标。

2. 转让特许经营权

具有良好声誉的酒店集团向酒店出售本集团的商标特许经营权，获得特许经营权的酒店可以使用集团的店名和徽标，采用其经营管理模式和服务方式，并取得集团其他方面的支持。获得特许经营权的酒店在经营管理权和人事权、财务管理方面独立于集团公司，但必须保证自己的服务质量和集团规定的标准相吻合，维护集团的声誉。

3. 控股经营方式

酒店集团拥有某酒店一定的股份，把该酒店纳入集团成员中。集团公司对酒店有监督权、决策权，并按股份份额分得盈利，但集团不拥有酒店的全部产权和完全的支配权。

4. 租赁方式

酒店集团向不属于本集团的酒店租赁经营权，租赁形式大致有：以固定的租金向酒店业主租赁酒店；以利润收入或利润分成形式租赁酒店；以出售再回租的形式租赁酒店。

5. 直接投资产权方式

它是酒店集团以投资建造或者购买现成酒店的方式拥有酒店的产权，并对酒店拥有绝对的支配权。

6. 兼并和收购

并购包括横向并购和纵向并购与联合两种方式。其中横向并购是指在酒店及其替代产品之间实现跨地区、跨所有制或同地区酒店之间的并购，可以实现规模经营，增强酒店集团的市场竞争力。纵向并购与联合是指优势企业将与自己产品或服务有直接关系的上下游企业结成联盟，形成纵向生产服务的一体化，有利于相互沟通与融合，加强各个环节的相互配合，提高工作效率与服务质量，节约各相关环节费用，从而提高经济效益。

本项目总结

知识梳理

1. 酒店管理的含义

酒店管理是指酒店管理者在充分了解市场需求的情况下，为实现酒店预定的综合目标，根据酒店具备的经营条件和所处的经营环境，对酒店拥有的资源进行计划、组织、指挥、协调和控制等一系列的活动的总称。

2. 酒店管理的理论基础

（1）科学管理理论

① 泰罗的科学管理理论；② 法约尔的组织管理理论。

（2）行为科学理论

① 梅奥的人际关系理论；② 激励理论。

（3）现代管理理论

① 社会系统理论；② 管理科学理论；③ 决策理论；④ 系统管理理论；⑤ 权变理论。

3. 酒店管理的基本职能

（1）决策计划；（2）组织管理；（3）督导管理；（4）协调沟通；（5）控

制管理；（6）创新管理。

4.酒店管理的基本方法

（1）制度管理法；（2）经济管理法；（3）行政管理法；（4）教育管理法。

5.酒店集团化经营的优势和经营方式

（1）酒店集团的优势；（2）酒店联号的经营方式。

习题与技能训练

1.什么是酒店管理？

2.试述科学管理理论的积极意义和不足之外。

3.简述梅奥人际关系理论的主要内容。

4.酒店管理的基本职能有哪些？

5.酒店管理有哪些基本方法？各有什么特点？

6.酒店集团经营有何优势？

7.酒店集团经营的主要方式有哪些？

8.试着制订酒店商场部经营计划书。

项目 *3* 熟悉酒店组织

■ 学习目标

■ 知识目标

1. 熟悉酒店组织机构的类型与层次划分。

2. 了解酒店组织机构设置的原理和部门机构之间的相互联系。

3. 掌握酒店组织设计的方法。

4. 了解现代企业制度的基本内容。

■ 技能目标

1. 初步掌握组织设计和分析的基本技能。

2. 提高学生对相关知识的综合和应用能力。

3. 根据所学知识和走访酒店，画出该酒店的组织结构图。

4. 针对所走访酒店的某一岗位制定职务说明书。

■ 案例目标

通过案例学习，学生能够对组织设计制度管理有一定的了解，并能运用所学知识进行独立的分析和判断，提高学生对酒店组织管理、酒店业务的指导作用和职能管理作用的认识，了解酒店部门及岗位的业务组织和运行。

■ 实训目标

通过实训，学生能将所学知识与酒店的实体运行更好地紧密联系，增强学生对酒店组织管理方面的感性认识，提高学生对本章知识的掌握程度。

■ 教学建议

1. 通过案例，学生能够了解够人力资源管理的内涵及重要性。

2. 教师结合案例对人力资源管理的重点内容和相关知识点进行分析讲解。

3. 通过教师引导学生参与管理实训游戏，增进教师与学生之间、同学之间的交流和互动，增强团队合作精神，在游戏和运动中掌握知识、加深体会。

学习任务 ❶ 了解和分析酒店组织结构

【想一想，做一做】

组织结构图（Organization Chart），是最常见的表现雇员、职务和群体关系的一种图表，它形象地反映了组织内各机构，岗位上下、左右相互之间的关系。组织结构图是组织结构的直观反映，也是对该组织功能的一种侧面诠释。

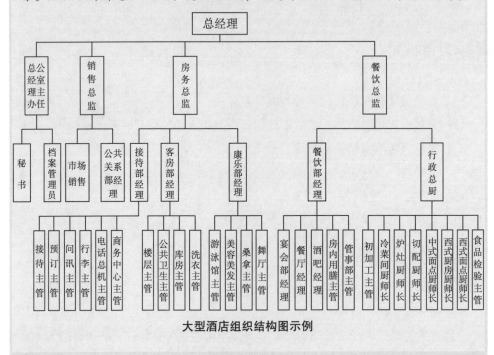

大型酒店组织结构图示例

想一想

1. 这家酒店为何要设立总监制？

2. 试分析管理层次与管理幅度之间的关系？

学习任务 ❷ 画出某一星级酒店的组织结构图

【想一想，做一做】

对某一个酒店组织结构进行了解和分析，培养学生对有关知识的综合和应用能力，初步掌握组织设计和分析的技能。

实 战 要 点

1. 根据学生学号进行相应分组，以每组8~10人为宜。

2. 由各小组选举出本组小组长，由小组长决定挑选某家宾馆进行走访调查，对小组成员进行合理分工并做好相应准备工作。

3. 走访对象为具有一定规模的星级酒店、宾馆。

实 战 演 练

1. 了解走访酒店的组织结构设置及相互之间的联系。

2. 对该酒店的组织结构的状况进行分析，提出其不合理之处。

3. 画出该酒店的组织结构图。

4. 教师评析总结。

学习任务 ❸ 制定某一岗位的职务说明书

实 战 要 点

1. 根据学生个人对某岗位的采访和了解，制定出酒店某岗位的职务说明书。

2. 最好是结合个人兴趣和特长，选择适合个人自己的岗位。

3. 可以参考酒店的岗位职责来进行制定。

4. 课后学生可相互进行交换与讨论。

实 战 演 练

1. 作为学生走访之后的作业，课外时间独立完成。

2. 指导教师进行批改与评析。

 知识储备

3.1　酒店组织管理的含义

3.1.1　酒店组织管理的含义

酒店组织管理是酒店管理的一项重要职能，也是体现酒店管理者经营管理能力的一个重要方面。组织管理是否有效，将对酒店正常运转产生重大影响，直接关系

整个酒店的经营成果的好坏。如果组织管理良好，组织内部各级人员互相配合，同舟共济，则整个酒店的效益就会提高；反之，效益就会下降，甚至导致经营失败。因此，酒店各级管理者必须把组织管理工作作为重点来抓。

酒店组织管理是指酒店对实现酒店目标的各种组织要素（人员、职位、职责、关系、信息）和人们在经济活动中的相互关系进行组合、配置的管理活动。它通过确定酒店的奋斗目标，科学地组织人员的结构、确定职位、明确责任、安排各种关系的协调来发挥组织的整体效能，从而实现酒店的组织目标。

3.1.2 酒店组织管理内容

酒店组织管理主要包括以下内容。

1. 建立一套适合酒店自身的组织结构。根据酒店组织既定目标和任务，建立一套适合的组织结构，包括组织内横向管理部门设置和纵向管理层次的划分。

2. 为酒店内各职务选择配备相关人员。它包括人员的招聘和定岗、训练和考核、奖惩制度以及对人的行为激励等。

3. 制定相关规章制度和管理制度。良好的制度形成良好的指挥系统，保证组织的运转，使酒店的组织效能发挥最大。

4. 处理协调关系。在完成组织目标的过程中，处理协调内部关系，适度分权和正确授权。

5. 决定具体的组织结构形式。根据组织的发展情况决定具体的组织结构形式，当内外部环境发生变化时，有效、及时地开展组织的变革，始终发挥组织的最大效能。

6. 培育与建设酒店文化。为了创造良好的酒店氛围而进行团队精神的培育和酒店企业文化的建设。

3.2 酒店组织结构设计

对任何一个特定的组织而言，如何设计一个适合自己、能够有效地实现企业目标的组织结构，是一个非常困难又至关重要的问题。因为它涉及以下几个方面的内容。

1. 企业面临动态环境的准确把握与研究，包括对外部大环境和内部环境的研究。

2. 管理幅度与企业组织中层级结构的合理性。

3. 如何进行组织职权（责任）的恰当分配。

4. 委员会在组织中处于什么位置，在什么情况下需要设立委员会。

5. 在高科技迅速发展的今天，用什么理论来指导设计组织结构。

3.2.1 酒店组织结构设计的原则

1908年，法国科学管理创始人法约尔提出组织管理的14项原则，以后各类工商企业都以其理论作为指导进行大量实践，证明了法约尔组织管理原则的适用性和正确性。结合酒店管理，酒店组织机构的设计通常要遵循以下基本原则。

1. 指挥统一原则

一个良好的酒店组织将命令的发布权只授予一个人，不允许一个员工有一个以上的直接领导。指挥统一性原则要求酒店的任何指令都应该是发令者向自己直属的下级逐级发布，不能越级，使酒店从最高管理层次到最低管理层次的指令都保持一致，各种指挥命令就不会发生矛盾和冲突，否则，多头指挥会出现交叉领导、令出多门的现象，组织就会发生混乱。即使是酒店各职能部门对业务部门的各项命令，也应通过业务部门的直接上级领导统一布置，各职能部门不应直接干预业务部门的日常工作。

2. 责权一致原则

职责是指职位的责任、义务，职权是为完成责任所应具有的权力。只有职责没有权力，管理者不可能发挥工作效率和承担应有的责任。相反，只有权力而没有责任，就会出现权力滥用、瞎指挥等现象。因此，每一个职位的设置都要因事设人、因事设权，赋予其相应的职务权力，承担相应的责任，保证管理的有效性，防止出现有责无权或有权无责的现象。

3. 服从命令原则

由于酒店业务的机动性和随机性比较大，个人行为的机动性和随机性也比较大，因此，酒店要求酒店各级人员对上级的命令不管正确与否都应该执行，不允许以任何借口拒绝执行命令。当然从权责一致的原则出发，指挥者应该对自己的命令负责，如果命令发生失误，谁发布的命令就由谁负责。下级在无条件地执行上级命令时，在不违背上级命令的同时，应根据自己的工作特点有所创新和发展。

4. 管理层次原则

酒店组织内部的管理层次，指从职工到总经理之间领导隶属关系的级别数量，即分几级管理。每个组织必有一个最高权威，同时从最高权威到组织的每个人之间，要有一个明确的权力层次，即所谓的"等级链"。组织中每位成员都必须清楚自己对谁负责，又有谁对自己负责。层次领导是必要的，组织分成若干层次和若干纵向系列，决策、指示按纵向系列由上层至下层传达，执行情况和反馈信息逐级向上汇报。这种关系越明确，组织的决策和信息传达越有效。有效的酒店管理应尽可能采取管理层次较少的扁平式组织结构，缩短指挥链的距离，一项指令下达到基层所要通过的管理层次越少，指挥则越有效。

5. 指挥幅度合理化原则

指挥幅度即管理幅度，指一个管理者能够直接地有效指挥控制下属的数目。美国管理学家格来科拉认为，研究管理的幅度，必须要分析由此引起的相互关系。一个管理人员的下属越多，引起的相互关系越多，就越难领导。对酒店来说，管理层次和管理幅度是反比关系，减少管理层次就必然要加大管理幅度。管理幅度如果超过一个人的有效管理范围就会影响管理职能的正常发挥。管理专家研究认为8~10人为管理幅度最合理的取值范围，但是相应来说，越到管理高层，管理幅度就越小，越到基层管理幅度越大，同时对管理幅度的具体确定还需要考虑工作的复杂性和标准化程度、下属人员的素质、下属人员相互之间的关系、管理工作的难易程度、管理者本身的指挥才能及外部环境变化等因素。

6. 专业分工与协作原则

酒店业务的多样性决定了酒店必须进行专业化的分工才能提高工作效率，完成不同性质的工作。因此，酒店划分为客房、餐饮部、保安部、娱乐部和工程部等多个专业部门以及部门内部设置不同的岗位，从而发挥每位员工的优势，减少员工因变换工作、调整心理所花费的时间和精力，同时，贯彻协调原则，处理好各部门、各层次的任务与资源、职权与职责等方面的平衡与分配，做好纵向（上下级之间）、横向（各部门之间）的协调，由此达到组织的各层次、各单位、各人员步调一致，通力合作，形成合力，从而高效率地达到组织的共同目标。

7. 集权与分权相结合原则

集权是指决策指挥权在组织层级中较高层次上的集中，也就是说下级部门和机构只能依据上级的决定、命令和指示办事，一切行动必须服从上级指挥。

分权是指决策指挥权在组织层级系统中较低管理层次上的分散。组织高层将其一部分决策指挥权分配给下级组织机构和部门的负责人，可以使他们充分行使这些权力，支配组织的某些资源，并在其工作职责范围内自主解决某些问题。一个组织内部要实行专业化分工，就必须分权。否则，组织便无法运转。

为保证组织的有效运行，必须处理好集权与分权的关系，要求对组织中的重大决策及全局性的管理问题实行集权，对局部的日常管理问题实行分权。即该集中的权限必须集中，该下放的权限就应当分给下级。

8. 弹性原则

酒店组织机构的客观环境是不断变化的，管理的目标、措施也常发生变化。这就要求组织结构不能僵化，而应有较大的弹性，以适应经营环境的变化。根据这一原则，设计和建立一个组织一定要留有余地，制定某些带有伸缩性的规定，设立一些富有弹性的组织体，这样才能更好地适应可能出现的变化。外部环境一旦出现较大变化，就能及时做出相应的调整，以适应外部环境，有效地达到组织目标，保持组织的相对稳定性。

9. 有效性原则

组织有明确的目标。组织所属的每一个部门，也应有其明确的并且是为完成总目标所必需的具体目标，离开目标的组织就毫无意义。因此，组织的建立必须贯彻有效性原则。一个组织及其分支机构，从建立到调整、增设、取消或合并，都必须紧紧地围绕目标，以是否对目标有利作为衡量标准。这种从目标、任务出发设置机构叫做"因事设职"。坚决反对"因人设事"、"因人设职"的现象，这样才能贯彻有效性原则，才能做到精简高效。

3.2.2 酒店组织结构形式

1. 直线制

直线制是按照指挥的统一性建立起来的组织形式。这种组织形式的特点是垂直领导，层层负责。酒店总经理直接领导中层各个部门，部门经理向总经理负责，酒店总经理与各部门建立密切联系，酒店总经理是酒店经营管理的核心，各个部门经营的管理权限只限定在部门范围内，基层管理人员向部门经理负责。直线式一般不能越级指挥，指令逐级下达，避免交叉指挥。其优点是管理权力集中，命令统一，决策迅速。

直线型是企业发展初级阶段出现的组织形式。单纯的直线式不设职能机构，仅有少数职能人员协助总经理工作。因此，这种形式适合小型酒店。直线制组织结构的基本形式如图3-1所示。

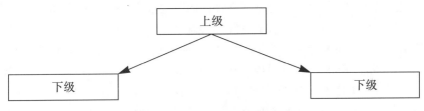

图3-1　直线制组织结构示意图

2. 职能制

职能制组织形式是在直线式基础上进一步发展形成的。总经理下设职能机构，通过职能机构来实行对一线业务部门的领导，各职能机构在自己职权范围内有权直接指挥一线经营部门。这种形式的优点在于能充分发挥职能部门的专业管理作用。缺点是容易形成多头领导，妨碍统一指挥。我国在实行改革开放政策之前，酒店大都采用职能型组织形式，这种组织形式在管理中出现的矛盾较多，目前已被大多数酒店所淘汰。但对于酒店集团以及特殊类型的酒店，还是比较适宜采用职能型组织形式。职能制组织结构的基本形式如图3-2所示。

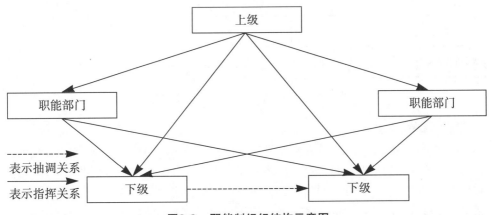

图3-2　职能制组织结构示意图

3. 直线—职能制

直线—职能型是兼取两者之长、克服其短发展起来的一种组织形式。直线—职能制的特点是把酒店所有的部门分为两大类，一类是业务部门（也称直线部门），业务部门按直线的原则进行，实行垂直指挥。如酒店的前厅部、客房部、餐饮部、娱乐部、工程部等均属于业务部门。另一类是职能部门，职能部门按分工和专业化原则执行某一类职能。如酒店的办公室、人力资源部、财务部、保安部等均属职能部门。直线—职能型一方面坚持指挥统一性原则，实行垂直领导，层层负责，总经理为酒店管理的核心。另一方面又设立职能管理机构，发挥职能机构对一线部门的业务指导作用。和职能型组织形式不同的是，在直线—职能型中职能机构和一线经营部门是平级的，职能机构不能直接进行指挥和命令，它们是总经理的参谋机构，通常是通过总经理的指令来领导业务活动。同时也根据酒店业务条例和其他部门协调工作。这种组织结构形式也称做直线—参谋型。

酒店的直线—职能制组织结构可以有多种形式，较常见的一种形式是总监制。总监制是指酒店的组织机构在总经理和部门经理之间加一个管理层次——总监。总监可以分管某一方面的业务工作如客房总监、餐饮总监等，也可以分管几个部门的工作。总监制是根据组织的宽度原则，因总经理的管理幅度过宽而设立的，如在一些规模较大、客房超过500以上的酒店设立总监，但总监的设置要慎重，设置不当会造成机构重叠，不利于管理，一般规模不大的酒店不宜采取总监制。直线—职能制组织结构的基本形式如图3-3所示。

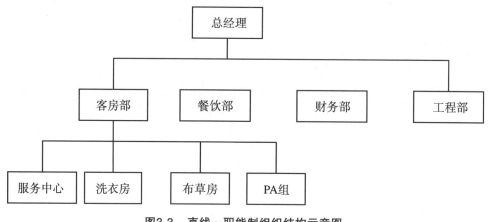

图3-3　直线—职能制组织结构示意图

4. 事业部制组织结构

事业部制组织结构在工业企业中有所采用。这种组织结构是在总公司领导下设立几个事业部，各事业部是为特定的产品而设立的。各事业部内部在经营管理上拥有自主权和独立性。它的组织特点是公司集中决策，事业部分散经营，每个事业部实行独立核算。于是一些酒店公司就采用了类似事业部制的组织结构。例如，有的酒店公司附属有旅行社、餐馆、酒店设施用品工厂、独立的写字楼、公寓楼等。因而，酒店主体是一个核算单位，酒店下属各单位又是一个核算单位，酒店主体及各下属单位均在酒店组织系统之中。酒店公司可设立公司职能部门，管理整个系统的相关事务，而下属部分或下属公司也可设立相关的职能部门或职能岗位，处理子系统的相关业务。事业部制组织结构示意图的基本形式如图3-4所示。

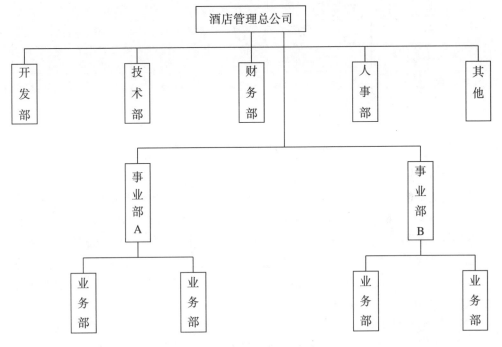

图3-4　事业部制组织机构示意图

5. 矩阵制组织结构

矩阵制组织结构是工业企业常用的一种组织形式。矩阵型在组织图示上把职能部门按纵列排列，把产品项目部按横行排列，互相交叉形成一个矩阵。这就形成纵、横两套管理系统。产品项目部设立经理，在总经理直接领导下进行工作。职能部门设立经理，职能部门成员可参与各产品项目部的工作。目前酒店采用矩阵型组织结构主要是一些酒店集团公司或输出管理的一些大型酒店。酒店的矩阵型组织结构是在原矩阵型组织结构的基础上做了适合酒店特点的改进。其特点是集团公司是一个系统，公司有领导机构，有各职能部门，职能部门对各项目部进行专业化管理。公司系统下属若干个项目部，如对外输出管理的一组人就是一个项目部，公司下属子公司也是一个项目部。项目部成员接受项目部经理领导。职能部门对项目部做专业指导检查，但无指挥权。这种组织形式使公司整个系统都在总经理的统一领导之下，但又能充分发挥各项目部的主动性和积极性。

酒店组织结构的框架形式各有利弊。组织结构框架的选取应有利于酒店的经营管理，有利于提高工作效率，使酒店的组织结构效率得到最大限度的发挥。采用何种框架应视酒店具体情况而定，要从本酒店的实际出发，选择一种最适合本酒店的组织结构框架形式。矩阵制组织结构的基本形式如图3-5所示。

	部门1	部门2	部门3
总经理			
任务小组1			
任务小组2			
任务小组3			

图3-5　矩阵制组织结构示意图

3.2.3　工作设计

工作设计是组织结构设计的延续。酒店组织结构确定之后，按具体情况划分各个部门。在每个部门内还应包括各个工作岗位及具体的工作内容。酒店组织管理的内容还应包括制定一套关于每个工作岗位的任务、性质、条件和要求的标准，并以此标准来衡量职工的工作表现。具体地讲，有两项非常繁重、复杂却又非常重要的内容——工作岗位设计和职务分析、职务说明书的制定。岗位设计不仅仅指管理层的职位，还应包括操作层的每一个工作岗位。

1. 工作岗位设计

在组织结构形式确定后，必须要在与酒店决策、酒店的组织管理协调一致的前提下，设计好每个具体的工作岗位。设计工作岗位必须是切合实际的。原则是"人有其位"，切不可"因人设位"。在设计工作岗位时要注意以下几个问题。

（1）分工是工作岗位设计的基础工作。分工就是将需要完成的工作分解成不同的操作工序，每个职工负责完成其中某一工序。经过分工以后，培训和管理都比较容易奏效，并且能提高工作效率。但是，在分工时必须注意到，分工过细会使工作变得重复而机械，使得职工工作兴趣低落，从而影响职工的工作情绪。

（2）设计工作岗位时要了解目前酒店员工的素质，以及社会环境中人力供应的情况。如果仅仅从理想化的角度来设计工作岗位，而无人能够胜任，则对酒店没有任何好处。

（3）设计工作岗位时必须考虑到职工的工作满足感。如果工作内容没有意义，且单一重复和机械，都将影响员工的工作积极性。近年来，许多管理学家都不断强调工作内容的丰富化和扩大化。这是因为很多研究表明，工作内容的扩大化和丰富化能够激励员工的工作热情，从而提高工作积极性。

（4）科学技术的发展可以创造新的工作岗位或改变工作岗位的内容，也可能会淘汰一些工作岗位。例如，酒店使用计算机，创造了维护计算机硬件和软件运转的工作岗位。由于计算机的使用，总服务台订房员的工作内容也发生了很大变化，使用计算机终端成为其主要工作内容。同时，计算机的使用提高了工作效率，减少了人力需求的数量。因此，设计工作岗位时必须注意到科学技术发展对人力需求在数量上和技术上的影响，对一些可设可不设的岗位就要坚决不设，一些可合并的岗位要合并，同时考虑到各岗位间要互相衔接、工作上要互相呼应。

因此，这项工作必须由专业技术部门和人事部门共同完成。在有条件的情况下，最好能聘请一些专家协同设计。

2. 职务说明书

在完成工作岗位设计后，还必须对酒店的每个工作岗位（或称职务）进行工作分析（或称职务分析）。即对每个岗位的工作内容、职责等进行全面的分析、描述和记录。通过职务分析可以明确每个工作职务在酒店中所处的层次，以及该职务与其他职务之间的关系，使得每位任职者的权责明确。

通过职务分析，把每个职务的性质、任务、责任、权力和工作内容等用书面记录下来即成为职务说明书。制定职务说明书是防止酒店内各工作岗位之间互相推诿的有效方法，同时，有利于改进工作方法，并作为招聘、培训、任用、提升、调动、考评等人力资源管理各种功能的依据。职务说明书的内容包括职称、部门、等级、主管、任务、职责、工作关系、培训和任职资格要求，如表3-1所示。

表3-1　职务说明书（范例）

职称	酒吧管理员	部门	餐饮	直接主管	餐饮部经理
主要任务：负责制订酒吧经营计划，协调采购原料，控制酒吧服务质量、营业额、利润等					
职责内容：（1）根据酒店预测和餐饮部计划制订酒吧经营计划； （2）维持良好的产销联系，与采购、零点供应部门联系； （3）制定酒吧工作规程、质量标准等； （4）了解每天营业状况，并处理异常情况； （5）培训酒吧服务员，分配酒吧服务员的工作； （6）出席餐饮部会议； （7）完成餐饮部经理指派的工作。 ……					
工作关系：（1）向上关系：隶属餐饮部，向餐饮部经理负责； （2）平行关系：与负责宴会、零点、客房等工作的管理员密切联系； （3）向下关系：视工作情况，可设领班或协管人员职务。					
任用资格：酒吧管理员由餐饮部经理提请总经理批准、任命。其必须在餐饮部门工作满××年，受过××培训者。					

3.3 酒店的组织制度

酒店组织是一个复杂的系统。为了保证这个系统的正常运转，必须依靠一整套科学、严密的组织管理制度，来保证酒店组织目标的实现。利用制度来管理酒店是酒店现代化管理的重要方法。

3.3.1 组织制度的含义和作用

酒店组织管理制度有两层含义：一是从宏观经济角度，指国家、地方、部门、行业对酒店经济活动的管理规范，即宏观管理制度；二是从微观经济角度，指酒店内部对所属范围经营活动的管理规范，也即职工行为规范。

酒店组织制度的作用表现在以下几方面。第一，制度可以维护酒店各方的共同利益。当酒店组织存在以后，酒店各方，如投资方、管理者、员工等，为了自身利益，为了酒店组织能够正常运转，为了整个酒店的目标，都希望组织有个章法、有个规范、有个大家共同遵守的秩序准则。这些共同点就形成了组织制度。第二，制度有很强的目标性。制度的制定是为了酒店目标的实现，科学、严密的制度是实现酒店组织目标的保证。因此，一切因个人或小团体利益与制度相违背的行为都是绝对不允许的，为了酒店目标可以牺牲个人或小团体的目标和利益，而遵守制度。第三，制度的强制性。制度以强制的力量要求每个成员必须执行，违反制度就要受到处分，有很高的权威性和严肃性。制度对组织中的任何人都一视同仁，在制度面前人人平等，谁都不能超越制度而自行其是。第四，执行制度的自觉性。制度是大家共同制定的，反映各方的共同利益，这就要求酒店各方都树立制度意识，自觉遵守制度。

3.3.2 酒店主要的组织制度

1. 总经理负责制

总经理负责制是目前酒店组织管理中普遍采用的一种领导制度。总经理负责制是指总经理既是酒店经营管理的负责人，又是酒店的法人代表。总经理根据上级主管部门或股东（职工）代表大会的决策，全面负责酒店的经营与业务，建立以总经理为首的组织管理体系。总经理负责制是适合酒店现代化管理、酒店市场经营、酒店管理规律的一种管理体制。

2. 职工民主管理制

职工民主管理制是我国社会主义制度的要求，也是酒店总经理负责制的基本保证。职工民主管理的法定形式和主要形式是酒店的职工代表大会制。职工代表大会具有管理、监督、审议三方面的权力，具体工作为：① 听取和审议通过总经理的工作报告；② 审议酒店的发展规划、经营计划，以及一些重要的经营管理问题；③ 审议酒店各项基金使用，以及酒店生活福利等重大事项；④ 评议、监督酒店各级领导干部，并提出奖惩和任免的建议。

职工参与民主管理也体现酒店职工的主人翁地位，但在实行民主管理的同时，要正确处理好民主与集中、自由与纪律的、权力与责任的关系。

3. 经济责任制

酒店的经济责任制是在确定了组织目标后，把组织目标以指标的形式进行分解，层层落实到部门、班组、个人，并按照责、权、利相一致的原则实行效益挂钩的一种管理制度。经济责任制的核心是责、权、利的一致，这种一致是以制度或内部合同的形式予以确定的。经济责任制的主要内容有：① 通过决策制订计划，提出组织目标，分解计划指标并把它落实到各部门及班组，从而提出各部门及班组的经济责任；② 为了保证完成经济责任，酒店要给部门及班组授权并创造必要的条件，提出完不成、完成、超额完成计划指标的经济利益分配，即收益与效益挂钩；③ 提出分配与效益挂钩的具体办法，对完成经济责任的考核，要提出时间、考核项目、考核方法，根据考核的实绩兑现分配，从酒店管理层到个人层层落实经济责任制的分配方案。

4. 岗位责任制

酒店所有的指标和任务最终要落实到各岗位每一位员工身上。因而酒店在组织上要建立和逐步健全岗位责任制。岗位责任制是以岗位为单位，具体规定了每个岗位及该岗位人员的职责、工作内容、工作范围、作业标准、权限和工作量等的责任制度。岗位责任制使每个员工都明确自己所在的岗位要完成哪些工作、什么叫做好本职工作。

建立岗位责任制首先要在酒店组织机构和作业研究的基础上设置岗位，每一个岗位要有一个确定的名称，如客房值台、清洁卫生、公共卫生等；其次规定各岗位的岗位责任和任务、岗位责任的范围；再是核定各岗位的工作量，工作量可以用包干数量来表示，如客房数、餐桌（位）数等，也可以用工作时间来表示。最后要规定各岗位的服务质量或工作质量标准，确定交接班制，具体交接什么内容，如何交接，接班后该做些什么等，都要详细规定。

岗位责任制的落实体现了酒店各层次的职责权限、分工协作等管理内容，有利于酒店各业务部门、各工作岗位的正常运转。

5.《员工手册》

《员工手册》是作为酒店基本制度的又一个重要方面。它是全体员工应共同遵守的行为规范的文件。它规定了酒店员工共同拥有的权利和义务，能够使员工对企业性质、企业目标和企业精神有一个充分的了解，使员工树立主人翁意识和产生责任感。《员工手册》的主要内容包括序言、总则、组织管理、劳动管理、员工福利、酒店规定和奖惩等内容。

《员工手册》的制定要符合国家的政策法规，同时结合酒店的自身特点以及要与酒店业的国际惯例相一致，条文规定要简单明确，便于操作，并印刷成册，人手一份，便于工作。《员工手册》与每个员工都休戚相关，因而它是酒店里最带有普遍意义、运用最广泛的制度条文。

6. 工作制度

为了建立和完善酒店组织，使其协调有效地运转，必须将组织的有关原则、各职位的职责权限及其相互关系、沟通联络渠道、业务工作程序、例外原则以及其他的有关事项加以条文化、制度化。

工作制度的主要内容可分前台部门的服务规范、后台部门的操作规范等，具体地有质量检查制度、财务制度、经济核算制度、领料制度、考勤制度、组织运转制度、服务岗位服务规范。工作制度是执行酒店控制职能的具体保证，也是经济责任制、酒店组织运行的基本保证。

本项目总结

知识梳理

1. 酒店组织管理的含义和主要内容

2. 酒店组织结构设计的原则

（1）指挥统一原则；（2）权责一致原则；（3）服从命令原则；（4）层次原则；（5）指挥幅度合理化原则；（6）专业分工与协作原则；（7）集权与分权相结合原则；（8）弹性原则；（9）有效性原则。

3. 酒店组织结构形式

（1）直线制；（2）职能制；（3）直线—职能制；（4）事业部制；（5）矩阵制。

4. 工作设计

（1）工作岗位设计；（2）职务分析；（3）职务说明书。

5. 酒店主要的组织制度

（1）总经理责任制；（2）职工民主管理制；（3）经济责任制；（4）岗位责任制；（5）《员工手册》；（6）工作制度。

习题与技能训练

1. 简述酒店组织管理的含义。

2. 酒店组织管理的主要内容是什么？

3. 酒店组织结构设计应遵循的原则有哪些？

4. 酒店直线—职能型组织结构的特点是什么？

5. 在设计工作岗位时需注意些什么？

6. 建立岗位责任制度的步骤有哪些？

7. 制定酒店某一岗位的职务说明书。

8. 酒店组织制度有哪些作用？

项目 **4**　掌握营销技能

■ 学习目标

■ 知识目标

1. 正确理解酒店营销的概念。

2. 了解酒店市场营销计划及其主要内容。

3. 掌握酒店产品营销组合策略。

4. 了解酒店产品的定价策略。

5. 掌握酒店营销渠道策略。

■ 技能目标

1. 能区分不同类型购买者的购买行为。

2. 能够根据不同的产品组合策略组合不同的酒店产品。

3. 能用定价方法依据实际情况制定不同的定价策略。

■ 案例目标

通过案例学习，学生能够了解和掌握营销的基本内容并进行营销环境因素的分析，培养学生分析和把握问题的能力，增加学生的市场营销知识、提高学生的市场营销能力。

■ 实训目标

通过实训，学生能够理论联系实际，从身边所熟悉的事做起，增强学生对商品市场的认知，并将所学的营销知识运用到实践中去。

■ 教学建议

1. 通过案例，学生能够体会营销的价值和意义。

2. 教师对案例的剖析和讲解。

3. 从学生所熟悉的生活、所接触的市场入手，激发学生对市场营销的认同感。

4. 教师将学生分组进行营销策划及开展营销实践。

学习任务 ❶ 设置酒店宾客的消费调查问卷

【想一想，做一做】

　　根据酒店消费者的个人信息，如性别、职业、年龄、所属地区、教育程度、月收入等，将消费者的消费能力划分为几个档次；将消费者的心理需求和行为，如选择酒店的价格、酒店信息来源、预订和付款方式、入住酒店的目的等因素进行分析，设计一张问卷调查表，供住宿客人进行选择来获得相应的数据，并进行统计与分析。设计调查表时，应该综合考虑各方面的因素，因为调查表设计得合理与否，客人是否愿意配合等因素直接影响到对消费者心理与行为分析的准确与否，进而影响到市场营销决策的制定及营销工作效果的好坏，甚至营销的成败。

设计调查问卷时，需注意以下几点。

1.调查问卷的主题须明确，调查对象须清楚。

2.设置要简洁、通俗易懂，不能含有晦涩、难以理解的词语或专业用语等。

3.调查问卷要方便客人填涂或打勾选择，节省客人时间并有利于数据分类与统计。

4.项目内容的分类要有一定的合理性和代表性，不能自相矛盾和出现无法选择的空档，注明是多项选择还是单项选择。

5.调查表须有调查员姓名及时间的设置要求。

6.调查表须对旅游者或宾客承诺对个人信息的保密及表示感谢参与的语句。

实战演练

1.实战方法

① 将每班学生分成两组，每组选定组长，对每组设计的调查表分别进行模拟填写；② 对调查表中出现的设计不合理的问题进行记录和统计，并由组长进行汇总；③ 每组组长向对方提出问题并进行调整和修改；④ 出现有争议的或者不明确的问题由教师指导和纠正。

2.实战地点：教室或实训室。

3.实训课时：2课时。

学习任务 ❷ 分析营销案例

【想一想，做一做】

全世界最著名的矿泉水

气派豪华、灯红酒绿的中餐厅里，顾客熙熙攘攘，服务员小姐在餐桌之间穿梭忙碌。一群客人走进餐厅，引座员立即迎上前去，把客人引到一张空餐桌前，让客人各自入座，正好10位坐满一桌。服务员小方及时上前给客人一一上茶。客人中一位像是主人的先生拿起一份菜单仔细翻阅起来。小方上完茶后，便站在那位先生的旁边，一手拿小本子，一手握笔，面含微笑地静静地等候他点菜。那位先生先点了几个冷盘，接着有点犹豫，似乎不知道点哪个菜好，停顿了一会儿，便对小方说："小姐，请问你们这儿有哪些好的海鲜菜肴？""这……"小方一时答不上来，"这就难说了，我们餐厅海鲜菜肴品种很多，但不同的海鲜菜档次不同，价格也不同，再说不同的客人口味也各不相同，所以很难说哪个海鲜特别好。反正菜单上都有，您还是看菜单自己挑吧。"小方一番话说得似乎头头是道，但那位先生听了不免有些失望，只得应了一句："好吧，我自己来点。"于是他随便点了几个海鲜和其他一些菜肴。

当客人点完菜后，小方又问道："请问先生要些什么酒和饮料？"客人答道："一人来一罐青岛啤酒吧。"又问："饮料有哪些品种？"小方似乎一下子来了灵感，忙说道："哦，对了，我们餐厅最近进了一批法国高档矿泉水，有不冒汽泡的和冒汽泡的两种，你们不能不尝一下啊！""矿泉水？"客人感到有点意外，看来矿泉水不在他的考虑范围内。"先生，这可是全世界最著名的矿泉水呢。"客人一听这话，觉得不能在朋友面前丢了面子，便问了一句："那么哪种更好呢？""那当然是冒汽泡的那种好啦！"小方越说越来劲。"那就再来10瓶冒汽泡的法国矿泉水吧。"客人无可选择地接受了小方的推销。

服务员把啤酒、矿泉水打开，冷盘、菜肴、点心、汤纷纷上来，客人们在主人的盛情之下美餐一顿。

最后，当主人一看账单，不觉大吃一惊，原来1400多元的总账中，10瓶矿泉水竟占了350元，他不由说了一句："这矿泉水这么贵啊！""那是世界上最好的法国名牌矿泉水，卖35元一瓶是因为进价就要18元呢。"账台服务员解释说。"哦，原来如此，不过，刚才服务员没有告诉我价格呀。"客人显然很不满意，付完账后快快离去。

资料来源：http://www.17u.net/news/newsinfo-60083.html

想一想

1. 作为酒店服务营销，服务员做错了什么？

2. 应该如何处理产品推销与顾客满意之间的关系？

案例点评

本例中服务员小方在给客人介绍和推销菜肴、饮料过程中，有以下两个方面的过失。

（1）推销不力。当客人主动询问有哪些好的海鲜菜肴时，小方不应该消极推辞，放弃推销产品的职责和机会，完全可以趁势详细介绍本餐厅的各种海鲜，重点推荐其中的特色品种，甚至因势利导地推销名贵海鲜，客人也会乐意接受。这样既满足了客人的要求，又增加了餐厅的收入，何乐而不为呢？

（2）推销过头。餐饮推销必须掌握分寸，超过了一定限度，就会适得其反。像法国名牌矿泉水，这是为某些高消费客人的特殊需求而配备的，不在服务员的一般推销之列。若有客人提出要喝法国矿泉水，就说"有"即可，或者可以婉转暗示客人矿泉水的价格。像小方那样过分推销，使客人处于尴尬境地，虽能勉强达到推销目的，但到头来反而会使客人误解酒店有故意斩客之嫌，很可能就此失去了这些"回头客"，这是很不值得的。在推销过程中，要记住客人更重要。

学习任务 ❸ 策划 "美食节" 活动

实战要点

1. 熟悉作为蓝本的酒店规模、档次、价格、资金实力、人员状况、经济效益等情况。

2. 每组必须以当地区域及该酒店的具体实际出发，不能脱离现实。

3. 每个小组须加强协调与沟通，注意酒店市场营销4P组合中各要素之间的整体性和相互联系。

4. 制定产品决策时要考虑产品组合、新产品、品牌战略、产品生命周期等组合因素。

5. 制定价格决策时要考虑影响价格的因素、制定价格的步骤、定价目标、定价方法与策略等因素。

6. 制定渠道决策时要考虑分销渠道长度和宽度选择、中间商的数量及档次、佣金等因素。

7. 制定促销决策时要考虑促销组合、促销对象、促销目标、促销预算、促销方案的设计等因素。

实战演练

1. 为当地一家星级酒店在国庆节假日举行"美食节"周活动在产品、价格、渠道、促销四个方面进行营销组合策划。

2. 在班长的负责下，根据学生的爱好与兴趣，将学生分成4组，分别选出各组组长，每组负责对其中一项进行营销方案的设计。

3. 各小组针对所要策划的内容进行相应的调研，制定相应的策划方案。

4. 由班长和各小组组长将各自方案进行集中汇总和讨论，提交总的策划方案，交由指导教师审定。

知识储备

4.1 酒店市场营销的概念

要了解酒店市场营销的概念，首先要对市场与市场营销有正解的理解和认识。

4.1.1 市场的概念

市场是商品经济的产物，哪里有社会分工和商品生产，哪里就有市场。市场的概念不是一成不变的，它是随着商品经济的发展而变化的，不同的历史时期，不同的场合，具有不同的含义。最初，人们把市场理解为商品交换的场所。随着社会和经济的发展，市场又被看作不仅是指具体的交易场所，而且是某种或某类商品需求的总和，是买卖双方力量相互作用的结果，是商品交换关系的总和。市场包括供给和需求两个相互联系、相互制约的方面，是两者的统一体。经济学尤其重视这一市场概念。从企业营销角度来看，市场的概念主要是指现实购买者和潜在购买者需求的总和。

4.1.2 正确理解市场营销的内涵

什么是市场营销呢？许多人认为，营销就是推销和广告。显然，营销离不开推销，但是仅靠广告也树立不起一流的品牌，仅靠推销也实现不了营销的目标。那么营销和推销究竟是一种什么样的关系呢？其实，营销与推销或销售的概念并不完全相同。

（1）推销是市场营销的职能之一，但往往不是最重要的职能。营销大师科特勒说："推销只不过是营销冰山上的顶点。"支撑这个顶点的是一整套营销活动，其中最重要的是产品活动，它决定着推销什么。

（2）推销和营销的出发点不同。推销从卖方出发，是产品导向；营销从买方出发，是顾客导向。正如营销学者莱维特说："推销以卖方需要为出发点，考虑如何把产品变成现金；而营销则考虑如何通过产品以及与创造、传送产品和最终消费产品有关的所有事情，从而满足顾客的需要。"

（3）推销和营销的方式不同。推销重在推，营销重在拉。如果拉力足够大，就不需要太多推力了。管理大师杜拉克说:"营销的目的就是要使推销成为多余。"因为"理想的营销"先创造出完全适合顾客需要的产品,"会产生一个已经准备来购买的顾客"。反过来说,如果产品缺乏拉力,用再大的力气推也推不动。

因此,美国营销专家科特勒把营销定义为:个人或群体通过创造,提供并同他人交换有价值的产品,以满足各自的需要和欲望的一种社会活动和管理过程。

我们可以从以下五个方面理解市场营销。

1. 市场营销是一种经营理念。(基本核心思想是以顾客为中心)

2. 市场营销是企业的一种战略管理活动。

3. 企业要实现自己的经营目标,就要对顾客的需求进行分析,了解顾客的需要。

4. 要根据顾客的需要,选择目标客户,设计满足顾客需要的产品和服务。

5. 要通过向顾客提供能满足顾客需要的产品或服务,顾客选择并接受这种产品或服务,来实现企业的目标。

4.1.3 酒店市场营销的概念

根据市场营销的概念,可以知道酒店市场营销就是通过开发和提供酒店产品及其价值的交换活动,使消费者的需求得到满足,并促使酒店获得最大的社会与经济效益的经营管理过程。

现代市场营销的目的是在寻找、服务和满足消费者需要的同时,实现企业自身的目标。现代市场营销观念认为,企业可以通过了解、界定明确的目标市场需要以及使顾客达到理想的满意程度来获得竞争的优势。

现代酒店市场营销过程包括分析营销机会、确定目标市场、设计营销策略、实施和控制营销方案。

4.2 酒店市场营销分析

酒店市场营销分析可以帮助酒店了解营销的形势和现状,减少营销活动的盲目性,提高工作效率。酒店市场营销分析就是分析酒店所处的各种内外环境因素对酒店营销活动的影响。

4.2.1 酒店SWOT分析

SWOT分析是指酒店经营者通过对营销环境进行系统的、有目的的诊断,以便清楚地明确本酒店的优势(S)、劣势(W)、营销机会(O)和威胁(T)。

酒店的经营管理及营销活动都受到来自酒店内部和外部众多因素的影响。我们把影响酒店营销活动的内部因素和外部因素所构成的系统,称为酒店营销环境。而把有利于酒店营销活动顺利而有效地开展的酒店内部因素,称为酒店营销的优势,如酒店优良的组织机构及现代化经营思想、优秀的酒店文化及雄厚的酒店资源等。反之,不利于酒店营销活动开展的酒店内部因素,如低劣的员工素质、不称职的管理者、低品位的酒店文化等,我们称之为酒店营销的劣势。酒店营销机会则是指有利于酒店开拓市场、有效开展营销活动的酒店外部环境因素，如良好的国家经济政策、高速增长的市场等。反之，不利于酒店开展营销活动的外部环境因素，我们称之为酒店营销威胁，如竞争对手的实力强大、竞争对手的增加、经营的目标市场萎缩等。

1. 酒店优势、劣势的诊断

酒店组织机构、酒店文化和酒店资源是判断酒店营销优劣势的三类重要因素。因此，酒店经营管理者通过对这些因素的认真诊断，大致能判断出酒店的优劣势，从而制定出符合酒店实际的营销战略。

酒店是否拥有营销优势，首先要从其组织机构来看。酒店决策层人员的经营理念和素质、部门的设置和分工协作、中层管理者的素质及基层员工的职业形象、精神面貌等诸多因素是衡量酒店组织机构优劣的具体内容。因此，通过对这些方面内容的诊断，可以确定酒店的组织机构是否有利于酒店开展营销活动。

其次判断酒店营销优劣势的第二个因素是酒店文化。酒店文化是指全体员工所拥有的职业偏向、信念、期望、价值观及职业化工作习惯的表达形式。它包括酒店的精神面貌、优良传统、良好声誉、建筑的外貌形象、内部的规章制度、员工职业道德、酒店产品的设计等具体内容。优秀的酒店在这方面表现出的品位和品质，也为酒店营销提供文化上的营销优势。

判断营销优势的第三个因素则是酒店资源。它包括人力、物力、财力、工作时间及管理的经验和技术等内容。一般来说，具有强大营销优势的酒店在这几个方面都有雄厚的实力来保障。

2. 酒店营销机会、营销威胁的诊断

酒店外部营销环境总是为酒店经营管理者提供营销机会或产生营销威胁。这是每家酒店都会面临的问题，经营管理者只有善于分析外部环境，捕捉各个重要机会，并同时善于发现各种潜在的和现实的挑战，才能使酒店适应外部环境。

酒店外部环境通常包括客人、竞争者、供应商、中间商、国际国内政治、经济、文化及技术等因素。具有良好营销意识的经营管理人员通常都具有审视营销环境的能力，并善于发现更多的营销机会，避免各种威胁带给酒店的不利影响。

4.2.2 酒店消费者行为分析

酒店消费者行为指消费者购买酒店产品前、消费过程中及消费后整个过程中的所思、所为。消费者行为是个人因素、社会因素及环境因素共同作用而发生的。要想使消费者选择本酒店而不选择其他的竞争酒店，酒店经营者就必须善于分析各类客人的行为及影响客人行为的各种因素。

首先，经营管理人员分析消费者行为产生的内因即消费者个人因素。它主要包括对消费者的需要、自我形象、爱好与兴趣、动机、认识及态度等个人因素的分析。通过这些因素的分析与研究，找到客人选择某酒店的内在原因，同时，也能使酒店在提供的产品、服务、价格、促销等方面投客人所好。

消费者的个人因素是影响其消费行为的主要因素，但并不是唯一因素。酒店消费者选择酒店时还会受到团体、家庭、组织文化以及酒店促销活动等外在因素的影响。

绝大多数客人的消费行为是由其内因和外因共同作用而产生的。因此，作为酒店的经营管理人员应定期对消费者行为的影响因素进行诊断，弄清影响消费者行为产生和变化的真正原因，从而为今后的营销活动如产品设计、价格制定、促销活动的策划等提供有益的信息，为酒店营销活动打下良好的基础。

4.2.3 STP分析

1. 市场细分（Segmenting）

（1）S——市场细分

所谓市场细分是指酒店经营者按照消费者的一定特性，把异质市场分割成两个或两个以上的同质市场，以用来确定目标市场的过程。酒店做好市场细分工作，有利于发现市场营销机会、了解消费者需求及制定正确的营销策略。

（2）市场细分的方法

酒店经营者可以使用许多因素来对市场进行细分，常用的市场细分方法有以下几种。

① 地理细分方法。地理细分就是按不同的地理区域将酒店市场划分为若干个亚市场。它以现在及潜在的客源发生地为研究出发点，根据旅游输出国与接待国之间的距离，把旅游市场细分为远程旅游市场和近程旅游市场；根据旅游者的客流量，把旅游市场分为一级市场和二级市场；根据旅游发生国或发生地，把旅游市场细分为不同的国家或地区旅游市场。

② 人口细分方法。根据旅游者的年龄、性别、家庭规模、婚姻状况、家庭生命周期、收入水平、职业、文化程度、民族、宗教信仰、社会阶层等人口特征因素，将旅游市场划分为若干个亚市场。人口特征因素也是市场细分常用的因素。旅游者的各种要求、偏爱、使用产品的频率等均与人口特征有关。

③ 心理细分方法。根据旅游者的生活方式、性格、爱好、价值观、心理敏感度、心理适应性等心理特征因素，把旅游市场划分为若干个亚市场。

④ 行为细分方法。根据旅游者的购买动机、购买时间、购买地点、购买习惯、使用频率、品牌忠诚度等行为特征因素，把旅游市场划分为若干个亚市场。

（3）市场细分的原则

如果把上述四种市场细分方法交叉使用，那么就有无数种市场细分方法。但是许多交叉使用的市场细分方法是没有实用意义的，市场细分应遵循下列原则。

① 可衡量性。细分市场的规模、购买力以及它的特征要能衡量和区分。

② 可获得性。酒店能有效地进入被细分的市场。即该细分市场的消费者可以

通过酒店的营销而被获得。

③ 可盈利性。细分市场足够大，具有一定的稳定性，以便酒店进入该细分市场后最终能够盈利。

④ 可行性。酒店有足够的资源来设计出吸引和满足该细分市场需求的有效营销方案。

2. 市场目标化（Targeting）

（1）T——确定目标市场

酒店在市场细化的基础上，根据自身的资源和目标选择一个或几个亚市场作为本酒店的目标市场。这种营销活动称为确定目标市场。市场细分和确定目标市场二者为酒店带来很多好处。首先，有利于酒店经营管理者发掘最佳的市场机会。进行市场细分后，我们常会发现现有产品尚未充分满足客人的需求，或找到一些未被竞争对手注意的亚市场，这对知名度不高、竞争力不强的中小型酒店来说，更具有实际意义。通过市场细分，酒店有可能找到销售机会，在竞争激烈的市场环境中求得生存和发展。其次，有利于按目标市场的需求来指导或改进现有产品或开发新产品，使酒店提供的产品更好地满足客人需求。最后，市场细分及目标市场的确定有利于酒店针对目标市场制定合理的市场营销方案组合，使酒店将有限的资源集中用在选定的目标市场上。

（2）市场目标化策略

酒店针对目标市场常采用以下三种市场目标化策略，这三种策略也可统称为酒店市场覆盖策略。

① 无差异营销策略

无差异目标市场策略可以忽略不同顾客的需求差别，寻找出全部目标市场需求的共性，据此以同样的营销组合为为该市场服务。其优点是可以发展规模效益优势，降低成本，简化营销工作；缺点是有效性较差，易引起其他企业模仿，造成更激烈的市场竞争。

② 差异化营销策略

差异化目标市场策略是企业针对不同的细分市场分别设计相应的营销组合，即用不同的营销组合分别进入几个目标市场。差异化目标市场策略的优点是能针对性地满足不同消费者的需要，能创造出更多的销售收入。缺点是营销成本高、操作要求高，一般适合实力较强的企业，如跨国酒店集团常用此类策略。

③ 集中性营销策略

酒店将资源集中起来用于一个最具潜力、最适应酒店资源组合现状的细分市场，目的是在这一细分市场上取得绝对优势，实现小市场、大份额的目的。这种策略尤其适合于中小型酒店开发市场、挖掘市场深度，但具有较高的风险性，因为这种策略意味着酒店将所有的力量集中于单一的细分市场。为降低风险，酒店必须对这一细分市场的变化保持高度敏感。

以上三种策略各有不同的适应对象，酒店应根据自身资源状况、产品生命周期、消费者需求变化、竞争对手状况、市场供求趋势等因素灵活选择不同的目标市场营销策略。

3. 市场定位（Positioning）

（1）P——市场定位

目标市场确定后，酒店必须进行市场定位，即在目标市场上树立一个鲜明的形象，并争取消费者认同。它需要向目标市场说明本酒店与现有的和潜在的竞争者有什么区别。这种塑造酒店形象，以使目标客人理解和正确认识本酒店有别于竞争者的活动就是市场定位。定位的核心是：寻求"差异"，突出特色。例如，麦当劳公司将其连锁店定位为"家庭乐趣"餐馆，而温迪快餐公司的定位则强调自己高品质的美味食品。

因而，所谓市场定位就是指酒店为了使自己的产品和服务在目标市场顾客心中占据明确的、独特的、深受欢迎的形象（或地位）而做出的相应决策和进行的营销活动。例如，上海金茂君悦大酒店的市场定位就豪华型大酒店，上海锦江之星旅馆的市场定位就是经济型大众旅馆。

（2）市场定位方法

① 根据产品特色进行定位。根据酒店产品的某些优点，着力去显现的一种定位。这是一种最常用的方法。对于酒店来说，可以用建筑风格、坐落地点、服务项目或这些特色的组合来定位。

② 根据价格—质量之间的联系进行定位。将产品的价格作为酒店质量的标识。因为价格的重要功能之一便是象征产品质量，酒店的高价格暗示着消费者可以享受高质量的服务。

③ 根据产品使用者进行定位。如百事可乐的市场定位就是"新一代的选择"。

④ 根据产品的类别进行定位。酒店企业通过变换自己产品类别的归属来定位。例如，度假地酒店可不必将自己定位为酒店，而是定位于温泉疗养中心之类的场所。通过这种定位，企业可扩大或控制自己的目标市场范围。

⑤ 借助竞争者进行定位。酒店可通过将自己同市场上声望较高的某一同行进行比较，借助竞争者的知名度来实现自己的形象定位。

4.2.4 酒店竞争形势分析

酒店经营者除了分析市场、营销环境、客人消费行为等，还必须较详细地分析其竞争形势。可谓"知己知彼，百战不殆"。通常酒店竞争形势分析可分成以下几个具体步骤。

1. 确定酒店的主要竞争对手

在竞争分析中，酒店经营者首先明确谁是本酒店的主要竞争对手，谁将成为本酒店的主要竞争对手。其方法有多种，诸如按酒店所在的区域、酒店的星级档次、酒店经营的目标市场及酒店的产品和服务内容等因素来确定，从而制定出出奇制胜的竞争对策。

2. 进行竞争情况比较

竞争情况比较可以从竞争酒店所争夺的目标市场客人的需求着手，尤其要针对客人选择酒店的重要标准来进行竞争情况的相互比较，如酒店的地理位置、设施、服务、价格等。然后进一步了解竞争对手的产品组合情况和近期开展的营销活动和销售情况。通过对营销活动销售情况的比较，经营者可以了解本酒店和竞争对手分别进行了哪些行之有效的营销策略，从而为日后制定营销方案打下良好的基础。

3. 确定酒店相对的竞争优势和劣势

根据前两步竞争分析工作，经营者能够判断出本酒店相对的竞争优势和劣势。值得注意的是，经营者应将判定的优势、劣势以书面形势记录下来，便于酒店决策者在制订年度营销计划时参考和使用。

4. 确定酒店竞争对策

酒店竞争分析的最终目的是希望通过分析能构思和策划本酒店有效的竞争对策和竞争地位。通常，在同一目标市场上竞争的酒店，因其营销目的、资源和实力不同，各自有不同的竞争地位，各酒店又因竞争地位的不同又要采取不同的竞争策略。

在酒店竞争中，通常可能出现四种不同竞争地位的酒店，它们分别为市场领导者、市场挑战者、市场跟随者和市场补缺者。这四种竞争地位既可针对一个酒店，也可针对酒店的某一经营项目，如餐饮、客房等。同一个酒店的产品有可能处于不同的竞争地位，需要采取不同的营销策略。

（1）市场领导者及其竞争策略

市场领导者是指在相关产品的市场上占有率最高的酒店。该类酒店一般在价格变动、新产品开发、分销渠道的宽度和促销力量等方面处于主宰地位。市场领导者为了保持自己的优势，保住其主导地位，常采用三种措施：第一，扩大市场需求总量，包括发掘新客户、开辟产品的新用途、增加客户对产品的使用量等具体措施；第二，保持市场占有率。在产品创新、服务水平的提高等方面做出不懈努力，同时抓住对手的弱点主动出击；第三，提高市场占有率。市场主导者通过对酒店营销组合策略的调整等，努力提高市场占有率水平。

（2）市场挑战者及其竞争策略

那些在市场中处于次要地位，如第二、第三位的酒店，为了争取市场主导地位而向竞争者挑战，即为挑战者。挑战者的战略目标一般是提高市场占有率。它们通过各种进攻性策略，对市场主导者或与自己实力相当者展开进攻。通常挑战者应设计一套策略组合、一套整体策略，借以改善自己的市场地位。然而，并非所有居于次要地位的酒店都可充当挑战者。如果没有充分的把握不应贸然进攻挑战主导者，最好充当跟随者。

（3）市场跟随者及其竞争策略

那些安于次要地位，在共存状态下求得尽可能多收益的酒店，就是市场跟随者。它与市场挑战者不同，不是向市场主导者发动进攻并企图取而代之，而是跟随主导者自觉地维持共处的局面。跟随者常用的策略有紧密跟随、有距离的跟随及有选择的跟随。

（4）市场补缺者及其竞争策略

在酒店行业中，有些酒店专门关注市场上被大酒店或集团忽视的某些细小部分，在这些小市场通过专业化经营来获得最大限度的利益，也就是在大企业的夹缝中求得生存和发展。这种有利的市场位置在西方市场被称为"补缺基点"，指对一个企业来说最有利的位置，在这个位置上可取得最大限度的利益。补缺基点通常具备足够的市场潜力和购买力、利润有增长潜力、对主要竞争者不具有吸引力、企业有能力靠自己的信誉对抗主要竞争者等特征。取得补缺基点的主要战略是专业化市场营销。具体来讲就是在市场、客人、产品或营销渠道等方面实行专业化。

4.3 酒店市场营销计划

酒店市场营销计划是酒店营销管理的重要工具之一，它在酒店市场营销管理中发挥着重要的指导作用。通过市场营销计划，酒店能明确未来的目标及奋斗方向。酒店在开展具体营销活动前有必要将未来或下一阶段要进行的营销活动全面地思考，并按活动主次、先后次序事先策划安排，这样才有利于酒店计划期内的营销活动有条不紊地开展并取得成效。

4.3.1 酒店市场营销计划及其主要内容

酒店市场营销计划是一份用来指导酒店在一定时期内开展各种营销活动的书面文件。营销计划可分长期、中期和短期计划。其中最为常见的是酒店年度营销计划。一份正规、有效的酒店市场营销计划通常包括以下内容。

1. 内容摘要

酒店营销计划往往含有很多内容，为了使酒店的各层管理者能迅速了解这些内容，必须提供计划的简略概要。

2. 当前营销状况

这一部分主要是提出酒店现阶段在市场、产品、竞争、分销和宏观环境等方面的基本特征。

（1）市场状况

本酒店目标市场的规模与增长情况。包括近年来的总销售量以及按市场细分的销售数额，同时有关消费者需求、观念和购买行为的趋势等方面的情况和数据。

（2）产品情况

包括近年来本酒店的产品组合中每一主要产品的销售额、价格、利率等情况和数据，分别列出，并做简要的说明和分析。

（3）竞争状况

提供主要竞争对手的规模、目标、市场占有率、产品质量、市场营销策略及未来发展意图。

（4）分销状况

它包括分销渠道上各主要产品的销售量，各渠道的地位和重要性以及未来变化趋势的分析。

（5）宏观环境情况

它包括对市场营销前景及可能产生影响的人口、经济、技术、政治、法律及社会文化等因素变化趋势的分析。

3. 机会和问题分析

概述酒店将面临的主要机会和威胁、优势、劣势，以及在计划中要处理的酒店产品所面临的问题。

4. 目标

目标决定了营销决策和行动方案的确定。一套目标应该具有一定的标准。首先，每一个目标应该具有既明确又能测量的形式和完成目标的规定形式；其次，各种目标应该具有内部的统一性；再次，各类目标的叙述应该有层次性，如果可能，目标应该从高到低非常清楚地排列；最后，这些目标是可以达到的，但同时它们又具有足够的挑战性，能激发员工的最大潜力。

5. 营销策略

为实现计划目标而采用的主要营销策略，包括目标市场、营销组合定位、营销费用水平等方面的基本决策。

6. 行动方案

详细阐述营销策略的每个要素，以回答"要做什么、何时做、谁来做、费用是多少"等问题。

7. 预计的损益表

在行动计划中，要特别集中说明支持该方案的预算，即做出一张实质性预计损益表。在收入方，它指出预计的销售数量和平均实现价格；在支出方，它表明生产成本、分销费用和营销费用，以及再细分下去的细节项目。收入和支出之差即为预计利润。上一级的管理者将审核这个预算，并提出赞成或修改意见。一旦批准，该预算则成为制订计划和对原材料采购、人力安排、营销活动安排的依据。

8. 营销控制

营销计划的控制部分用以监督计划的进程。通常，短期目标和预算按月或季来制定，上一级的管理者每期都要审查这些结果，找出没有实现预期目标的部门。这些未完成目标的部门应说明原因，以及他们正采取什么措施来加以改进。有些计划的控制部分还包括着权变营销计划，以鼓励营销管理者对可能发生的某些困难预先进行考虑。

4.3.2　酒店市场营销计划的实施

酒店市场营销计划的实施是指酒店为实现其战略目标，将酒店市场营销计划变为具体营销活动的过程。也就是有效地调动酒店的全部资源投入到日常业务活动中去。酒店市场营销计划只解决酒店营销活动应该"做什么"和"为什么要这样做"等问题，而酒店市场营销计划的实施主要解决"怎样做"的问题。酒店市场营销计划的实施主要包括以下内容。

1. 制定行动方案

为了有效地实施酒店营销计划，必须制定详细的行动方案。这个方案必须明确营销计划和营销战略实施的关键性决策和任务，并将执行这些决策和任务的责任落实到个人或小组。另外，还应明确具体的行动计划执行时间表，在时间上有严格的规定。

2. 建立营销组织结构

酒店营销组织是酒店市场营销计划和营销战略贯彻实施的主要力量，建立和强化酒店市场营销组织对推动酒店市场营销活动的开展起着决定性的作用。现代酒店不仅存在正式组织，而且存在着非正式组织，如员工自发组织的社团等。正式组织将酒店市场营销计划和营销战略实施的任务分配给具体的部门和人员，确定职权界限和信息沟通渠道，协调酒店内部的各项决策和行为。非正式组织如果能和正式组织紧密结合，将提高酒店员工对营销计划和营销战略的共同认识、理解，进一步促进和保证酒店市场营销计划的顺利实施。相反，如果不能和正式组织配合，将阻碍酒店营销计划的实施。因此，酒店不能忽视非正式组织的作用。

3. 设计政策和报酬

为实施酒店市场营销计划和战略，还必须设计相应的政策和报酬制度，这些制度将直接关系到酒店市场营销计划实施的成败。

4. 开发酒店人力资源

酒店市场营销计划最终是由酒店企业的员工来实现的，因此人力资源的开发是至关重要的。人力资源的开发涉及酒店营销人员的选拔、配置、培训、考核和激励等问题。在选拔营销人员时，要研究是从酒店企业内部还是从外部招聘更有利；在配置人员时，要注意工作分配的合理性，做到人尽其才，避免人浮于事；在考核营销人员时，要客观公正，除了依照硬性指标外，还要具体情况具体分析。为了激励员工的工作积极性，除了必须建立完善的工资、福利和奖惩制度外，还必须关心员工的思想变化，改善员工的生活环境。

5. 建设酒店企业文化和管理风格

企业文化是指一个企业内部全体人员共同拥有和遵循的价值标准、基本信念和行为准则。酒店企业文化是酒店企业的精神，对旅游企业的经营思想和领导风格，对员工的工作态度和作风都起着重要作用。通过酒店企业文化建设，逐渐形成员工共同奉行的价值标准和基本信念，才能保证酒店营销战略和营销计划在相应的企业文化氛围中得到强大的无形力量的支持。

与酒店企业文化相关联的是酒店企业的管理风格。有些营销管理者的管理风格属于"专权型"，他们一般发号施令，独揽大权，严格控制，坚持采用正式的沟通渠道，不容忍非正式的组织和活动。另一种管理风格称为"参与型"，他们一般主张授权给下属，协调各自的工作，鼓励下属主动工作和非正式的交流与沟通。这两种管理风格各有利弊，各自适用于不同的酒店市场营销战略和营销计划，具体需要什么样的管理风格，取决于酒店企业的战略任务、组织结构、人员素质和营销环境等因素。

4.4 酒店市场营销组合策略

市场营销组合是现代营销学中的一个重要概念。这一概念是20世纪50年代美国哈佛大学教授鲍敦首先提出来的。此后受到学术界和企业界的普遍重视和广泛运用。

所谓酒店市场营销组合，也就是酒店的综合营销方案，即酒店企业为了满足目标市场的需要，有计划地综合运用企业可以控制的各种市场营销手段，以达到销售产品并取得最佳经济效益的策略组合。

4.4.1 酒店市场营销的4PS组合策略

一个企业运用系统方法进行营销管理，管理人员应针对不同的内外环境，把各种市场手段，包括产品设计、定价、分销路线、人员推销、广告和其他促销的手段，进行最佳的组合，使它们互相配合起来，综合地发生作用。由于市场手段和营销因素多种多样，细分起来十分复杂，人们为了便于分析利用，提出各种分类方法，其中以美国市场学家迈克塞教授的分类法最为流行。他把各种因素分为四大类，即产品（Product）、分销地点（Place）、促进销售（Promotion）、价格（Price），这四种营销因素的组合，因其英文字头都是P，所以称为4PS，营销因素组合就是4PS的组合。

1. 产品策略（Product Strategy）

产品策略指做出与企业向市场提供的产品有关的策划与决策。这里的关键问题是，看一个企业向市场提供什么产品，不能从企业本身的角度出发，而应该站在顾客的立场上，了解在顾客的心目中，本企业的产品是什么，本企业如何满足目标市场的需求来提供商品和各种相关服务。

从酒店营销角度，酒店产品是酒店为客人提供的一种在酒店消费、感受的经历。任何产品都包括两个因素：一是产品的有形特征，即产品的物质因素和物理特征；二是产品通过其物理特征所提供给消费者的各种利益。

我们把酒店产品具体定义为核心利益、展现利益和附加利益所组成的一次顾客的消费经历。这里，产品的核心利益是指酒店产品的最基本的利益，是满足酒店顾客需要的核心内容，即顾客所要购买的实质性东西。例如，酒店提供客房的核心利益是满足客人旅途过程中的休息、享受或确保其隐私权的需要。然而，酒店产品的核心利益只是一个抽象的概念，要销售给顾客必须通过一定的具体形式；酒店产品的展现利益正是用来说明产品为客人提供的核心利益。展现利益是从物质上展示出核心利益的各种因素，如酒店地理位置、建筑特色、周围环境、灯光音响设施、规模面积和员工形象等；而酒店产品的附加利益是指客人在购买酒店产品时所得到的附加服务或好处。它对客人来说并不是必不可少的，但对酒店产品的完整性及产品的吸引力产生一定的影响，如酒店为客人提供免费擦鞋、康乐服务等。

在酒店产品的营销组合策略上，酒店可以采取以下的策略方法。

（1）通过扩充或缩减产品组合的广度、长度和深度，提高或降低产品组合的相关性等，调整产品组合，使得酒店产品更具竞争力。

① 扩大酒店产品组合的广度，增设产品生产线，扩大酒店的销售领域，增加酒店的经济收益，也有利于分散酒店营销风险，提高酒店在竞争中的适应能力。

② 增加酒店产品组合的深度，就是增加酒店服务内容，有利于酒店挖掘潜力，增加花色品种，满足更多细分市场的需求。

③ 在市场需求稳定、产品需求旺盛时，可以提高酒店产品组合的相关性，降低成本，为整体营销或整体开发提供便利。

④ 在市场需求不稳定、变化大时，则减少产品组合的相关性来降低风险。

（2）在酒店产品的设计时，应重视产品质量、产品功能、产品品牌、服务模式、产品包装等内容的设计和管理。

① 产品质量。产品质量的适合性和适度性。

② 产品功能。产品的吃住娱购等方面的侧重性。

③ 产品品牌。酒店整体品牌与客房品牌、餐饮品牌、娱乐品牌等子品牌的关系，以及品牌的创建模式、管理模式。

④ 服务模式。酒店服务特色的设计与实践。

⑤ 产品包装。酒店人员形象、环境卖场、设施设备和企业文化等。

（3）依据产品生命周期的变化，及时调整产品组合，并不断开发新产品，满足人们不断变化的需要。

开发新产品是酒店企业具有活力和竞争力的表现，也是酒店适应营销环境变化的一种策略。新产品不等于全新产品。它是指在技术、功能、结构、规格、实物、服务等方面与老产品有显著差异的产品，是与新技术、新理念、新潮流、新需求、新设计相联系的产品。如一间客房，改进了房内的设施设备，就成为新产品；即使不改进设施设备，但改变了房内的文化氛围，也成为一种新产品。一种产品，只要是消费者以前未接触过、未尝试过的，但又愿意去接触、喜欢去尝试，便是新产品。它包括以下三类。

① 全新的新产品。采用新原理、新结构、新技术、新材料研制而成的全新产品，技术含量最高，是过去人们未曾想到的产品，如客房内住宿登记和结账等。

② 改进新产品。采用各种技术，对现有的产品在性能、结构等方面加以改进，

提高其质量，以求得规格、式样等的多样化，它是在原有产品的基础上发展而来的，如改良的传统菜肴、各类主题客房等。

③ 仿制新产品。市场上已经存在，酒店企业通过模仿而生产出来的产品。开发新产品任重道远，酒店应本着创新、适合、有利可图、量力而行的原则，不断开发各类新产品，满足人们不断变化的"求新求异"的需求。

2. 价格策略（Price Strategy）

价格策略主要指企业如何估量顾客的需求并分析成本，以便选定一种吸引顾客、实现市场营销组合的价格。定价必须根据企业目标市场的竞争情况以及消费者对此定价的可能反应，同时，产品的价格也要满足企业盈利的要求。值得注意的是，价格的市场反应是消费者关于产品质量与品牌定位的重要信息，如果价格得不到消费者的认可，营销组合的其他努力就会失效。

酒店的价格策略需考虑到以下几个方面。

（1）影响酒店价格的因素

影响酒店价格的因素分为不可控因素和可控因素，前者包括国家价格政策、政治、经济、文化、竞争、市场及酒店本身经营状况等；而可控因素指的是定价目标、成本、产品本身特征及酒店资源等。

（2）酒店定价目标

酒店定价目标是酒店产品的价格在实现以后应达到的目标。相比于酒店目标，营销目标对定价的影响更为直接。常用的酒店定价目标有以下几种。

① 以获得最大利润为目标。其特点是价格定在"条件极大值"上，以利润作为定价的主要导向。但由于很难确定"最优价格点"，因而经常凭经验定价。

② 以争取产品或服务质量领先为目标。其特点是酒店产品或服务质量以较高的价格为前提，采用这种定价目标的酒店，一般都是在消费者中享有一定声誉的酒店。

③ 以扩大市场占有率为目标。其特点是以低价作为向市场渗透的工具，采用这种目标的酒店，不是在价格不变的情况下提高产品服务质量，就是在产品或服务质量不变的情况下降低价格。

④ 以维持酒店生存为目标。当酒店的产品在市场上严重滞销时，酒店被迫以生存为目标。

⑤ 以避免竞争为目标。其特点是参照竞争者的状况，根据酒店实际制定差异价格，这是一种比较稳健的定价目标。

（3）定价步骤

一般来说，酒店产品的定价需经过以下六个步骤。

① 评估目标市场购买力。② 估测产品单位成本。③ 分析市场环境。④ 确定定价目标。⑤ 确定定价策略。⑥ 确定定价方法。

（4）定价策略

定价策略是酒店企业进行价格决策的基本措施和技巧。酒店企业常常采用以下三种定价策略。

① 新产品定价策略。新产品进入市场能否有效打开销路，价格起着关键作用。常用的新产品定价策略有以下三种。

• 撇脂定价法。产品以高价进入市场，以便迅速收回投资，当有竞争者进入时，则采用降价的方法限制竞争者的进入。采用这种方法，要求酒店提供的产品具有无可比拟的独特性或优质性。

• 渗透定价法。产品以低于预期的价格进入市场，以期获得"薄利多销"的效果。在酒店形成买方市场的情况下，许多新开业的酒店都以这种方式进入市场。

• 满意定价法。吸取前两种定价法的优点，选取一种比较适中的价格，即保证企业获得一定利润，又能被广大消费者接受。

② 心理定价策略。利用消费者的心理合理定价，巧妙地刺激消费者的消费欲望。常用的心理定价方法有以下五种。

• 尾数定价策略。给酒店产品定一个零头数结尾的非整数价格。在消费者心目中留下一个低价的印象。适用于低档产品的定价。

• 整数定价策略。给酒店产品一个整数价格来反映产品较高的质量。

• 分级定价策略。根据产品的质量、构成、价值等因素，将酒店产品定为不同档次的价位，以体现不同产品的价值，但是分级不宜过细。

• 声望定价策略。通过借助酒店或其产品威望制定高于其他同类酒店产品的价格。这一策略一般适用于那些老字号、声望高的酒店，以及那些特殊产品、独家经营的产品、具有驰名商标的产品和特色产品。

• 招徕定价策略。酒店有意将几种产品的价格降到市价以下，个别甚至低于成本，以达到吸引消费者的目的。这样做可以使消费者增加连带性购买，从而使酒店增加销售额。

③ 折扣定价策略。在实行产品交易过程中，通过对实际价格的适量调整，让消费者得到一部分优惠，鼓励消费者购买。折扣定价策略主要有以下四种。

• 数量折扣。酒店根据消费者购买产品的数量或次数来决定是否给予折扣及折扣幅度，目的是鼓励消费者多买或重复购买。

• 季节折扣。根据消费者购买行为的发生时间来确定是否给予或给予多少折扣。酒店产品是一种季节性很强的产品，有明显的淡季、旺季之分，酒店可利用季节更换作为打折的因素。

• 现金折扣。指对提前支付账单的消费者给予的一种优惠。

• 功能折扣。指酒店根据各类中间商在市场营销中所担负的不同职责，给予不同的价格折扣。

3. 营销渠道策略（Placing Strategy）

营销渠道，又称分销渠道，是指宾客从产生消费动机进入酒店到最终消费酒店服务产品整个过程中所经历的线路以及相应的一切活动的总和。它是酒店产品商品化的必由之路，也是连接产品与宾客的中介。

（1）营销渠道的种类

① 直接营销渠道：指酒店不通过任何中间商直接向宾客销售产品。

② 间接销售渠道：指酒店借助批发商、零售商、代理商等机构销售产品。

（2）营销渠道选择

① 选择销售渠道需考虑的因素。

• 产品因素：指产品的质量和性质。

• 酒店自身因素：指酒店的经济实力、营销管理能力等。

• 营销对象因素：指营销对象的人数、分布情况、购买习惯等。

② 销售渠道策略。

• 广泛销售策略：指中间商不做选择，数量越多越好。

• 独家销售策略：指酒店在一定的区域内，只选择一个中间商。

• 选择性销售策略：指酒店在一定的区域内，有几个中间商可供选择。

• 短渠道销售策略：指酒店选择涉及中间商较少的销售渠道。

• 长渠道销售策略：指酒店选择涉及中间商较多的销售渠道。

（3）联合营销是营销渠道的发展趋势

随着市场竞争的加剧，酒店企业依靠单一的营销手段已显得越来越力不从心。因此，在营销渠道的选择上开始走联合营销的路子，组建全国性乃至全球性的营销网络，充分拓展营销渠道的长度和宽度，以更灵活的方式在最接近宾客的地方进行最有效、最方便的营销。

由于酒店在其经营性质、规模、地理位置、市场等方面存在差异，酒店经营者在设计销售渠道时，要注意销售渠道的搭配合理化，每一种销售渠道既能有利于酒店营销目标的实现，又能与酒店中间商保持良好的长期合作关系。

酒店销售渠道的设计应考虑以下五个要点。

① 根据客源市场的类型选择合适的中间商，组建不同的销售途径。

② 注意各销售渠道的销售量和销售能力。经营者要定期分析总结各销售渠道为酒店提供的客源数量、层次、质量以及为酒店带来的经济效益和利润，同时还应考虑各销售渠道组织客源能力的强弱、销售网络是否处于客源较丰富的地区等。

③ 注意销售中间商档次的控制。销售渠道大致可分为豪华、中档及经济型三大类。经营者应分析和了解各种销售渠道所属档次、组织及接待客源的层次。

④ 注意销售渠道的信誉。在选择中间商并与之建立联系时，经营者要分析该企业债务偿还能力并查明是否有过拖债、赖债的情况。酒店应该选择信誉好的中间商作为长期的合作伙伴。

⑤ 注意销售渠道的佣金制度。经营者在选择中间商时，还应考虑到中间商要求的报酬或佣金的多少、价格折扣率的高低及付款方式等。

4. 促销策略（Promotion Strategy）

（1）促销策略概念

促销策略是指企业如何通过人员推销、广告、公共关系和营业推广等各种促销方式，向消费者传递产品信息，引起他们的注意和兴趣，激发他们的购买欲望和购买行为，以达到扩大销售的目的。企业将合适的产品，在适当地点，以适当的价格出售的信息传递到目标市场，一般通过两种方式：一是人员推销，即推销员与顾客进行面对面的推销；另一种是非人员推销，即通过大众传播媒介在同一时间向大量顾客传递信息，主要包括广告、公共关系和营业推广等多种方式。这两种推销方式各有利弊，起着相互补充的作用。此外，目录、通告、赠品、店标、陈列、示范、展销等也都属于促销策略的范围。一个好的促销策略，往往能起到多方面的作用，如提供信息情况，及时引导采购；激发购买欲望，扩大产品需求；突出产品特点，建立产品形象；维持市场份额，巩固市场地位等。

（2）促销策略的内容

① 选择促销对象。② 选择促销目标。③ 选择促销设计方案。④ 选择信息沟通渠道。⑤ 建立促销预算。⑥ 确定促销组合方式。⑦ 衡量促销结果。⑧ 分析促销活动的限制因素。⑨ 加强促销全过程的管理和协调。

（3）常用促销手段

① 酒店广告，是指酒店制作有关酒店产品的信息，并由媒体发布，唤起宾客注意，以扩大酒店知名度，树立酒店和产品的形象。

② 公共关系，是指酒店为与公众沟通信息而采取的活动，如新闻发布会等。

③ 营业推广，是指企业用来刺激早期需求或引发强烈市场反映而采取的各种短期性促销方式的总称。

④ 人员推销，是指通过人际交往的方式向宾客进行介绍、说服工作，使宾客了解、爱好、购买本酒店的产品和服务。

在动态的市场营销环境中，上述四个基本因素互相依存，处于同等地位。在酒店企业的实践活动中，只有它们的互相结合形成一个统一的整体才是有意义的。同时，需要注意的一点是，这四个变量是围绕目标市场的消费者需求而协调成一个整体的，脱离了顾客需要，也是没有意义的。

4.4.2　4CS营销组合策略

随着经济的发展，市场营销环境发生了很大变化，消费个性化、人文化、多样化特征日益突出，为了扩大4PS决策构架的覆盖范围，为此，美国市场营销专家劳特鹏曾于20世纪90年代提出了以人为本的4CS理论，作为对4PS理论的补充。

1. Customer（消费者）

4CS理论认为，消费者是企业一切经营活动的核心，企业重视顾客要超过重视产品。因此他提出：第一，创造顾客比开发产品更重要；第二，消费者需求和欲望的满足比产品功能更重要。如美国最大的制鞋企业麦尔·休·高浦勒斯公司，通过设计出能够引起顾客感情共鸣的鞋子，并赋予鞋子以不同的情感色彩，如男性情感、女性情感、优雅感、轻盈感、成熟感，并煞费苦心地冠之以"笑"、"泪"、"愤怒"、"爱情"和"摇摆舞"等名称，从而大受消费者青睐。

2. Cost（成本）

4CS理论将营销价格因素延伸为生产经营全过程的成本，包括：第一，企业生产成本就是企业生产适合消费者需要的产品成本。价格是企业营销中值得重视的，但价格归根结底是由生产成本决定的，再低的价格也不可能低于成本；第二，消费者购物成本。它不单是指购物的货币支出，还包括购物的时间耗费、体力和精力耗费，以及风险承担（指消费者可能承担的因购买到质价不符或假冒伪劣产品而带来的损失）。

以往企业对于产品价格的思维模式是"成本+适当利益=适当价格"，近年随着4CS理论的出现，诞生了一种定价的新思维，新的定价模式是：消费者接受的价格–适当的利润=成本上限。也就是说，企业界对于产品的价格定义，已经从过去由厂商的"指示"价格，转换成了消费者的"接受"价格，我们可以把这看作是一场定价思维的革命。新的定价模式将消费者接受价格列为决定性因素，企业要想不断追求更高利润，就不得不想方设法降低成本，从而推动生产技术、营销手段进入一个新的水平。

3. Convenience（便利）

4CS理论强调企业提供给消费者的便利比营销渠道更重要。便利，就是方便顾客，维护顾客利益，为顾客提供全方位的服务。便利原则应贯穿于营销的全过程：在产品销售前，企业应及时向消费者提供关于产品性能、质量、使用方法及使用效果的充分的准确信息；顾客前来购买商品，企业应给顾客以最大的购物便利，如自由挑选、方便停车、免费送货等；产品售完以后，企业更应重视信息反馈，及时答复、处理顾客意见。

4. Communication（沟通）

4CS理论用沟通取代促销，强调企业应重视与顾客的双向沟通，以积极的方式适应顾客的情感，建立基于共同利益之上的新型的企业与顾客的关系。企业追求与顾客的共同利益，强调双向沟通，有利于协调矛盾，融合感情，培养忠诚顾客。

4.5 酒店营销新理念

4.5.1 绿色营销

随着人们的环保和可持续发展呼声日益高涨，出现了社会营销观念，这就要求酒店不仅要比价格、比服务，还要比谁更关心顾客和社会，于是出现了绿色营销。

1. 绿色营销的基本内涵

酒店企业的服务对象不仅仅是单一的顾客，还包括整个社会、整个环境，它是一种通过选择不危害环境，又不损害未来各代人的产品和服务来满足人们的生活需要的一种理性消费方式。

2. 绿色营销管理分析

绿色营销管理是一项系统工程，首先要求酒店树立正确的绿色消费理念，在这一基本方针的指导下进行绿色营销管理活动。可以从以下几个方面进行：① 培养绿色理念；② 成立响应的组织体系；③ 推行绿色教育；④ 拟定相关制度；⑤ 开展绿色行为。

4.5.2 内部营销

内部营销理念认为，建立一个良好的内部市场企业是有效扩展市场的先决条件。它要求酒店企业把员工作为企业的内部市场进行透彻的研究和开发培养满意的员工，建立全员服务营销意识，着力做好酒店内部促销工作，为酒店企业扩展外部市场提供可靠的后盾支持。

1. 内部营销理念

内部营销理念是市场营销理念在企业内部的延伸。它认为，企业开展外部市场营销活动的基础是有一个良好的内部市场做支持，最终目的是向员工推销满意的工作，造就满意的员工，在这个基础上开拓外部市场，造就满意的外部宾客。

2. 推行内部营销

① 构建内部员工满意。

② 开发内部有形证据。

③ 推行服务营销理念。

4.5.3 宾客满意营销

酒店企业效益的增长和宾客获得的满意程度是一致的。只有有满意的宾客才能稳固酒店的客源市场。

1. 研究宾客需求结构

宾客满意是建立在宾客需求得到满足的基础上的，因此研究宾客需求结构是实行宾客满意策略的起点。一般来说，宾客的需求结构包括以下四个方面。

① 功能需求：指宾客购买产品或服务是为了解决其实际面临的问题。

② 形式需求：指宾客对酒店产品或服务的质量、外观、构成、式样等的需求。

③ 价格需求：指宾客对酒店提供的产品或服务的收费高低的需求。

④ 外延需求：指前三种需求以外的需求，如心理上的满足、文化上的满足及售后服务等。

2. 确定宾客满意指标

不同消费者在消费了同样的产品或服务后会由于个人主观体验不同而呈现出不同的满意程度。这就要求酒店应确定详细的宾客满意指标，来寻找不同宾客在不同满意对象之间的差别。

3. 确定宾客满意级度

宾客满意级度是指宾客购买并消费了酒店的产品或服务之后所产生的满足状态的等次。

表4-1　宾客满意级度及其特征

级度	特征
非常不满意	愤怒，投诉，做负面宣传
不满意	气愤，烦恼
稍微不满意	抱怨，遗憾
无所谓满意不满意	无明显正负情绪
稍微满意	好感，肯定，赞许
满意	称心，赞扬，愉快
非常满意	激动，满足，感谢，做正面宣传

在确定宾客满意指标和满意级度的基础上，酒店可以组织有关人员进行宾客满意级度调查，根据调查结果调整酒店的服务内容或服务方式，不断提高宾客的满意级度。

4.5.4　关系营销

营销就像蜘蛛织网捕食。在产品或服务进入流通领域之前，酒店企业应细细编织营销网，发展各种良好的宾客关系。当围绕酒店企业形成了一个庞大而相对稳定的宾客队伍时，网就形成了，这时酒店企业就可以轻松地从宾客队伍中体验营销的快乐了。

关系营销理论将营销的重心转移到如何吸引更多的宾客重复使用或购买酒店的产品或服务上。它注重巩固酒店和这些宾客的关系，以建立长期的交易关系作为营销的目标。

1. 关系营销的级别

关系营销的级别指的是酒店与营销对象之间关系的稳定程度。

① 购买关系型：它通过纯粹的金钱与宾客建立一种瞬时的关系。

② 社交关系型：它注重与宾客发展长期关系，采用各种方式和宾客保持定期的联络。

③ 忠实关系型：忠实的顾客与酒店之间建立了一种稳固的关系，形成了一种深刻的品牌偏好，忠实的宾客是酒店的一笔巨大财富。

2. 关系营销手段之一：追加附加值

酒店应努力向宾客提供更多更好的利益，以附加值来增加产品的价值，从而吸引更多的顾客。

3. 关系营销手段之二：减少购买总成本

除向宾客追加各类利益之外，酒店还可以通过减少宾客总成本的方法还增加宾客的满意程度。可减少的购买总成本包括货币成本、时间成本、体力成本、精力成本与信息成本等。

酒店应尽量节省宾客的总成本，让宾客意识到自己购买的产品是最经济实惠的产品，获得最大的满意评价。

4.5.5 品牌营销

1. 品牌营销的概念和特点

品牌营销是酒店、宾馆通过创造企业品牌，树立和贯彻品牌意识来开展市场营销、扩大产品销售的一种营销策略。

酒店品牌营销以大中型酒店宾馆和酒店集团为主。它的突出特点是给酒店产品和服务塑造一个名称响亮、标志清楚、管理规范、操作标准、质量优良的品牌，并用这种品牌来开发市场、吸引顾客，形成市场声誉。因此，一个著名的品牌也是企业价值丰厚的无形资产。

2. 运用品牌营销的策略和方法

（1）认真做好品牌设计

品牌设计是品牌营销的前提和基础。设计之前要做好市场调查，根据当地市场特点和发展趋势分析市场竞争状况，然后结合酒店自身的等级、规格、接待对象和主要目标市场来设计自己的品牌。

（2）研究制定品牌标准

品牌标准是酒店品牌营销的核心和灵魂。品牌设计中的品牌名称、标志等，都只是品牌营销的表现形式，只有品牌标准才是本质内容，也是品牌特色的内在表现。

（3）大力开展品牌营销

要在品牌设计和品牌标准制定的基础上，开展品牌营销活动。其具体工作有以下内容。

① 树立全员品牌营销意识，确保全体员工对品牌内容、标准、标志、程序、规范的了解和认识，明确品牌营销的重要作用。

② 组织销售人员利用品牌名称、标志、标准，大力做好市场开发、客源组织，向客人宣传酒店品牌。

③ 组织全体员工按品牌标准、程序、行为规范提供优质服务，让客人能够时时、处处感受到酒店的品牌效用，从而树立酒店品牌形象，提高品牌声誉。

④ 持续不断地做好品牌宣传工作，利用各种媒体内部广告、宣传画、小册子等做好宣传推广，逐步把品牌办成名牌。

4.5.6 网络营销

随着计算机技术和网络通信技术的迅速发展与广泛应用，网络正以革命性的力量改变着人们的生活方式。对于酒店企业而言，网络营销蕴藏着无限的潜力，它将为酒店营销带来新的思路。

1. 网络营销的概念

网络营销是指酒店以互联网为传播手段，借助网络、电脑通信和数字交互式媒体等技术来沟通供求之间的联系，销售企业产品和服务的一种现代市场营销方式和策略。网络营销的价值在于可使生产者与消费者之间的价值交换更便利、充分、有效率。

世界上著名的网上预订系统有"旅行网络"、"世界一流酒店组织"、"网上酒店大全"等。在我国，几乎所有参加国际酒店集团的合资酒店都已加入了所属集团的全球预订系统，大多已开展了网络营销，取得了很好的营销效果。

2. 网络营销的运用

（1）网络调研。网络能够提供大量的信息，营销人员应建立网络调研机制，挑选出最适用的信息加以分析，以便客观地做出决策。

酒店可根据不同的情况、不同的目的采用不同的调研方法。如通过承诺物质奖励来鼓励客户参与调研，寻求更多的反馈信息；为获得宾客的支持，酒店可以通过大量有价值的信息和免费使用软件的方法来吸引访问者，或者通过链接交换程序把访问者从其他站点链接到本酒店的站点来；为访问者提供完整的信息，提高调研的准确性，酒店可以建立"虚拟展厅"或网络消费论坛，借此了解宾客的各种意见和建议；当访问量增多时，酒店也可以通过在线监控和在线服务来了解市场，统计出访问者最关心的问题，分析出本酒店对宾客最具吸引力的因素；酒店也可在新闻中提一些与酒店有关但不完全商业化的问题，吸引人们参与讨论，从而达到营销的效果。

（2）参加国际或国内互联网络。酒店要运用网络营销策略，开展网上营销，首先必须参加国际或国内的互联网络，建立健全自己的计算机信息系统。这是开展网络营销的物质基础。事实上，每家酒店都来建立一个自己的互联网络也是不完全合理的。目前，国际和国内的互联网络比较多，酒店应该选择那些实力较强、设备技术先进、成本较低、加盟费用较低而业务范围对口的网络或网站，然后再运用自己的计算机信息系统，通过互联网络来开展网上营销，这样就能收到较好效果。

（3）网络设计。互联网没有时间和空间限制，若酒店企业在网上设立站点，便能在全国乃至全世界范围内寻找客源。一般认为，一个好的网站结构包括以下五个方面：信息分类科学准确；信息排列有序；文字与图形的布局既要重点突出，又要给人以和谐典雅的感觉；留出可调整的位置，用于满足临时或短期营销活动的宣传需要；重视自身配置的检测，以免影响下载速度。

（4）积极开展网上营销。酒店网络营销就是利用互联网进行客房预订和广告宣传工作，又以客房预订为最终目的。网络广告使酒店企业和宾客能实现即时的双向沟通，在双向互动的基础上为宾客提供定制化的服务。网络广告成本低廉，具有极为广泛的传播空间。它成功的关键在于其是否被大众注意并留下深刻的印象。有关网络广告的一个重要技巧就是选择适合的网站设置标牌广告。设置标牌广告的目的在于宣传本酒店的基本情况、树立品牌，并尽可能地吸引网上浏览者。网络广告最好能设置一些简单便捷的回复方法，以便真正实现双向互动。如果能和其他站点链接，给宾客营造一个开放型的浏览空间，也是一个吸引客户的好方法。

酒店既可以在自己的网站上做广告，也可以在其他企业的站点、搜索引擎、电子杂志等上面做标牌广告。随着网络技术的不断发展，网络广告的形式也在不断创新。

以上新型的营销理念和营销方法共同特点是"软营销"，传统的营销方式可以归结为硬营销，即利用雄厚的物资与科技力量，通过高科技、高投入等手段，开发高起点、高品位的产品投放市场，以高质量的不断扩张来维系企业发展的后劲；软营销则采用一种内敛的方式，更多地强调对现有资源和产品的挖掘与完善，通过量的重新包装和结构重组实现价值的最大化，它与硬营销相互补充，完善了酒店企业的营销理念和营销方式。

本项目总结

知识梳理

1. 酒店市场营销

通过开发和提供酒店产品及其价值的交换活动，消费者的需求得到满足，并促使酒店获得最大的社会与经济效益的经营管理过程。

2. 酒店市场营销分析

（1）SWOT分析是指酒店经营者通过对营销环境进行系统的、有目的的诊断，以便清楚地明确本酒店的优势（S）、劣势（W）、营销机会（O）和威胁（T）。

（2）酒店消费者行为分析：消费者个人因素分析主要包括对消费者的需要、自我形象、爱好与兴趣、动机、认识及态度等个人因素的分析。同时，酒店消费者选择酒店还会受到团体、家庭、组织文化以及酒店促销活动等外在因素的影响。

（3）STP分析：市场细分、市场目标化、市场定位。

（4）酒店竞争形势分析：确定酒店的主要竞争对手、进行竞争情况比较、确定相对的竞争优势和劣势、确定竞争对策。

3. 酒店市场营销的计划与实施

酒店市场营销计划是酒店营销管理的重要工具之一，它在酒店市场营销管理中发挥着重大的指导作用。通过市场营销计划，能使酒店明确未来的目标及奋斗方向，有利于酒店计划期内营销活动有条不紊地开展并取得成效。

4. 酒店市场4P营销组合策略

（1）产品（Product）；（2）价格（Price）；（3）分销策略（Placing）；

（4）销售策略（Promotion）。

　　5. 4C营销组合策略

　　（1）消费者（Customer）；（2）成本（Cost）；（3）便利（Convenience）；（4）沟通（Communication）。

　　6. 酒店营销新理念

　　（1）绿色营销；（2）内部营销；（3）宾客满意营销；（4）关系营销；（5）品牌营销；（6）网络营销。

习题与技能训练

　　1. 什么是酒店市场营销？

　　2. 市场营销和推销或销售有什么不同？

　　3. 市场细分的方法和原则有哪些？

　　4. 市场定位的常用方法是什么？

　　5. 酒店市场营销计划通常包括哪些内容？

　　6. 如何实施酒店营销计划？

　　7. 常见的酒店定价目标有哪几种？

　　8. 酒店营销新理念有哪些？

　　9. 如何开展品牌营销？

　　10. 制定一则酒店营销活动策划书。

项目 **5** 提升服务质量

■ 学习目标

■ 知识目标
1. 了解服务和服务质量的定义。
2. 掌握全面质量管理的概念。
3. 理解全面质量管理的内容。

■ 技能目标
1. 掌握相关的服务技能。
2. 能够运用服务质量分析的方法。
3. 掌握服务质量管理的主要内容。

■ 案例目标
通过案例学习，学生能够了解酒店服务质量包含的内容，熟悉酒店服务质量的特性，提高学生运用专业知识分析和解决酒店服务质量问题的能力。

■ 教学建议

1. 通过案例，学生能够体会酒店服务质量管理的重要性。
2. 教师对知识点进行详细讲解。
3. 通过多媒体，学生直观了解服务质量的规范要求。
4. 教师将学生分组，进行实训练习。

学习任务❶ 解剖案例

【想一想，做一做】

案例一　谁之错

　　佳节刚过，南方某宾馆的迎宾楼，失去了往日的喧哗，寂静的大厅，半天也看不到一位顾客的身影。客房管理员A紧锁眉头，考虑着节后的工作安排。突然她喜上眉梢，拿起电话筒与管理员B通话：目前客源较少，何不趁此机会安排员工休息。管理员B说："刚休了7天，再连着休，会不会休假太集中，而以后的二十几天没有休息日，员工会不会太辛苦？"管理员A说："没关系，反正现在客源少，闲着也是闲着。"两人商定后，就着手安排各楼层员工轮休。

　　不到中旬，轮休的员工陆续到岗，紧接着客源渐好，会议一个接着一个，整个迎宾楼又恢复了昔日的热闹，员工们为南来北往的宾客提供着优质的服务。紧张的工作夜以继日地度过了十几天，管理员A正为自己的"英明决策"沾沾自喜时，下午4点服务员小陈突然胃痛。晚上交接班时，小李的母亲心绞痛住院。小黄的腿在倒开水时不慎烫伤。面对接二连三突然出现的问题，管理员A似乎有点乱了方寸。怎么办？管理员A决定以这个月的休息日已全部休息完毕为由，要求家中有事、生病的员工，要休息就请假，而请一天的病事假，所扣的工资、奖金是一笔不小的数目。面对这样的决定，小黄请了病假，小陈、小李只好克服各自的困难，仍然坚持上班。

　　第二天中午，管理员B接到客人的口头投诉：被投诉的是三楼的小李及四楼的小陈。原因均是：面无笑容，对客不热情。管理员B在与管理员A交接班时，转达了客人对小李、小陈的投诉，管理员A听后，陷入沉思……

　　资料来源：选自浙江旅游职业管理学院服务质量管理http://www.tczj.net/jp/hm/test2.asp

想一想

　　员工与客人的互动过程是酒店服务质量最主要的展示过程。确保员工在任何状态下保持职业素养是一项复杂的系统工作。就该宾馆而言，在这起投诉事件中，主要的质量管理责任应该谁来负责？从质量管理角度而言，应如何优化管理者的管理行为？

案例二　客人的直白

　　一位在某五星级商务酒店入住数日的客人，偶尔在电梯里碰到进店时送他进房间的行李员小李。小李问他这几天对酒店的服务是否满意，客人直率地表示，酒店各部门的服务比较好，只是对中餐厅的某道菜不太满意。

当晚这位客人再来中餐厅时，中餐厅经理专门准备了这道菜请客人免费品尝。原来，客人说者无心，但行李员小田听者有意。当客人离开后，他马上用电话将此事告知了中餐厅经理，经理表示一定要使客人满意。当客人明白了事情的原委后真诚地说："这件小事充分体现出贵酒店员工的素质及对客人负责的程度。"几天后，这位客人的秘书打来预订电话，将下半年该公司即将召开的三天研讨会及100多间客房的生意都放在了该酒店。

想一想

本案例中体现了酒店质量管理的哪些基本原理和意识？对你有何启示？

案例三 一只小虫子引起的风波

某三星级酒店一行15人由总经理率领慕名来到本市一家酒店用晚餐。他们此行的主要目的是想学习该酒店的管理和服务，看看菜肴如何。晚7点他们来到单间"春"厅，虽然他们已经提前预订，但因多来了几个人，使得服务员和领班手忙脚乱地加椅子和餐具。人们还没有坐下，一位客人指着墙上那幅字，问服务员写的是什么？服务员答："不清楚。"又问领班，答："不知道。"入座后，客人点菜，问："最近咱们餐厅推出什么特色菜没有？"领班回答："不清楚，我到厨房问一下告诉你。"客人点完菜，领班把菜牌一收离开了。15分钟后才开始上凉菜。客人发现转盘底下爬出一只蚂蚁，叫服务员赶快处理。随后，一位客人从啤酒杯里打死一只小虫子后，让领班换一只杯子，更换以后，客人觉得更换的这只杯子似乎就是刚才那只，因为发现杯子有手拿过的痕迹，要求再重新换一只。领班不情愿地拿来一只与原来杯子不同的高脚杯，往桌子上"砰"地一放，客人讲："怎么是这种杯子？"领班回答："杯子没有了，这才是喝啤酒的杯。"

席间，客人流露出对领班的不满，就对服务员讲："您服务得不错，你们那个领班真不像话。"后来领班也就没有再出现了。结账时客人提出要打折，一位自称是部长的小姐讲："我做不了主，得上报。"客人中的主人（即总经理）对那个部长小姐开玩笑地讲："你可得注意，这个人不好惹（指要求打折的同事）"部长小姐回敬道："没关系，我们敢开这么大一个店，就不怕有人来捣乱。"10分钟后，部长小姐把投诉客人叫了出去。餐饮部经理出面说："可以考虑打折，但只能打八五折。"客人讲："不行，你们服务出现这么多问题，菜肴也不好，怎么也得打六折。"餐饮部经理讲："我做不了主，得上报。"这样僵持不下，10分钟又过去了。最后值班经理，酒店的人力资源总监来了，听了投诉经过后说："你们讲的那个领班服务不好我知道，她不代表我们酒店。""你们不能指责服务员，你们是人，他们也是人。"最后，以八折达成协议。可是，客人一看账单觉得价格不对，打折下来应为3200多元，怎么是3600多？仔细一算，发现将基围虾和另一个菜按两份结账。这下客人火了，客人说："本来是想来考察，学习学习，没想到不仅没有学到东西，反而让人生气。""钱不在多，关键是要一口气。"

想一想

这家酒店管理和服务质量问题多。服务过程出现了哪些问题？应该如何提高该酒店的服务质量？

学习任务❷ 根据某一餐馆的服务质量问题制作鱼刺分析图

实战要点

1. 调查收集某一餐馆的服务质量问题信息。
2. 对收集到的有关质量信息进行分类和分析。
3. 找出该餐馆服务质量存在的主要问题。

实战演练

运用所学的服务质量分析方法，制作该餐馆的服务质量问题因果分析图，并提出改进的措施。

参考示意图

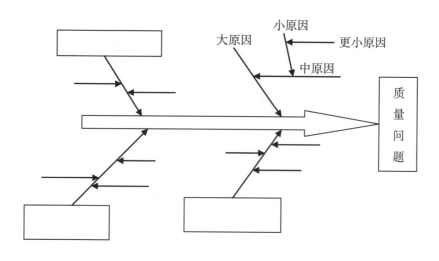

 知识储备

5.1 酒店服务和服务质量

5.1.1 酒店服务的含义

国际标准ISO8402：1994年对服务的定义是：为满足顾客的需要，供方和顾客之间接触的活动以及供方内部活动所产生的结果。即，

（1）服务是产品的一种，是活动或过程的结果。

（2）服务不仅包括服务者（供方）与被服务者（顾客）接触时的活动所产生的结果，也包括服务者（供方）即服务组织内部活动所产生的结果。

（3）在供方与顾客的接触中，供方可以是人员如服务员等，也可以是某种设备或设施。

（4）服务是以顾客为核心展开的。

（5）一般服务是无形产品，但在提供服务的过程中，有形产品也常常成为服务的组成部分。

同时"服务"这一概念的含义我们也可以用构成英语Service这一单词的每一个字母所代表的含义来理解。

（1）第一个字母S，即Smile（微笑），其含义是服务员要给每一位客人提供微笑服务。

（2）第二个字母E，即Excellent（出色），其含义是服务员要将每一项微小的服务工作都做得很出色。

（3）第三个字母R，即Ready（准备好），其含义是服务员要随时准备好为客人服务。

（4）第四个字母V，即Viewing（看待），其含义是服务员要把每一位客人都看作是需要给予特殊照顾的贵宾。

（5）第五个字母I，即Inviting（邀请），其含义是服务员在每一次服务结束时，都要邀请客人再次光临。

（6）第六个字母C，即Creation（创造），其含义是每一位服务员要精心创造出使客人能享受其热情服务的气氛。

（7）第七个字母E，即Eye（眼光），其含义是每一位服务员始终要用热情好客的眼光关注客人，预测客人的需求，并及时提供服务，使客人时刻感受到服务员在关心自己。

5.1.2 酒店服务质量的含义和构成

众所周知，服务质量是影响酒店业绩好坏的主要因素，随着宾客对酒店服务质

量愈来愈高的要求，酒店需要不断提高和完善自身的服务质量，以获得和保持良好的社会效益与经济效益。我们所说的服务质量是指酒店能够满足客人需求特性的综合，是有形产品质量和无形产品质量的有机组合。它主要包括设施设备质量、服务产品质量、实物产品质量、环境氛围质量和安全卫生质量五个部分。

1. 设施设备质量

酒店设施设备既是酒店提供服务质量的物质基础，又是酒店星级档次的基础，包括房屋建筑、所有设备及低值易耗品等。它不但指前台宾客使用的设施设备，也包括后台供应使用的设施设备，还包括服务员使用的设施设备。它要求功能齐全，设施可靠、安全，外形美观。酒店设施设备不仅要有达到水准的使用价值，同时还要具有高雅、舒适的魅力价值，以及美感和风格特色。

2. 服务产品质量

服务产品质量指酒店提供的服务水平的质量，它是检查酒店服务质量的重要内容，包括以下内容。

（1）礼节礼貌。礼节礼貌是整个酒店服务中最重要的部分，在酒店管理中备受重视。因为它直接关系着宾客满意度，是酒店提供优质服务的基本点。酒店礼节礼貌要求服务人员具有端庄的仪表仪容、文雅的语言谈吐、得体的行为举止等。

（2）职业道德。酒店服务过程中，服务是否到位实际上取决于员工的事业心和责任感的强弱。因此，遵守职业道德也是酒店服务质量的最基本构成之一。作为酒店员工应遵循"热情友好、真诚公道、信誉第一、文明礼貌、不卑不亢、一视同仁、团结协作、顾全大局、遵纪守法、廉洁奉公、钻研业务和提高技能"的旅游职业道德规范，真正做到敬业、乐业和勤业。

（3）服务态度。它是指酒店服务人员在对宾客服务中所体现出来的主观意向和心理状态。酒店员工服务态度的好坏是很多宾客关注的焦点，宾客可以原谅酒店的许多过错，但往往不能忍受酒店服务人员恶劣的服务态度。因此，服务态度是服务质量的基础和关键所在，直接影响酒店的服务质量。

（4）服务技能。服务技能是酒店提高其服务质量的技术保证，要求其员工掌握丰富的专业知识、具备娴熟的操作技术，并能根据具体情况灵活运用，从而达到给宾客以美感和艺术享受的服务效果。同时也只有掌握好服务技能，才能使酒店服务达到标准，保证酒店的服务质量。

（5）服务效率。它是指员工在其服务过程中提供服务的时限，是酒店员工素质的综合反映。服务人员要力求做到服务忙而不乱，既迅速敏捷，又准确无误。提高效率、保证质量是酒店永远的目标。

（6）服务项目。酒店之所以被誉为"城中之城"、"家外之家"就体现在酒店服务项目的多样性上。管理者对服务项目的设立应以满足客人的需求和方便为宗旨，不因其小而不为，同时要加强市场调查，对宾客的兴趣、爱好、消费水平、新的需求进行了解，千方百计的满足宾客的要求，这样才能在激烈的市场竞争中始终处于优势地位。

3. 实物产品质量

实物产品可直接满足宾客的物质消费需要，其质量也是酒店服务质量的重要组成部分之一。它通常包括以下几方面的内容。

（1）饮食质量。饮食是民族文化的一种反映，旅游者旅游的目的之一就是探求异地文化。因此，饮食文化在现代旅游中占有很重要的地位。饮食质量主要包括饮食质量标准、饮食特色、饮食样式等。

（2）客用品质量。客用品是酒店实物产品的一个组成部分，指酒店直接供宾客消费的各种生活用品。客用品质量应与酒店星级相匹配，避免提供劣质品；客用品数量应充裕，不仅要满足客人需求，而且供应要及时。

（3）商品质量。酒店为满足宾客购物需要，通常都设有商场部，其商品质量的优劣也会影响酒店的服务质量。酒店商品应做到花色品种齐全、商品结构适当、商品陈列美观、价格合理等，尤其是要注重信誉，杜绝假冒伪劣商品。

（4）服务用品质量。服务用品质量是指酒店在提供服务过程中供服务人员使用的各种用品。它是提供优质服务的必要条件。服务用品质量要求品种齐全、数量充裕、性能优良、使用方便和安全卫生等。

4. 环境氛围质量

环境氛围由酒店的建筑、装饰、陈设、设施、灯光、声音、颜色以及员工的仪容仪表等因素构成。这种视觉和听觉印象对客人的情绪影响很大，他们往往把这种感受作为评价酒店质量优劣的依据，它能影响宾客是否再次来酒店下榻。因此，管理者必须十分注意环境的布局和气氛的烘托，让宾客感到安全、舒适、愉快、便捷。

5. 安全卫生质量

安全是客人的第一需要，保证每一位客人的生命和财产安全是服务质量的重要环节。在环境上酒店要制造出一种安全的气氛，给宾客以安全感，但不要戒备森严，否则，会令宾客感到不安。在日常服务中贯彻以防为主的原则，建立严格的安全保卫组织和制度，制定酒店的安全措施，做好防火、防盗，避免食物中毒、侵犯、骚扰等事件的发生，切实搞好安全保卫工作。同时，在接待宾客过程中，要严格执行会客制度，无关人员和闲杂人员严禁进入酒店公共区域和客房。服务人员要尊重客人的隐私，保守客人的秘密，不在公共场合谈论客人的姓名、房号及客人的私事，以免引起不必要的麻烦。

清洁卫生也是酒店业务工作中的重点和服务质量的重要内容。卫生状况不仅直接影响到宾客的健康和宾客旅居生活的质量，也反映了酒店管理水平和企业素质。

综上所述，酒店服务质量是指酒店以设备、设施为依托，所提供的劳务在使用价值方面适合和满足客人需要的物质和心理的程度。酒店服务质量的内容和要求是：有形设施要让宾客感到实用、便捷、舒适；无形服务要让宾客感到热情、亲切、愉快。突出"暖"、"快"、"物有所值",这是服务质量的集中表现,也是进行科学的服务质量管理的基本出发点。

5.1.3 酒店服务质量的特性

宾馆酒店业的服务质量一般由满足宾客的一些共性需要所构成,尽管这些服务因人、因地而异,且与顾客的经济能力、生活习惯、文化程度、健康状况、兴趣爱好等有关,还会受民族、宗教、职业、年龄等影响,但仍可由一些可观察到的和可评价的服务特性来明确规定。一般而言,酒店的服务特性可以分为以下几个方面。

1. 服务的时间性

时间性是指服务工作在时间上能否满足客人的要求;酒店服务对时间性有着极强的要求;客人入店登记,离店付款时都会要求省时;在餐厅用餐时对上菜的速度要求适时;对每天凌晨的叫早服务要求准时;而对于所有酒店提供的服务项目都要求及时。

因此,省时、适时、准时、及时就构成酒店服务工作的时间性特色。

2. 服务场所的功能性

服务场所的功能性是指服务场所的环境和设备设施的完好程度。这种功能覆盖了酒店的每一处角落和每一个空间。它包括大堂、电梯、楼层、客房、餐厅、商店、娱乐场所,所有的设备、所有的设施、所有的家具、所有的陈设,甚至包括了空气的湿度和温度。

我们可以用"旧而不破,旧而不脏,旧而不乱"来对酒店营业场所的功能性提出最基本的要求,而对于高档酒店来说,"旧"本身就会对服务质量产生负面影响。从酒店服务质量的角度来看,这种功能性有两层含义:① 保持服务功能的基本有效性;② 服务功能与酒店本身的档次相一致。

3. 服务的经济性

价格质量比对于客人来说永远是重要的。酒店的价格政策也应该属于服务质量的范畴。到底是由于客人付钱我们才提供服务,还是由于我们提供了服务才向客人收取费用,这颇有些像鸡和蛋谁为先的探讨,意义似乎不大。酒店必须让客人感到物有所值,这也是服务质量的具体体现。

经济性是为了说明被服务者为得到不同程度的服务所需要的费用是否合算。它是相对于服务的其他特性而言并与之密切相关的。

4. 服务的安全性

对于酒店服务的安全性,我们应该从广义上加以理解。保证客人的人身安全是最为基本的条件。长期以来,人们往往把保障服务的安全性仅仅看成是保卫部门的工作,其实它应该贯穿于酒店所有部门的经营管理工作之中。例如,酒店应该从以下几个方面做好安全性工作。

客房部要格外重视消防安全和客人所带财物的安全,当然也要注意到卫生间地面和浴缸是否防滑的问题。

餐厅部应特别注意食品卫生方面的安全。

康乐部要防止客人在娱乐健身时发生意外。

电话机房要注意接线服务中可能会给客人造成的不安全感。

运输部门则为客人提供最为安全的交通服务。

酒店服务的安全性包括了物质和精神两个方面，它是服务质量中不可忽视的重要因素。

5. 服务的舒适性

现代酒店业除了向客人提供基本的食宿娱乐服务外，还应使客人在接受这些服务的过程中感觉到一种享受。尤其在星级高的酒店，客人在实惠和舒适之间往往更注重后者。这种舒适性除了应该在用具方面尽量高档、豪华外，更为重要的是表现出与现代社会相应的文化品位，要做到这一点则非只靠金钱所能。酒店文化品位可以从以下几个方面来审视：格调是否高雅？色彩是否和谐？光线（灯光和自然光）是否给人以舒适感？陈设（艺术品）是否与环境相协调？选择什么样的音乐（背景音乐及演出）？选择什么样的员工服装？当然还包括那些最基本的客用品的舒适程度和艺术感。

6. 服务的文明性

所谓文明服务涵盖了服务人员的语言、动作、仪表、仪容等。宾客往往期望在接受服务的过程中能获得一个自由、亲切、尊重、友好、自然与谅解的气氛，从而形成一种和谐的人际关系。在这种条件下完成的服务，就是文明的服务。较之冰冷的态度，热情和礼貌的服务固然已经产生了一种质的变化，但只有在此基础上加上"自然"二字，才能真正达到服务的最高境界。酒店服务的文明性是它有别于工业企业质量管理中产品质量的显著特征，应该形成一种特色。

5.2 酒店服务质量管理及特点

5.2.1 正确理解服务质量管理

酒店服务质量管理实际上是酒店服务的使用价值的管理，它构成了酒店日常管理的中心工作，是酒店管理的核心部分。

对此，我们可以从以下几个方面予以理解。

1. 质量管理是酒店所有管理工作中的一个重要组成部分，它不能代替其他管理，如营销管理、采购管理和人事管理等。但由于市场竞争中质量的重要性，又由于质量是酒店内各个部门和全体员工努力的结果，是酒店整个工作和管理水平的综合体现，因而质量管理就成为一个酒店管理工作的重点和中心环节，以质量求效益也就成为一家酒店发展必经的途径。

2. 酒店有各方面的管理职能，其中制定和实施质量方针是质量管理的管理职能。如果我们对质量方针的概念清楚，并按照要求制定了酒店的质量方针，那么，质量方针实施的主要活动就是建设一个酒店的质量体系，并使其有效地运作。

3. 由于酒店的产品或服务的质量直接面对市场、面对社会、面对顾客，质量的好坏对于酒店来讲是生死攸关的事情。因此，质量管理的职责是由该酒店的最高管理者来承担的，不能把这种职责推卸给副职、助手或其他人，也不能推卸给质量管理部门。当然，最高管理者可以委托其他人或其他部门来承担具体的质量监督工作，并使之承担相应的质量职责。

4. 质量和酒店内每一名员工密切相关，他们的工作都直接或间接地影响着产品或服务的质量。因此，为了获得所期望的质量，必须要求酒店内的所有成员都积极参与质量管理活动，不断改进和提高质量水平。同时，每一位成员也都承担着与自己工作相关的质量职责。

5. 质量管理是一项全局性和系统性的活动，涉及酒店内的各个部门，也涉及酒店外相关的其他组织和顾客，形成了相互关联、相互作用的全面的系统工程。因此，酒店中所有部门都承担着相应的质量管理职责，这些职责在每一个部门的工作程序文件中应该加以明确的规定。

由于酒店产品的质量在很大程度上取决于服务员的即席表现，而服务员的这种表现又很容易受到他们情绪波动的影响。因此，酒店产品的质量具有很大的不稳定性。为了塑造良好的市场形象，提高客人对酒店的选择率，酒店的经营者们也开始对酒店实行越来越严格的质量管理。

5.2.2　酒店服务质量管理的特点

为了能够更好地实施对酒店的质量管理，我们有必要对酒店服务质量管理的特点进行讨论。

1. 酒店服务质量管理的综合性

与生产单一产品的工业企业不同，酒店的产品呈多样性。这些产品既涵盖了衣、食、住、行这种人们日常生活的最为基本的内容，同时也包括办公、通信、娱乐、休闲等更高层面的活动。因此，有人曾以"一个独立的小社会"来形容酒店。酒店产品的这种多样性的特点，就决定了在质量管理的过程中要面面俱到，不能够有所疏漏，酒店的服务质量应该有自己的优势和特色，但不能够有明显的弱项和不足，否则，就会影响服务质量的整体水平。

2. 宾客对服务质量认定的主观性和一次性

尽管酒店自身的服务质量水平基本上是一个客观的存在，但是由于可以理解的原因，客人对它的认定很可能带有一定的或是较大的主观成分。我们不能够无视客人对酒店服务质量的认识，否则，就会逐步地失去市场；我们也没有理由要求客人必须对酒店的服务质量做出与客观实际相一致的评价，这实际上是根本办不到的；我们更不应该去指责客人对酒店的服务质量的评价存在偏见，尽管这种"偏见"时有发生。相反，我们必须有意识地用实际行动去引导客人，影响客人或是去改变客人。

客人对酒店服务质量认定上的主观性往往来源于其对酒店服务质量认定的一次性，而这种一次性更多地表现为初次性，即第一次的印象。第一次有了良好的印象，即便日后小有不快，仍可予以谅解；初试不爽，日后很难弥补，况且很可能由此便没有了补救的机会。

3. 服务质量内容的关联性

以提高酒店服务质量为目的的努力需要实行综合治理，采取标本兼治的方针，切忌头疼医头、脚疼医脚。酒店服务质量表现出的一个突出特点是每个项目之间都有着很强的关联性。一个最终形成的良好的服务质量，是由众多因素构成的，缺一不可。这种关联性从大的方面反映在酒店部门，小的方面反映在酒店的部位。市场部是酒店诸多部门中综合性较强的部门之一，但是这个部门在市场推广时表现出来的服务质量在很大程度上都取决于其他各个部门的配合，如前厅部办理入住手续、电话服务，餐饮部的饮食服务，财务部的清算手续，保安部的安全保卫，工程部的设备正常运转等各方面的配合。同样，酒店为了改善某一餐厅的服务质量的工作也绝不仅仅局限于餐饮部一个部门的努力，它涉及装修改造和设备的正常运转（工程部）、餐厅厨房用具的采购（供应部）、员工的招聘和培训（人力资源部）、市场的推广（市场部）、清洁卫生工作（客房部）等，在保证服务质量系统正常运转的过程中，任何一个因素的缺陷都可能使服务质量出现残次品，而一个好的服务质量必须是以各个子系统之间的协调为基础的。这就是为什么在酒店业要特别提倡"团队精神"。

4. 取决于客我双方的感情融洽程度

在现实生活中，人们恐怕都有这种体会：当一个矛盾出现在两个平时感情基础良好的人之间时，双方就比较容易取得相互的谅解。相反，同样的问题出现在平时不很融洽的人之间，就很容易小题大做或是借题发挥。这种生活常识也同样适用于酒店和客人之间的关系。酒店工作的实践告诉我们，不论做出何种努力，服务质量方面的问题还是会存在于任何时间和任何空间，所不同的是问题数量和层次。我们承认了这种客观现实后，就应该积极地采取措施使一旦出现服务质量方面的残品、次品不会在酒店和客人之间形成严重的后果，其中最为有效的办法，就是力争在平时就尽可能建立起良好、和谐的客我关系，使客人能够谅解酒店工作中的一些小的失误。

5. 分寸的把握是服务质量的灵魂

酒店的服务是人对人的服务，高明的服务者并不是一味地、不分对象地表现自己的"热情"，而不对这种"热情"在服务对象那里产生的效果加以考虑。

热情是服务的基本要求，但自然才是服务所达到的更高境界。要做到自然，就必须把握分寸。不要让客人在接受服务的同时感到别扭；不要向客人提供他本能上并不希望和过剩的服务；也不要由于我们的服务而干扰客人的正常活动；最好是让客人在不知不觉中享受我们的服务。

酒店的客人来自不同的国家，他们有着不同的文化背景和生活习惯，酒店为他们提供的服务应该充分考虑到这些不同，尽量用符合他们自身习惯的方式进行服务，不要不及也不应过分。

酒店既是服务的场所，也应该是文化的场所，酒店所做出的服务也就有了有文化和缺少文化的区别。毫无疑问，优质服务应该是一种有文化的服务。

6. 服务质量对员工素质和积极性的依赖程度

酒店服务质量对员工素质和情绪的依赖程度是众所周知的。和其他企业比较，酒店员工呈现年纪偏轻、受教育程度偏低的倾向，这也是酒店业服务质量容易波动的重要原因之一。随着酒店业竞争的日趋激烈，酒店的管理者们对于人力资源管理的认识也在不断深化，酒店服务质量的竞争归根到底是劳动力素质的竞争，满意的客人是满意的酒店的必要条件，而满意的员工则是满意的客人的基础。

5.3 酒店全面质量管理

全面质量管理起源于20世纪60年代的美国，其概念是由美国质量管理专家费根堡与朱兰等人提出的。先在工业中运用，后推广到服务行业。

5.3.1 酒店全面质量管理的含义

我国酒店业自1978年开始引进并推行全面质量管理，它运用科学的质量管理思想，改变了传统的事后检查的方法，把质量管理的重点放在以预防为主上。将质量管理由传统的检查服务质量的结果转变为控制服务质量问题产生的因素；通过对质量的检查和管理，找出改进服务的方法和途径，从而提高酒店质量。

其基本点是宾客需求便是服务质量，宾客满意就是服务质量标准。以专业技术和各种灵活的科学方法为手段，以酒店全体员工参加为保证，以获得最大的社会效益和经济效益为目的，以实际效果为最终的评价点。特点是以无形服务为中心；以顾客满意为目的；重视人的作用和强调环境因素的影响。

由此可见，酒店全面质量管理是以提高服务质量为宗旨，组织全店员工共同参与，综合运用现代管理手段，建立完善的服务质量标准和体系，在全过程中控制影响服务质量的各种因素而开展的系统的质量管理活动。

全面质量管理也就是全面的质量控制。人们喜欢借用"木桶理论"来解释实行全面质量管理的必要性，即一只由长短不一的木条拼装成的木桶，它的盛水量取决于最短的那根木条的长度。对此，每一个人可能都会有所体会：当你下塌一家酒店，享受了优质的客房服务、众多的美味佳肴、总经理的特别关照、服务员热情周到的照料，一切都是那么美好、那么值得回味，但在离开酒店时却不小心摔伤，带着这个十分不美好的记忆，你也许从此再也不愿回到这家酒店了。又例如，餐饮部接待一位重要来宾，经理反复检查、员工高度重视、厨房的出品好、服务员的服务也好、餐厅的环境幽雅、价格公道，只是最后结账员重复计算了一道菜的价格，引起了客人的强烈不满，用经理自己的话来讲，叫做"前功尽弃"。客人的摔伤和那计算错了的菜单成了高高的木桶中最为短小的那根木条。避免短木条出现的有效措施就是实行对酒店服务质量的全面质量管理。

5.3.2 酒店全面质量管理的内容

（1）全方位管理

酒店服务质量的高低取决于各部门每一位员工的工作结果，因此，酒店的每一个岗位都应参与质量管理。

服务工作全面质量管理的对象是全面的，即广义的质量概念，不仅要对被服务者的需求质量进行管理，而且要对整个企业的各种工作的质量进行管理；不仅要对功能性质量进行管理，而且要对经济性、安全性、时间性、舒适性和文明性等方面进行管理；不仅要对物进行管理，更重要的是对人进行管理。总之，服务工作的全面质量管理是对全面质量所进行的管理。这种管理要求我们不能把眼睛盯到一个或几个局部，因为这样不可能解决提高酒店服务质量的根本问题。

（2）全过程管理

这个过程是指服务工作的全部过程，包括服务前、服务中和服务后三个阶段。服务的全过程不仅仅是面对客人所进行的服务，而且还包括这之前所做的准备工作和之后的善后工作。

一些酒店管理人员对于这种全过程的管理缺乏明确的认识，便出现了以下几重几轻的局面。

① 重服务操作，轻服务前的准备和服务后的善后工作。许多服务过程中暴露出来的问题，往往根源在前期准备不够充分上。厨房出菜不及时，可能是营业前的加工准备不够所致；宴会服务零乱，可能是人员安排分工不当所致；大型团队办理入店手续迟缓，可能是前期排房或其他物品准备工作不足所致。

② 重营业高峰期，轻营业低谷期。

③ 重迎来送往，轻服务过程。

（3）全员性管理

优质服务不单单是酒店前台人员努力的结果，同时也需要后台人员提供保障。

我们所说的服务质量管理，实际上是指工作标准的确立和以此为依据来指导检查工作，并对工作结果进行分析。如果符合标准，应思考是否还需要继续改进；如果不符合标准，应及时明确是标准的问题还是员工的问题。如是前者，则应修订标准；如是后者，就要对员工进行培训和调整。

（4）全方法管理

酒店全方法质量管理是多种管理方法的有机结合，是在有机统一的前提下，根据实际需要，采用灵活多样的方法和措施，提供优质的服务。

（5）全效益管理

酒店服务既要讲究经济效益，同时又要讲究社会效益和生态效益，它是三者的统一。酒店作为企业，它所进行的经营管理活动属于市场行为，只有在获得一定经济效益的基础上，酒店才能生存和发展。同时作为社会的重要成员，酒店又必须兼顾社会效益和生态效益。从本质上说，创造社会效益和生态效益，既有利于社会的发展和生态环境的保护，同时又有利于提高酒店的知名度和美誉度，创造好的口碑，为酒店带来长远利益。

由此可见，酒店的全面质量管理，就是指酒店采用多种管理方法和措施使每一个岗位、每一项工作、每一个人从始至终的全过程都要参加的、为酒店创造经济、社会、生态效益的质量控制管理。

5.3.3　酒店全面质量管理的原则

（1）坚持"以人为本，员工第一"的原则

酒店各级、各部门、各环节、各岗位的优质服务及其服务质量，都是广大员工创造的。为此，在酒店服务质量管理的全过程中，必须始终坚持"以人为本，员工第一"的原则。要始终把人的因素放在第一位，关心爱护员工，要运用行为科学理论和方法，运用各种激励手段充分调动广大员工，特别是一线员工的主动性、积极性和主人翁责任感，这样才能提供优质的服务，做好全面质量管理工作。

（2）贯彻"宾客至上，服务第一"的原则

要贯彻"宾客至上，服务第一"的原则，酒店必须以客人的活动规律为主线，以满足客人的消费需求为中心，认真贯彻质量标准，将标准化、程序化、制度化和规范化管理结合起来，加强服务的针对性，切实提高服务质量。

（3）坚持"预防为主，防范结合"的原则

酒店服务质量是由一次一次的具体服务所创造的使用价值来决定的，具有时间短和一次性的特点，事后难于返工和修补。因此，全面质量管理必须坚持"预防为主、防管结合"。其具体要求是：① 必须根据各项服务的实际需要，把质量管理的重点放在事先做好准备排除各种影响服务质量的因素上面；② 必须重视酒店服务质量的现场管理、动态管理和优质服务的现场发挥，从而确保服务质量的提高。

（4）坚持"共性管理和个性服务相结合"的原则

酒店服务质量管理既有共性问题，又有个性问题。从全面质量管理的角度来看，主要是要抓住那些带有共性的、全局性的问题，同时又要重视那些影响服务质量的个性问题。另外，还要特别提倡广大服务人员的应变能力和个性化、感情化服务，要赞扬那些超越程度和标准的优质服务人员，以便切实提高服务质量，做好质量管理。

（5）坚持"定性管理和定量管理相结合"的原则

酒店服务是以劳动的直接形式，即活动本身来满足客人的消费需求的。这种服务的质量标准很难用数量标准来界定，大多只能用定性说明的方法来确定其质量程度和水平，但也有些部门的质量问题和标准可以用数量来反映。因此，酒店全面质量管理可以将定性管理和定量管理结合起来，以定性管理为主，能够定量的质量问题、质量标准尽可能定量。特别是在质量检查、考核评估中，要尽量运用质量统计数据来说明问题，以此来提高酒店质量管理的客观性和科学性。

5.4　酒店服务质量衡量标准与评价体系

5.4.1　酒店服务质量衡量标准

由于酒店接待的对象是来自不同地区、不同文化背景下的旅游者，他们的需求内容和对服务质量的衡量标准也是多种多样的。

受各种主、客观因素的影响，顾客对酒店服务质量的衡量标准带有明显的随意性、即时性、主观性。国内外大量关于酒店服务质量衡量标准的研究结果表明：顾客感觉中的服务质量是由可靠性、反应性、可信性、移情性、可感知性五类服务属性决定的。

（1）可靠性

可靠性对顾客感觉中的服务质量影响最大。酒店必须不断提高服务质量，尽力为顾客提供正确、可靠、无差错的服务，才能提高顾客的满意程度。如果酒店不重视服务细节，服务工作经常出现差错，就必然会失去顾客的信任，损害自己的市场声誉。消费者要求100％可靠的服务。美国著名服务营销学家贝里、潘拉索拉曼和隋塞莫尔都认为，可靠性是服务质量的关键和核心属性。提高服务可靠性，减少服务差错，可提高酒店的经营效率。在激烈的市场竞争中，只有那些以100％可靠性为奋斗目标的酒店，才能取得市场竞争优势。

（2）反应性

反应性也称敏感性，是指服务人员愿意帮助顾客，并及时地为顾客服务。它考查的是服务人员对于客人需求的反应速度，客人的需求包括现实的和潜在的需求两个方面。反应性高的服务人员，具有较强的应变能力，他能使客人感受到自己正受到关注和尊重，客人会认为服务人员一直在为自己工作。

（3）可信性

可信性指服务人员的知识、技能和礼节能使顾客产生安全感和信任感。增强酒店服务的可信性至少具备两个方面的要求：一是酒店为顾客提供的有形产品与无形服务是安全可靠的；二是酒店员工拥有较丰富的酒店服务、顾客需求知识，具备传达信赖和信心的能力。

（4）移情性

移情性指服务人员设身处地为顾客着想，关心顾客，为顾客提供个性化服务。对客人需求的反应速度快慢是建立在服务人员服务意识与服务技能综合基础上的，只有具备较强的服务意识，才能"想客人之所想，急客人之所急"，才能愿意花时间去研究客人的需求并满足它，同时只有具备了较高的服务技能，才能快速、及时地完成客人所交代的任务。

（5）可感知性

可感知性即有形证据，指顾客能够感受到的服务人员的服装和仪表、服务设施、服务设备、促销资料等有形证据。服务人员端庄的服饰、甜美的微笑、礼貌的用语以及大方的行为举止都是服务质量重要的有形证据。酒店所有有形事物都为无形的服务提供有形证据。服务设施、服务设备、服务人员和顾客的仪态仪表，都是服务环境的重要组成成分。

除以上五类属性之外，有人认为补救性措施也是一个重要的属性。服务工作出现差错或出现无法预见的问题之后，酒店应尽决采取补救性措施，找出顾客可以接受的解决方法。在这五类属性中，"可靠"显然与技术性质量有关。

5.4.2 服务质量衡量的专项标准

酒店产品的销售过程是有形物质消耗和无形劳动相结合的过程。一个具有高服务质量的现代酒店不仅要有现代化的客房、餐厅以及各种服务措施，而且还要有懂业务、善经营的各级管理人员和服务技术好、水平高的服务员，以及灵活方便的经营服务项目。因此，酒店服务质量评价标准就包括了有形设施标准和无形产品标准。酒店的服务是无形的，不能用数量化标准来衡量。因此，酒店服务质量的衡量标准通过下面两个专项来反映。

（1）满足宾客需要的一套服务规程。这一套服务规程是酒店服务所应达到的规格、程序和标准，它使酒店服务工作规范化、系统化、标准化。其内容包括整套语言、动作和技能、操作要求，它可使本来零散琐碎的服务工作规范化。具体内容有：保证设施良好的运转规程、保证顾客舒适的规程，即通过制定各种操作规程和岗位责任制来保证质量服务的规程。

（2）酒店"回头客"的比率。这是一个从实际出发，直接衡量酒店服务质量的重要标志。

5.4.3 服务质量评价体系

搞好酒店服务质量与服务业绩的评价、考核工作，是酒店落实经济责任制，调动员工服务工作积极性的重要举措。而服务业绩的评价工作要能真正地起到奖勤罚懒、扶优治劣的作用，就必须避免长官意志和感情用事的倾向，较好地体现客观性、合理性即要对服务业绩、服务质量进行公平、公正和公开的评价，并构建科学合理的服务质量评价体系。

1. 酒店服务质量评价体系的构成要素

酒店服务质量评价体系包括以下三大要素。

（1）评价主体。由谁来进行评价，目前充当评价主体的主要有顾客、酒店组织和第三方机构。

（2）评价客体。评价客体包括两个方面的内容，即由设施、设备等构成的硬件服务质量；由服务项目、服务水平等构成的软件服务质量。

（3）评价媒体。即评价的表现形式、各评价主体反映评价结果的渠道。评价媒体是指评价的主体通过何种形式来表现其评价的过程和结果。

2. 酒店服务质量的三方评价

（1）顾客评价

顾客评价直接指向服务的对象，体现了以"顾客为中心"的服务宗旨，因而获得普遍的欢迎。但顾客服务质量评价标准中的期望服务指标、感知服务指标以及服务质量的可靠性、反应性、保证性、移情性、有形性等指标涉及许多主观心理因素，因此较难确定，这使其带有浓厚的主观性、模糊性、差异性以及不公平性色彩。顾客评价的形式有以下几种。

① 顾客意见调查表。它是酒店广泛采用的一种顾客评价的方式。具体做法是先设计好有关酒店服务质量具体问题的意见征求表格，并将其放置于易于被客人取到的客房内或其他营业场所，由客人自行填写并投入酒店设置的意见收集箱内或交至大堂副理处。这种评价方式涉及范围广，客观性较强。当前国际上许多酒店还利用因特网和其他一些在线服务进行顾客意见的调查，这种方式快速而及时，因而很受欢迎。

② 电话访问。它可以单独使用，也可以结合销售电话同时使用。访问时可以根据设计好的问题进行，也可以没有固定问题，因此自由度和随意性比较大。

③ 现场访问。它又称突击访问，做法是抓住与顾客会面的短暂机会尽可能多地获取顾客对本酒店服务的看法与评价。现场访问应充分利用时机，如对特殊 VIP 顾客在迎来送往中的现场访问，对消费大户的现场访问，对偶然遇到的老朋友、老熟客的现场访问等。

④ 小组座谈。小组座谈是指酒店邀请一定数量的有代表性的顾客，采用一种取舍的形式就有关酒店服务质量方面的问题进行意见征询、探讨与座谈，小组座谈可结合酒店其他公关活动同时进行，座谈完毕后向被邀请的顾客赠送礼物或纪念品。

⑤ 常客。商家向潜在顾客推销产品的成功率是15％，而向现有常客推销产品的成功率则达50％。酒店管理者应把常客拜访作为主要目标和服务项目，对常客进行专程拜访，也显示酒店对常客的重视与关心。

（2）自我组织评价

酒店作为酒店服务的提供者，有义务对其所提供的服务进行考查与评判，尽量减少提供不合格服务。其评价形式有如下几种。

① 酒店统一评价。由酒店服务质量管理的最高管理机关组织，进行定期或不定期的考评。这种形式应注重以下几方面内容：注意对不同部门的重点考核，关注各部门服务质量的差异性；注意评价的均衡性，除了应做好前台服务质量的评判工

作外，还应对后台工作进行考查；重视评价的严肃性，对于不达标、有问题的当事人和现任人必须依照酒店有关管理条例做出处理。

② 部门自评。部门自评就是按照酒店服务质量的统一标准，各个部门、各个班组自己对自己的考核与评价。部门自评大致分为酒店级、部门级和班组、岗位级三个层次。部门自评是建立在酒店统一的服务质量标准基础上的，酒店服务质量管理机构应对部门自评结果进行考核与监督，对于存在较大差异的情况应该重视，找出原因并加以解决。

③ 酒店外请专家进行考评。酒店内部的各层次考评固然十分重要，但难免会因长期身在此山中，而"不识庐山真面目"。因此，应聘请有关专家协助酒店进行自我服务质量评价，使考评结果更具有专业性。

④ 随时随地的特种评价。由酒店中、高层管理者来实施，酒店管理者的每一次走动都应作为对酒店服务质量的一次考评，对这一过程中发现的每一个问题都应及时纠正。

⑤ 专项质评。专项质评是指酒店针对特定的服务内容、服务规范进行检查与评估。酒店通常对自己的优势服务项目或在特定时间内开展专项质评，并以服务承诺或服务保证的方式向顾客显示质评后的服务效果。酒店通常会对服务基本质量保证、服务时限、服务附加值、服务满意度等做出承诺，并通过制定更高的服务质量标准、较高的服务质量补偿金和简化顾客申诉程序等措施来贯彻酒店服务质量承诺。

（3）酒店服务质量的第三方评价

第三方是独立于酒店服务供应方和需求方的评价主体，是从"旁观者"的角度利用各项标准来评价服务质量的，较为客观、公正，其评价的结果较能让大众信服。其评价形式有以下几种。

① 资格认定。在我国，旅游业以定点方式确定涉外与不涉外资格。比如，旅游涉外定点餐馆、定点商店涉外酒店、涉外娱乐场所等。它们均表示一种资格，即可接待外国人、海外华侨、港澳台同胞的能力。

② 等级认定。目前，我国餐馆业存在两大认定体系：星级酒店与等级酒店。星级酒店以中高档酒店为对象，以五角星的多寡作为等级标识，星级越高等级越高；等级酒店以餐饮业为主要认定对象，以文字反映被评对象的档次如特级酒店、一级酒店、二级酒店等。

③ 质量体系认证。质量认证是指由可以充分信任的第三方证实某一鉴定的产品或服务符合特定标准或其他技术规范的活动。我国已参加国际标准化组织并取得认证资格，因此，我国企业获得的质量认证证书是国际通行的。

④ 行业组织、报刊、社团组织的评比。利用酒店行业组织、社团组织、民意调查表、市场研究公司、报刊杂志等对酒店的服务质量进行评价的方式。例如，我国举办酒店"百优五十佳"评比：国外最知名的《公共机构投资人》杂志，每年以

打分方式评出全球最佳酒店,其他如美国质量协会、餐旅协会的五星钻石奖,日本旅业公会的"最佳休闲度假场所"等。

由于三方评价各有其优缺点,为了构建更加科学合理、操作性强的服务质量评价体系,要求酒店业应将顾客评价、酒店组织评价以及第三方评价有机地结合起来,深入细致地权衡三方评价的优缺点,并对三方评价因子做出合理的选择,对因子权重做系统、全面和客观的考察。

5.5 酒店服务质量的管理方法

在服务质量管理中,酒店只有采取有效的管理方法,才能真正提高服务质量,提供令宾客满意的服务,使酒店取得良好的经济效益。目前,酒店通常采用的服务质量管理方法主要有服务质量分析法、PDCA循环法、ZD质量管理法、交互服务质量管理法和QC小组法等。

5.5.1 服务质量分析法

通过质量分析,找出酒店存在的主要质量问题和引起这些问题的主要原因,使管理人员有针对性地采取有效的方法对酒店影响最大的质量问题进行控制和管理。质量分析的方法很多,常用的有ABC分析法、圆形分析法和因果分析法等。

1. ABC分析法

ABC分析法是意大利经济学家巴雷特分析社会人口和社会财富的占有关系时采用的方法。美国质量管理学家朱兰把这一方法运用于质量管理。运用ABC分析法,可以找出酒店存在的主要质量问题。

(1)ABC分析法以"关键的是少数,次要的是多数"这一原理为基本思想,通过对影响酒店质量诸方面因素的分析,以质量问题的个数和质量问题发生的频率为两个相关的标志,进行定量分析。先计算出每个质量问题在质量问题总体中所占的比重,然后按照一定的标准把质量问题分成A、B、C三类,以便找出对酒店质量影响较大的一至两个关键性的质量问题,并把它纳入酒店当前的PDCA循环中去,从而实现有效的质量管理,既保证解决重点质量问题,又兼顾到一般质量问题。

(2)ABC分析法的程序

用ABC分析法分析酒店质量问题的程序共分三个步骤。

① 确定关于酒店质量问题信息的收集方式。

② 对收集到的有关质量问题的信息进行分类。

③ 进行分析,找出主要质量问题。

2. 质量结构分析图

质量结构分析图又称圆形分析图、饼形图。它根据酒店服务质量调查资料,将统计结果绘制在一张圆形图上。它可以非常直观、形象地看到影响酒店服务质量的主要因素,便于有针对性地提出改进措施。其具体分析过程如下。

（1）收集质量问题信息。酒店管理者应通过各种原始记录、质量信息报表、质量检查结果、宾客意见调查表、客人投诉处理记录和质量考核表等方式多方收集酒店现存的质量问题。

（2）信息的汇总、分类和计算。对收集到的质量问题信息进行汇总，并根据不同的内容将其分类，然后计算每类质量问题的构成比例。

（3）画出圆形图。根据圆形图即可一目了然地掌握酒店存在的服务质量问题及其程度。

3. 因果分析图法

利用ABC分析法可以找出酒店服务存在的主要的质量问题，而因果分析法则可以找出这些主要质量问题产生的原因。

因果分析图又称鱼刺图、树枝图，是分析质量问题产生原因的一种有效工具。在酒店经营管理中，影响酒店质量的原因是错综复杂的、多方面的。因果分析图对产生质量问题的原因进行分析，并把原因与结果之间的关系用鱼刺图表示出来。

因果分析图分析过程如下。

（1）确定要分析的质量问题，用ABC分析法等找出存在的问题。

（2）发动酒店管理者和员工共同分析，寻找A类问题产生的原因。要注意集思广益，广泛征求各方面人员的意见。探讨一个质量问题产生的原因时，要从大到小，从粗到细，寻根究源，直到能够采取具体措施为止。

（3）整理找出原因，按结果与原因的关系画出因果图。影响服务质量问题的大原因通常从人、方法、设备、原料、环境等角度加以考虑。

5.5.2　PDCA循环工作法

PDCA循环工作法是由美国统计学家戴明提出来的，因此又叫戴明循环。它是酒店企业全面提高服务质量的一个最基本的工作方法。PDCA即计划、实施、检查和处理的英文简称。PDCA管理循环是指按计划、实施、检查、处理这四个阶段进行管理工作，并循环不止地进行下去的一种科学管理方法。PDCA循环工作法一方面使质量管理按照逻辑程序循环发展，避免了质量管理产生波动性，另一方面它保证了质量管理的系统性和完整性，提高了质量管理工作的深度和广度。PDCA循环转动的过程，就是质量管理活动开展和提高的过程。

1. 工作程序

（1）计划阶段（Plan）：PDCA管理循环的计划阶段内容包括：分析服务质量现状，用圆形图找出存在的质量问题；用因果图分析产生质量问题的原因，然后找出影响质量问题的主要原因；最后，提出解决质量问题的质量管理计划，即应达到的目标及实现目标的措施方法。

（2）实施阶段（Do）：酒店管理者组织有关部门或班组以及员工具体地实施质

量管理计划所规定的目标。

（3）检查阶段（Check）：酒店管理者应认真、仔细地检查计划的实施效果，并与计划目标进行对比分析，看是否存在质量差异，是正偏差还是负偏差。

（4）处理阶段（Action）：总结成功的管理经验，使之标准化，或编入服务规程，或形成管理制度加以推广应用。同时，吸取失败的教训，提出本轮PDCA循环没有解决的问题，自动转入下一循环的第一步，并开始新一轮的PDCA管理循环。

2. PDCA管理循环的特点

（1）循环不停地转动，每转动一周提高一步。每次循环都有新的目标和内容，质量问题才能不断得到解决，酒店水平才能不断提高。

（2）大环套小环，小环保大环，相互联系，彼此促进。整个酒店循环是一个大环，各部门则是大环中的小环。小环以大环为整体，是大环的分解和保证。

（3）强调管理的完整性。PDCA 四个循环是一个整体，每一个阶段都同等重要。每一个阶段的工作都是下一个阶段的开始，不可忽视或缺少。

3. 实施PDCA管理循环的注意事项

PDCA管理循环的四个阶段缺一不可。只有计划而没有实施，计划就是一纸空文；有计划，也有实施，但没有检查，就无法得知实施的结果与计划是否存在差距和有多大差距；若计划、实施、检查俱全，但没有处理，则不但已取得的成果不能巩固，失败的教训不能吸取，而且发生的问题还会再次重复，如此，服务质量就难以提高。因此，只有 PDCA 四个阶段都完成且不断地循环下去，才会使酒店服务质量问题越来越少，酒店服务质量不断提高并最终趋向于零缺点。

5.5.3　ZD质量管理法

"ZD"是英文Zero-defects的缩写，其含义是无缺点计划管理，即零缺点管理，是美国人克劳斯比于20世纪60年代提出的一种管理观念。当时的马丁·马里塔公司为保证制造导弹的质量可靠，提出"无缺点计划"。70年代，日本将其应用到电子、机械、银行等行业。同样，在酒店中采用这种管理方法，也可以促使酒店服务管理达到最佳。

1. 实质与特点

（1）ZD质量管理法的实质是以"无缺点"为管理目标，以每个员工都是主角为宗旨，以充分挖掘人的内在潜力来确保质量为目的。

（2）ZD质量管理法的特点有以下几点。第一，"Do It Right the First Time"第一次就把事情做好的管理思想。第一次就把事情做好，是"零缺点"管理的核心。第二，预防为主，防患于未然的管理方式。"零缺点"质量管理强调事前控制、防患于未然的重要性。第三，严格执行服务质量标准的管理制度。

2.方法步骤

（1）建立服务质量检查制度。许多酒店建立了自查、互查、专查、抽查和暗查五级检查制度，督促员工执行质量标准，预防质量问题的出现。

（2）每个人第一次就把事情做对。因为酒店服务具有不可弥补性的特点，所以，每位员工都应把每项服务做到符合质量标准，这是改善酒店服务质量的基础。

（3）开展零缺点工作日竞赛。一般来说，造成酒店服务质量问题的因素有两类，即缺乏知识和认真服务的态度。知识的缺乏可通过培训等来充实；但态度的漫不经心只有通过个人觉悟才有可能改进。因此，酒店可开展零缺点工作日竞赛，使员工养成认真、负责的工作习惯。

5.5.4 交互服务质量管理

1.酒店交互服务质量管理的概念

酒店交互服务质量管理是指为实现酒店交互服务质量的提高，而采取的加强交互过程的控制、服务人员的培训，并创造顾客参与环境等管理活动。

2.酒店交互服务质量管理的基本内容

（1）服务供求管理

良好的服务质量首先需要有一个良好的服务环境。在服务需求高峰期间酒店时常出现超额预订、员工超负荷劳动、设备超负荷运转的情况，这些在很大程度上影响了酒店的服务质量。而在淡季，酒店则易出现设施设备、人员闲置，酒店面临较大的损失。对此，酒店应对供求进行合理调节，加强管理。

（2）员工授权管理

交互服务过程是由顾客与一线服务人员共同完成的。由于交互服务的过程十分短暂，因此要想在短暂的时间内满足顾客需要，员工就必须有一定的权力。授权不仅仅意味着权力的重新分配，还需要提供给员工必要的信息，使员工具备更好地为顾客服务的知识和能力，即处理好"鱼"和"渔"的关系，否则授权就等于一句空话。同时授权还应与奖励结合起来，出色的员工应获得更高的薪酬。当然授权绝不是完全的放手，管理人员还应当采取适当的控制措施，避免员工放任自流，不加约束。

（3）现场督导管理

交互服务是在"现场"完成的，因此现场督导和监控十分重要。服务的过程完全暴露在顾客面前，成为顾客评价酒店服务质量高低的重要组成部分，交互过程的任何差错都可能给顾客留下不好的印象。因此，酒店需要加强现场督导和监控，从而使交互过程顺利进行。

（4）服务补救管理

虽然酒店讲究严格管理，但即使是最优秀的服务人员，在服务工作中也难免会发生差错。这就要求我们采取一系列的补救措施,纠正差错,使顾客从不满转变为满意。

当酒店出现顾客对服务不满或是向酒店投诉时,一线员工和管理人员应高度重视,积极采取补救服务措施,平息顾客的不满。具体内容包括以下几方面:① 加强员工的培训;② 赋予员工一定的决策权;③ 总结经验,进一步提高服务质量;④ 人际交往管理。

交互服务是由服务人员和顾客共同参与完成的,正确处理好一线员工与顾客之间的关系十分重要。服务人员不仅要具有较强的服务意识,还应该具有丰富的服务技能和人际沟通技能,以便处理好与顾客接触过程中所出现的各种问题。特别是在顾客出现不满时,应懂得随机应变,正确把握顾客的心态,采取有针对性的措施来解决问题。

总之,人际交往管理中最重要的是要"以诚相待",坚持"宾客至上"的原则,以自己的行为来使顾客认同酒店的文化和价值观,并对顾客进行正确的引导。

5.5.5 QC小组法

1. QC小组法的内涵

QC(Quality Control)小组,即质量管理小组,是指在各岗位上工作的员工,围绕企业的方针目标和现场存在的问题,以改进质量、降低消耗、提高经济效益为目的组织起来的,运用质量管理的理论和方法开展活动的小组。全面质量管理是要求全员参与的管理,通过开展多种形式的全员性质量管理,尤其是开展QC小组活动,可充分发挥全体员工的积极性、创造性,这是解决质量问题、提高质量水平的有效途径。QC小组也是按PDCA循环的程序进行的。

2. QC小组法的实施步骤

① 调查现状。对拟解决的质量问题进行现状调查,以保证其真实性。

② 分析原因。发动全组成员集思广益,灵活运用因果法、关联法等找出问题产生的主要原因。

③ 制定措施。针对主要原因制定相应的对策,就确定的对策安排实施计划,实行进度管理,加强预测。

④ 按计划实施。在实施过程中,应随时把握实施的情况,检测质量趋势,根据分析结果,采用专业技术或组织管理措施,及时解决遇到的新问题,同时做好详细记录。

⑤ 检查效果。把实施前后的效果进行对比,看是否达到预定目标,分析达标或不达标的原因,不达标的应重新调查分析。

⑥ 制定巩固措施。达到目标并通过3个月左右的考验,说明课题已基本解决,应将行之有效的方法上升为标准,经有关部门审定后,纳入酒店有关质量标准的管理文件。

⑦ 遗留问题的处理。对遗留问题加以分析后,将需要进一步解决的问题,作为QC小组下一个循环的课题,继续深入开展活动。

⑧ 总结成果资料。这是QC小组自我提高的重要环节，也是进行下一循环的开始。

在实际工作中，QC小组一次定的目标不宜过高，应集中精力突击重点。QC小组工作完成之后，酒店应设法把成果加以巩固，防止问题"死灰复燃"。

知识梳理

1. 酒店服务质量定义：是指酒店能够满足客人需求特性的综合，在使用价值上适合和满足宾客物质与精神需要的程度。

2. 酒店服务质量的特性

（1）服务的时间性；（2）服务场所的功能性；（3）服务的经济性；（4）服务的安全性；（5）服务的舒适性；（6）服务的文明性。

3. 酒店服务质量管理的特点

（1）酒店服务质量管理的综合性；

（2）宾客对服务质量认定的主观性和一次性；

（3）服务质量内容的关联性；

（4）取决于客我双方的感情融洽程度；

（5）分寸的把握是服务质量的灵魂；

（6）服务质量对员工素质和积极性的依赖程度。

4. 酒店全面质量管理：酒店全面质量管理是以提高服务质量为宗旨，组织全店员工共同参与，综合运用现代管理手段，建立完善的服务质量标准和体系，在全过程中控制影响服务质量的各种因素而开展的系统的质量管理活动。

5. 酒店全面质量管理的内容和原则。

6. 酒店服务质量衡量标准与评价体系。

7. 酒店通常采用的服务质量管理方法主要有：服务质量分析法、PDCA循环法、ZD质量管理法、交互服务质量管理法和QC小组法等。

习题与技能训练

1. 酒店服务质量定义及特性是什么？

2. 酒店服务质量构成的主要内容有哪些？

3. 酒店全面质量管理的内容和原则是什么？

4. 酒店服务质量五类属性的衡量标准是什么？

5. 酒店服务质量管理的特点有哪些？

6. PDCA循环法的工作程序是什么？在实施过程中要注意哪些方面？

7. ZD质量管理法的实质和特点是什么？

8. 根据某一菜馆的菜肴质量问题制作因果分析图。

项目 **6** 聚焦酒店前厅

■ 学习目标

■ 知识目标

1. 了解前厅部的地位与任务。

2. 熟悉前厅部的组织机构。

3. 掌握前厅部的常规管理。

■ 技能目标

1. 了解前厅仪容、仪表整洁的标准，按规定穿着工作制服。

2. 掌握电话、信函、传真、面谈及互联网等多种预订方式，及根据房情预订总表做出选择的工作技能。

3. 正解使用规范的电话服务用语。

4. 能够掌握酒店计算机的使用并达到酒店接待英语的会话要求。

5. 掌握前厅服务的基本流程和业务技能。

■ 案例目标

通过案例学习，学生能够感受到前厅接待服务、仪容仪表和电话礼仪的重要性，真实体会前厅服务的操作细节，激发学习的思维，提高学习的积极性。

■ 实训目标

明确前厅实践训练项目的具体目的、内容、完成的方法和考核要求，激发学生的学习兴趣，帮助其掌握学科知识与技能，提高学生的学习效率和学习效果。

■ 教学建议

1. 通过案例，让学生能够体会到前厅各岗位服务的重要性和相关业务程序及内容。

2. 教师对相关知识点结合案例进行详细讲解。

3. 通过多媒体、视频向学生直观展示预订、接待、咨询业务、接打电话等礼仪。

4. 教师将学生分组进行预订、咨询和电话等礼仪的实践练习。

学习任务 ❶ 了解前厅服务

【想一想，做一做】

案例一　前厅寄存服务

北京某酒店的前台问询处，几名年轻的员工正在忙于接待办理入住和离店手续的客人。此时，只见大门入口处走进两位西装革履的中年人，提着一个看上去有点重量的箱子径直往问询处走来。

"您好，需要我效劳吗？"刚放下电话的小马很有礼貌地主动问道。

"有件事想麻烦一下"。其中一位戴眼镜的中年人说话有点腼腆，他似乎不知从何说起，稍稍停顿一下后，目光对着地上的那只箱子。

"我们一定尽力而为，请您说吧。"小马真诚地鼓励他。

"我们是海南光明工贸公司的驻京代表，这里是一箱资料，要尽快交给我公司总经理，他定于今天下午3点到达这里。我们下午不能前来迎接，所以想把箱子先放在酒店里，待总经理一到，请你们交给他本人。"

"请放心，我们一定办到。"小马再三保证。

下午3时已到，海南那家公司的总经理还未抵达酒店，小马打电话到机场，获知飞机没有误点。但因那两位中年人没有留下电话和地址，所以小马别无选择，只能再等下去。又是两个小时过去了，那位总经理仍然没有来，小马不得不做好交接箱子的思想准备。就在这一瞬间，电话铃响了。

"问询处吗？今晨我们留在前台的那只资料箱本是想交给我们总经理的。刚才接到总经理的电话，说他被一位住在××酒店的朋友邀去，决定就住在那儿了，而那箱资料是他急用的……？"还是那戴眼镜的驻京代表的声音。

"您不用着急，我会设法把箱子立刻送到××酒店的"。

小马放下电话立即安排一位员工办理此事。半小时后，那位驻京代表又打来电话，但小马已经下班了。

"请转达小马，箱子已经送到，十二万分感谢。我们的总经理改变主意住到了别的酒店，你们不但没有计较，还为我们服务得那么好，真不知如何表达我们的感激之情。总经理说，下回一定要住你们酒店。"对方诚恳地说道。

资料来源：http://www.veryeast.cn/cms/html/guanli/40/2006-11/9/0611914424116763.htm

【案例点评】

这家酒店前台问询处曾荣获1993年度"首都旅游紫禁城杯先进集体"的称号，用员工们的话来说，荣誉是靠汗水和优秀的服务换来的。本例中小马及问询处其他员工对待工作极端负责的精神雄辩地证明了这一点。

为住店客人寄存行李或贵重物品是酒店的常规服务内容，但该酒店前台问询处主动承接未到客人的物品，这是一种超常规服务。海南光明工贸公司并未为总经理预订客房，小马在客人没有肯定入住本店的前提下答应为客人保存资料箱子，这是难能可贵的。不仅如此，小马还主动与机场联系，了解班机飞行情况，下班时又能主动交接，体现了优秀员工的高度责任心。

最令人感动的是，当客人住到别的酒店后，酒店问询处不但不恼火，仍满足他的需求，服务可谓真正做到了家。酒店的优质服务牢牢印进了这几位客人的脑海中，他们理所当然地成了该店的潜在客人和"义务宣传员"。

案例二　客人要求保留房间

正值秋日旅游旺季，有两位外籍专家出现在上海某大宾馆的总台。当总台服务员小刘（一位新手）查阅了订房登记簿之后，简单化地向客人说："客房已定了708号房间，你们只住一天就走吧。"客人们听了以后很不高兴地说："接待我们的工厂有关人员答应为我们联系预订客房时，曾问过我们住几天，我们说打算住三天，怎么会变成一天了呢？"小刘机械地用没有丝毫变通的语气说："我们没有错，你们有意见可以向厂方人员提。"客人此时更加恼火了："我们要解决住宿问题，我们根本没有兴趣也没有必要去追究预订客房的差错问题。"正当形成僵局之际，前厅值班经理闻声而来，首先向客人表明他是代表宾馆总经理来听取客人意见的，他先让客人慢慢地把意见说完，然后以抱歉的口吻说："您二位所提的意见是对的，眼下追究接待单位的责任不是主要的。这几天正当旅游旺季，双人间客房连日客满，我想为您二位安排一处套房，请您二位明天继续在我们宾馆做客，房金虽然要高一些，但设备条件还是不错的，我们可以给您二位九折优惠。"客人们觉得值班经理的表现还是诚恳、符合实际的，于是应允照办了。

过了没几天，住在该宾馆的另一位外籍散客要去南京办事，然后仍旧要回上海出境归国。在离店时要求保留房间。总台服务员的另外一位服务员小吴在回答客人时也不够灵活，小吴的话是，"客人要求保留房间，过去没有先例可循，这几天住房紧张，您就是自付几天房金而不来住，我们也无法满足你的要求"！客人碰壁以后很不高兴地准备离店，此时值班经理闻声前来对客人说："我理解您的心情，我们无时无刻不在希望您重返我宾馆做客。我看您先把房间退掉，过几天您回上海后先打个电话给我，我一定优先照顾您入住我们的宾馆，否则我也一定为您安排其他住处。"

数日后客人回到上海，得知值班经理替他安排了一间楼层和位置都比原先还要好的客房。进入客房时，他看见特意为他摆放的鲜花，不由得翘起了拇指。

资料来源：选自《中华管理学习圣才学习网》www.100xuexi.com

【案例点评】

第一，酒店是中外宾客之家，使之满意而归是店方应尽的义务，大型酒店为了及时处理客人的投诉，设置大厅值班经理是可行的。

第二，当客人在心理上产生不快和恼怒时，店方主管人员首先要稳定客人的情绪、倾听客人的意见，以高姿态的致歉语气，婉转地加以解释，用协商的方式求得问题的解决。

第三，要理解投诉客人希望得到补偿的心理，不但在身心方面得到慰藉，而且在物质利益方面也有所获取。当客人感到满意又符合情理时，酒店的服务算得上出色成功了。

案例三 行李送错之后

清晨，某酒店大堂内，几批团队客人正要离店（以下分称A团、B团与C团）。酒店大门口同时有三堆行李，其中两堆行李（B团与C团）加了行李网，另一堆行李（A团）正在装车。二十分钟后，A团已经出发，剩下的两个团队也正在装运行李准备离店。这时，B团队一位刚用完早餐来到集合点的客人发现他的行李少了一件。据称这件行李是他自己拿到集合点，放在自己团队的行李边，然后去了餐厅。领队急忙与酒店行李员进行核对查找，C团队的行李核对无误，那么最大的可能便是这位客人的行李被放到A团行李边，而被误装到这个团队的车上去了。时间紧迫，B团队要去机场办理登机手续，而客人因为丢失行李而焦急万分。

事情已经发生，此时重要的不是追究到底是谁的责任，而是如何能以最快的速度为客人排忧解难。行李员应迅速与大堂副理协商，与A团的领队及陪同联系，明确A团路线及去向。如果追车及送往机场的时间允许，应在记录行李特征后立即派人追车，取回行李再直接送往机场。同时B团的行程不变，按时前往机场。如果追车希望不大或A团的行程不容耽误，那么只有与A团的下一站酒店联系，请他们帮助将行李托运至B团的下一目的地。

【案例启示】

这一案例说明对于团队进店的行李，一定要仔细核对行李标签及件数，如发现不符，应立即查清原因。并且，团队行李要严格分区摆放，核对无误后再加上行李网。

学习任务 **2** 掌握酒店前厅常用英语

【想一想，做一做】

前厅服务常用英语口语

1. Welcome to our hotel. 欢迎光临。

2. Can I help you? 我能帮您忙吗?

3. What kind of room would you like，sir? 先生，您要什么样的房间?

4. Please wait a moment. I have to check if there is a room available.
请稍等，我查一下有没有空房。

5. Enjoy your stay with us. 希望您在我们这里住得愉快。

6. May I know your name and your room number，please?
我可以知道您的名字和房间号码吗?

7. Excuse me, sir, could you spell your name? 请问您的名字如何拼写?

8. Here's your room key. 这是您的房间钥匙。

9. I'm sorry to keep you waiting，sir. What can I do for you?
先生，对不起，让您久等了。我能为您做点什么吗?

10. Please wait your turn. 请排队等候。

11. May I known your name，please? 请问尊姓大名? (不认识客人时用)

12. I'm sorry，sir, Our hotel rooms are all booked at this moment. We have
no vacancy. 对不起，先生。我们已经客满，没有空房间。

13. I'd like to book a double room for Tuesday next week. 下周二我想订一
个双人房间。

14. What's the price difference? 两种房间的价格有什么不同?

15. A double room with a front view is 140 dollars per night, one with a rear
view is 115 dollars per night. 一间双人房朝阳面的每晚140美元，背阴面的每晚
115美元。

16. I think I'll take the one with a front view then. 我想我还是要朝阳面的吧。

17. How long will you be staying? 您打算住多久?

18. We'll be leaving Sunday morning. 我们将在星期天上午离开。

19. And we look forward to seeing you next Tuesday. 我们盼望下周二见
到您。

20. I'd like to book a single room with bath from the afternoon of October 4
to the morning of October 10. 我想订一个带洗澡间的单人房间，10月4日下午到
10月10日上午用。

21. We do have a single room available for those dates. 我们确实有一个单间，在这段时间可以用。

22. What is the rate, please? 请问房费多少？

23. The current rate is $ 50 per night. 现行房费是50美元一天。

24. What services come with that? 这个价格包括哪些服务项目呢？

25. That sounds not bad at all. I'll take it. 听起来还不错。这个房间我要了。

26. By the way, I'd like a quiet room away from the street if this is possible. 顺便说一下，如有可能我想要一个不临街的安静房间。

27. So you have got altogether four pieces of baggage? 您一共带了4件行李，是不是？

28. Let me have a check again. 让我再看一下。

29. The Reception Desk is straight ahead. 接待处就在前面。

30. After you, please. 你先请。

实 战 要 点

1. 事前对学生进行分组及定员，由小组长对本组成员进行相应的模拟岗位分工。

2. 准备应答对话讲稿，对总台接待服务采用双语对话，即除用普通话对答之外，还需要用英语演练，可参考前面的前厅常用英语范例。

3. 教师将学生的对话稿进行审核批改之后，由学生进行相应的实战准备。

实 战 演 练

1. 通过模拟前厅训练室或教室进行前厅接待、登记、咨询、排房、结账等业务的模拟情景训练，用英语对话的形式来展现前厅部服务的场景。

2. 将学生分成模拟客人与前厅服务员两部分，然后再进行轮换。

3. 按照客人入店的顺序进行不同岗位的对客服务接待。

4. 教师做好指导、现场的秩序维持，及事后的总结和点评工作。

学习任务 ❸ 按规范接听电话

【想一想，做一做】

电话接听礼仪规范

1. 所有来电，须在电话铃响三声内拿起接听。

2. 接听电话需先问候对方，并主动报出自己所属的部门或所在岗位，如"早上好，前台接待"、"晚上好，送餐服务"。

3. 认真倾听对方的电话事由，如需传呼他人，应请对方稍候，然后轻轻放下电话，再去传呼他人。

4. 必要时做好记录，通话要点要问清，然后向对方复述一遍。

5. 全部通话完毕，应对对方打来电话表示感激，并主动说"再见"，确认对方放下电话后，自己再轻轻放下电话。

6. 给客人或别处拨打电话，应先问候对方，并作简单的自我介绍，然后说明要找的通话人的姓名；确定对方是否听明白或记录清楚，再致以致谢语或再见语；确定对方放下电话后，自己再轻轻放下电话。

7. 电话接听的注意事项

（1）接听或拨打电话时语调应亲切、悦耳，发音清晰、准确，语速、音量适中，并正确使用敬语，电话中的敬语一般有"您"、"您好"、"请"、"劳驾"、"麻烦您"、"谢谢您"、"是否"、"能否代劳"、"请稍候"、"对不起"、"再见"等。

（2）不要对客人讲俗语或不易理解的专业语言，以免客人不明白，造成误解，如VIP（重要客人）、AM（大堂副理）、班地喱（传菜员）等。

（3）听到电话铃响，若口中正嚼东西，应迅速吐出食物，再接听电话。

（4）听到电话铃响，若正嬉笑或争执，必须马上调整情绪至平稳后再接电话。

（5）对方拨错电话时，要耐心地告诉对方"对不起，您拨错电话号码了"，千万不要得理不饶人，造成客人不愉快。自己拨错电话号码，一定要先道歉，然后再挂线重拨。

（6）接听电话过程中如需暂时中断对话，须向对方致歉并说明，如："对不起，请稍候"；继续通话前，须先向对方说："对不起，让您久等了"。

（7）任何时候都不得用力掷话筒。

（8）不要长时间占用电话，工作期间不得接打私人电话。

（9）内部间工作通话不得影响对客人的服务，必须以客人服务为先，可以让对方稍后再打来。

实 战 要 点

1. 将学生分为若干小组，由每小组组长设置前厅相关岗位的某一业务主题，如预订、结账、咨询和行李服务等，通过对客人的语言服务来掌握电话的接听礼仪规范。

2. 根据不同主题设置不同的场景语言，注意服务人员的规范用语。

3. 教师的点评分析及纠正不正确的电话接听习惯和错误方法。

实 战 演 练

1. 在模拟前厅实验室或教室等场所，通过前厅服务如预订、咨询和总机等岗位进行模拟场景训练。

2. 教师可以将学生分成客人与总机、总台、大堂副理等不同岗位，按各种不同的服务项目，进行客人预订、咨询、结账、委托和投诉等方面的电话接听礼仪训练，从而掌握电话接听规范用语并熟悉相关的对客业务。

 知识储备

6.1 前厅部的地位与任务

前厅部在酒店中具有举足轻重的地位，这与其接触面广、政策性强、业务复杂的特性息息相关。

6.1.1 前厅部的地位

前厅部在酒店中的重要地位，主要表现在以下四个方面。

1. 前厅部是酒店的门面

前厅部处于酒店接待工作的最前列，是酒店最先迎接客人以及最后恭送客人的窗口，也是带给客人第一印象及留下最后印象的服务环节。

作为酒店的门面，前厅部的服务气氛、服务水平代表着酒店的总体水平及形象。这不仅包括大堂的整体设计、装饰、陈设布置，也包括前厅部员工的精神面貌、仪容仪表、服务态度、服务技巧、服务效率以及组织纪律等。

2. 前厅部是酒店的销售窗口

前厅部是酒店的销售窗口，它左右着酒店商品的出售，管理控制着酒店收益关系。首先，前厅通过预订、接待住店客人、推销客房及其他服务设施，达到销售的目的。其次，前厅部的问询处、大堂服务处通过回答客人的问询、介绍酒店的设施和提供优良的服务，达到扩大销售、促进客人消费的效果。最后，前厅部通过和客人直接或间接的接触，与酒店服务的主体——社会，建立起广泛的联系，

从而了解到许多客源信息，为酒店制定销售政策和酒店其他部门的销售提供重要的依据和条件。

3.前厅部是酒店业务活动的中心

前厅部作为酒店业务活动的中心，其重要性主要表现在以下四个方面。

（1）前厅部是酒店的中枢神经

前厅部为了有效地组织客源，开展预订服务及接待工作，必须和旅行社、大使馆、领事馆、各种国际商业机构、国内客户单位、机场、车站、码头及各种参观单位保持联系，也必须同旅游团队的领队、陪同等建立联系。同时，还必须联络与协调酒店的其他部门，共同对客人服务。所以，前厅部犹如酒店的中枢神经，对外起着"联络官"的作用，对内则发挥着业务调度的职能，在很大程度上控制与协调了整个酒店的业务活动。

（2）前厅部是酒店的信息集散中心

酒店管理工作的质量和效率，很大程度上取决于传递信息的数量、有效性、及时性及精确性。而酒店绝大多数的业务信息如市场信息、营业情况、客户档案等都来自于前厅，前厅部必须将收集到的信息经过整理、加工再传递给其他相关部门及酒店管理机构。因此，前厅部是酒店的信息集散中心，它所收集、加工和传递的信息是酒店管理者进行科学决策的依据。

（3）前厅部的服务始终贯穿着客人在酒店居留的全过程

前厅部从客人抵达酒店前开始，到客人入住、居留期间及至客人离店后整个过程一直扮演着重要的角色，这是酒店其他任何部门都不可替代的。

如图6-1所示为客人在酒店居住停留期间可能接受的前厅服务。

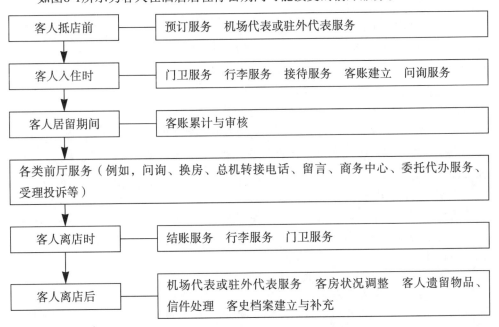

图6-1　客人入住流程与各项前厅服务示例

4. 前厅部是酒店与客人建立良好关系的重要环节

前厅部处于酒店与客人的中介桥梁位置，也是与客人接触最多的部门，所以前厅部是酒店与客人建立良好关系的重要环节。酒店服务质量水平若从客人角度来分析，客人满意程度是重要的评价指标，而建立良好的关系正是提高客人满意程度的重要因素。

6.1.2 前厅部的主要功能

1. 销售客房

前厅部负责受理客人预订，向客人推销客房，并为客人办理入住手续。前厅部推销客房数量的多少、达成价格的高低，不仅影响酒店的客房收入，也影响酒店餐饮、娱乐、商场等部门的收入。

2. 控制客房状况

前厅部必须在任何时刻都正确显示客房状况，准确、有效的房态控制有利于提高客房的利用率及对客服务质量。

3. 提供对客服务

前厅部还负责提供各项前厅对客服务，如在机场、车站接送客人，提供行李服务，应接服务，问询服务，邮件服务，各项委托代办服务等。

4. 协调对客服务

前厅部要向有关部门下达各项业务指令，协调各部门解决执行指令过程中遇到的问题，联络各部门为客人提供优质服务。

5. 信息收集、处理与传递

前厅是酒店的窗口，也是酒店的信息中心。前厅部不仅负责收集、整理各类外部市场信息（如国内外经济信息、客源市场信息等），还负责收集、整理各类内部管理信息（如开房率、营业收入、预订情况和客人信息等），同时前厅部还负责信息的传递工作。

6. 负责客账管理

前厅部负责客账管理工作，记录与监视客人与酒店间的财务关系，以保证酒店及时准确地得到营业收入。前厅部的客账管理工作包括客账建立、客账累计、审核及客账结算等内容。

7. 建立客史档案

客史档案中记录了酒店所需要的有关客人的主要资料，供酒店分析客源市场状况、客人消费项目及能力，是酒店提供针对性的服务、研究客人消费心理、提高酒店的销售能力的主要依据。

6.1.3 前厅管理的基本要求

前厅作为酒店销售客房、组织接待、调度业务和为住店客人提供服务的综合性服务机构。其管理的基本要求有如下几个方面。

1. 创造气氛

酒店服务质量是指酒店服务能满足客人需要的属性。这种属性主要表现为客人的一种心理感觉，而客人的心理感受一般是通过他们的视觉、听觉、嗅觉、味觉、触觉而形成的，视觉形象尤为重要。所以酒店的前厅就必须创造一种能使客人心旷神怡的气氛，前厅气氛实际上是客人抵达酒店前厅的一种最初感觉。所以，创造良好的环境气氛和浓厚的服务气氛，这是前厅管理的重要环节。

2. 服务到位

前厅是酒店的门面，是客人认识酒店的第一印象。所以，前厅员工的服务态度和技巧，与客人的情绪影响和消费行为关系甚密。此外，前厅的某些服务环节，对酒店提供服务、实施有效管理是必需的，而对客人而言，则可能是一种不便和麻烦，如入住登记、结账服务等。所以，如何通过前厅员工良好的服务态度和高超的服务技巧，使客人承认这种"服务"，变不便和麻烦为一种愉快的交流和精神享受，这是前厅服务的关键，也是前厅管理的基本要求。

3. 保证高效

前厅担负着销售客房、内外联系、业务调度的重任，无论对客人还是对酒店的其他部门，效率都是至关重要的。对客人来说，他必须和前厅接触，但这并不是他的本意，只不过是为了寻求酒店的其他服务而已。因此，他们总希望在此停留的时间越短越好。这就要求前厅应尽量简化手续，提前做好各种准备。而对酒店其他部门而言，前厅的效率则关系到他们的质量和效率。所以，作为中枢神经的前厅，必须迅速、及时、准确地向各有关部门提供各种信息，发出各种业务指令，使他们能够做好充分的准备，为客人提供恰到好处的服务。

4. 卓越推销

客房是酒店的主要产品，而前厅则是酒店的销售中心，当然，前厅销售的并非仅限于客房，而是整个酒店所有的服务产品。因此，有效的前厅管理必须建立从预订到接待、问询的推销系统。既要注意招徕客人，又要注意引导并刺激客人消费。作为前厅预订处，一方面要向客人详细而又恰如其分地介绍本酒店的产品，使客人在未看到产品之前就产生信任感和购买欲望；另一方面要加强客房出租情况的预测和以往预订情况的统计分析，合理制定超额预订策略，以便使酒店的客房利用率达到理想状态。至于前厅礼宾部等其他服务机构，则更是介绍酒店、推销服务的阵地，应该抓住时机，创造服务价值，实现隐性销售。总之，前厅的每一位员工都必须增强服务意识，提高推销技巧，使客人乐于消费。

6.2 前厅部的组织机构

6.2.1 前厅部的组织结构模式

酒店及前厅的组织系统受到酒店本身背景、特点、规模及经营方式、营业对象、目标市场、财务制度、管理经验、政策法令等诸因素的制约。所以，不同酒店应遵循组织结构设计原则，根据各酒店的实际情况，采取最适合的组织结构形式。

1. 大型酒店

在大型酒店中，前厅部通常设有部门经理、主管、领班、普通员工四个层次如图6-2所示，但是不同的大型酒店，前厅部的组织结构也会根据不同情况有所变化。

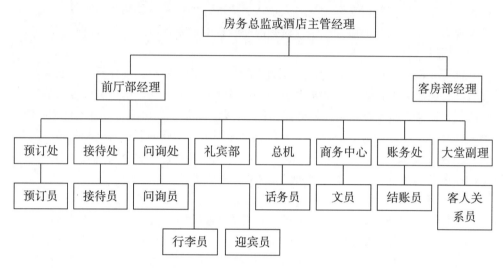

图6-2 大型酒店组织结构图示例

2. 中型酒店

中型酒店的前厅部一般由部门经理、领班、普通员工三个层次构成如图6-3所示，与大型酒店相比，中型酒店前厅部下设的工种较多。

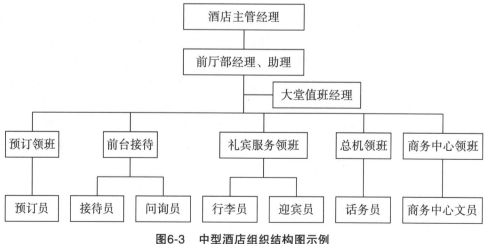

图6-3 中型酒店组织结构图示例

3. 小型酒店

小型酒店的前厅部通常由客房部下设的总服务台班组替代，一般只设领班（或主管）和普通员工两个层次如图6-4所示。

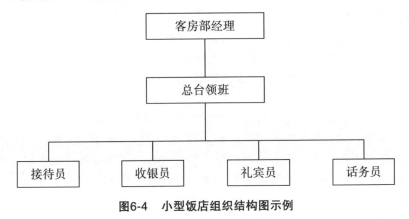

图6-4　小型饭店组织结构图示例

6.2.2　前厅部主要机构简介

1. 预订处

酒店前厅部一般设立预订处（Reservation）或订房部，提供预订服务，其主要职责是接受客人以电话、电传、传真、信函、电子邮件或口头等形式的预订；负责与有关公司、旅行社等客源单位建立业务关系，尽力推销客房并了解委托单位接待要求；与总台接待处保持密切的联系，及时向前厅部经理及总台有关部门提供有关客房预订资料。

2. 接待处

前厅部的接待处（Reception）为客人办理接待入住手续，其主要职责为接待前来投宿的客人；办理入住登记手续、分配房间；负责对内联络，掌握客房出租变化和业务接洽；掌握住店客人动态及情报资料，建立客户档案；控制客房状态，及时更改客房信息；制作"客房营业日报表"等表格；协调对客服务工作。

3. 问询处

前厅部的问询处（Information）是为满足住店客人和来访客人寻求酒店日常服务需要而设，其主要职责有回答客人有关酒店服务的一切问题和酒店外的交通、旅游、购物、娱乐、社团活动等内容的询问；代客保管钥匙和贵重物品；处理客人信函、留言、电传、电报、传真和电子邮件等。

4. 礼宾部

前厅礼宾部（Concierge）又称为大厅服务处，其主要职责为机场、车站等店外迎送；开关车及店门，向抵店客人表示欢迎，致以问候；协助管理和指挥门厅入口处的车辆停靠，确保畅通和安全；代客装卸行李；陪同客人进房并介绍酒店设施、服务项目；为客人搬送行李；提供行李寄存服务；转递客人的信件、电报、传真及邮件等；传递有关部门通知单；寄存与出租雨伞；公共区域找人；代客联系车辆，送别客人；负责客人委托其他的代办事项。

5. 电话总机

前厅部的总机房（Telephone Switch Board）是酒店电话服务的承担者，其主要职责是为客人转接电话；提供请勿打扰电话服务；提供叫醒服务；回答电话问询（如查找客人、约会、会议和查询电话号码等）；接受电话投诉；接受电话留言；办理长途电话业务；传播或消除紧急通知或说明；播放背景音乐等。

6. 结账处

结账处（Cashier）通常由酒店的财务部管理，但是它的工作地点在前厅总台，与总台接待处、问询处等有着不可分割的联系，是总台的重要组成部分。它的主要职责为负责为住店客人设立各自的账卡；接受各部门转来的客账资料；与酒店所有消费场所的收款员或服务员保持联系，催收核实账单，及时记录客人在住店期间的各种赊款；为客人兑换外币；为离店客人办理结账、收款或转账等事宜；在夜间处理酒店的业务收益核算；编制"营业日报表"，提供客人消费构成情报资料等。

7. 商务中心

商务中心（Business Center）为商务客人提供各类商务所需的服务，如收发传真和电报、复印、打字及电脑文字处理等服务。

8. 大堂副理

大堂副理（Assistant Manager）通常是代表酒店总经理在前厅处理酒店日常发生事件的管理者，是酒店形象的维护者，也是客人正当权益的保护者。有一些高档酒店在前厅设置客人关系主任（Guest Relations Officer），直接向大堂副理或值班经理负责，协助大堂副理欢迎贵宾以及安排团体临时性的特别要求。大堂副理的主要职责为代表总经理接受并处理客人对酒店内所有部门的投诉；沟通前厅与酒店其他部门的关系，并协助有关部门搞好对客服务；回答客人的各种询问，并帮助解决客人的疑难；负责检查前厅大堂的清洁卫生、各项设施设备的完好运行；维护大堂秩序，处理各种突发事件；落实、检查贵宾抵店前的准备工作，协调各部门满足客人的特殊要求；代表总经理迎送贵宾及团体客人。

6.3 前厅部的常规管理

前厅部的基本业务，主要有预订、接待、前厅服务与客账管理等几个方面，它是由客人在酒店活动的周期所决定的。前厅部要提高工作效率，做好各项对客服务工作，就必须提高各项业务的管理水平。

6.3.1 预订业务的管理

酒店开展预订业务，不仅能使客人所需的酒店设施得到预先保证，同时对酒店客房业务而言，也是非常重要的市场手段。科学的预订系统能为酒店提供稳定的、长期的客源，直接为酒店带来利润。所以，酒店的预订业务必须保证迅速、准确和有效。

1. 预订的种类

（1）临时类预订

临时类预订指客人的订房日期或时间与抵达日期或时间很接近，酒店一般没有足够的时间给客人以书面确认或没有给予客人确认。临时类预订客人如在当天的"取消预订时限"（通常为18：00）之内还未到达酒店，该预订即被取消。

（2）确认类预订

确认类预订指客人的订房要求已被酒店接受，而且酒店以口头或书面形式给予确认，一般不要求客人预付预订金，但规定客人必须于预订入住日的规定时限之内到达，否则做自动放弃预订处理。

（3）等待类预订

等待类预订是指酒店在客房已订满的情况下，因考虑到预订常有变化，所以仍接受一定数量的等待类订房。对这类订房客人，酒店不发给确认书，只是通知客人，在其他客人取消预订或提前离店的情况下，给予优先安排。

（4）保证类预订

保证类预订是指客人可以预付订金来保证自己的订房要求，或在旺季酒店为了避免因预订客人擅自不来或临时取消订房而引起损失，要求客人预付订金加以保证。这类预订称为保证类预订。保证类预订使酒店与未来的住客之间建立了更牢靠的关系，客人可以通过预付订金或者订立商业合同等方式获得保证。

2. 预订业务程序的控制

（1）受理预订

预订员受理客人的预订时，需要了解的要点可归纳如下：

① 住宿客人的姓名、性别及人数；② 预期抵店日、到达时间、交通工具和出发地点；③ 预期离店日、离店时间、交通工具和目的地；④ 所需客房的种类、数量与价格；⑤ 预订者的姓名及联络方法；⑥ 付款金额和付款方式；⑦ 所需客房的特别要求；⑧ 餐食标准及其他要求。

（2）接受或婉拒预订

如客人的上述需求与酒店的接待能力相吻合，预订员则接受预订，否则应对其预订加以婉拒，用建议代替简单的拒绝。不能因为难以满足客人的最初要求而终止服务，应该主动提出一系列可供客人选择的建议。如根据当时的实际情况，建议客人做些更改。除此之外，预订员还可以将客人的订房要求及预订人的姓名、电话号码等记录在"等候名单（waiting-list）"上，随后检查落实，一旦有了空房，立即通知客人。有些酒店为了维持应有的服务水准及良好的服务形象，还专门设计了书面婉拒预订的致歉信或道歉卡。

（3）确认预订

预订员在了解客人的预订要求后，应立即将客人的预订要求与酒店未来时期的客房利用情况进行对照，决定是否可以接受客人的预订。如果可以接受，预订员需要对客人的预订加以确认。

① 口头确认。对于客人在即将抵达前或在抵店的当日所进行的临时预订，由于时间仓促，酒店一般只能给予口头确认，但必须把需要提醒客人的注意事项（如酒店保留客房的时间）告知客人，以免引起不必要的麻烦。

② 书面确认。对于确认类预订或保证类预订，酒店必须给予书面确认。书面确认与口头确认相比，更具有以下特性。

• 精确性。书面确认可以使客人比较精确地证实酒店是否能够满足其订房要求，减少失误与差错。

• 详尽性。书面确认除了复述客人的订房要求外，还写明了有关客人的个人情况资料（如客人姓名、地址等）、房价、为客人保留客房的时间、预付款的支付方法以及取消预订的规定等。

• 约束性。书面确认以书面形式在酒店与客人之间达成了一定的协议，从而约束了双方的关系。对于大型团体、重要客人等订房的确认函，一般可由前厅部经理或酒店总经理签发，以示尊重与重视。

（4）复核预订

如果客人的预订日期离抵店日期较远，在客人抵店前预订员应通过书信或电话等方式与客人进行再次复核，以免客人由于多种原因取消或修改预订。

① 第一次复核。在客人预期抵店日期的前一个月进行，即由预订员每天核对下月同一天抵店的客人名单。复核的主要对象为重要客人与重要团队，内容为抵达日期、预住天数、房间数量与类型等。

② 第二次复核。在客人预期抵店日期的前一周进行，即由预订员每天核对下一周同一天抵店的客人名单。复核重点为抵达时间、更改变动的订房以及重要客人订房。

③ 第三次复核。在客人预期抵店日期的前一天进行，即由预订员每天核对次日抵店客人的名单。应仔细检查预订内容，并将准确的订房信息传达至接待处。

（5）预订的更改与取消

虽然预订已被确认，但客人在抵店前，还是可能对预订内容做出更改，甚至取消。

① 预订的更改。预订的更改可能是到达日期的更改，也可能是客房种类与客房间数的更改。预订员应仔细检查酒店客房预订控制记录，如果可以满足，再予以确认。同时，填写"预订更改单"，修正有关记录。如果不能满足客人更改要求，预订员应给客人适当的建议，与之协商解决。

② 预订的取消。当客人取消预订时，预订员应做好预订资料的处理工作，在预订单上注明"取消"、取消人、取消日期和取消原因等，并且将其存档。

（6）抵店准备

预订处应提前一周或数周，将主要客情（如重要客人、大型会议团体、酒店客满等信息）通知相关部门，以便使各部门提前做好相应准备。抵店前夕，将具体接待安排通知相关部门。抵店当天，前厅接待员应根据客人订房的具体要求，提前分配房间，并将有关细节（变更或补充）通知有关部门，共同完成客人抵店前的各项准备工作。

3. 散客预订与团队预订的注意事项

（1）散客（FIT）预订

散客预订时，预定员应注意以下几点。

① 散客预订的来源要按照酒店的实际情况正确分类，这是酒店营销工作的重要资料。例如，国内、国外、公司、旅行社和政府机关等来源。

② 如果散客的预订没有确定抵店日期，则应要求客人支付预约保证金再给予确认，或接受其他更为准确的客源。

③ 接受贵宾（VIP）预订时，预订员应正确执行接待贵宾的有关规定，并迅速通知有关部门。

（2）团队（GROUP）预订

① 在确认团队预订的同时，预订员也要确认团队名单、餐食预订、支付方式和旅行日程等事宜。

② 对常常可能取消或更改预订的团队，如旅行社、航空公司等确切性不高的团队，应在一周前进行复核确认。

③ 妥善保管预订申请的来信原件或回信复印件。

4. 超额预订

由于种种原因，客人可能会临时取消预订，或者是订了房而不到，或者提前离店，从而可能造成酒店部分客房的闲置，造成损失。根据已有订房制度的酒店经验，订房不到者大约占订房数的5%左右，临时取消预订的约占8%~10%。因此，超额预订成了避免酒店遭受过多损失的有效方法。

（1）超额预订的比例

超额预订多出现在旅游旺季或节假日，在订房已满的情况下，再适当增加订房数量。超额预订是一种艺术，也是一种冒险，需要有个合适的"度"。如果超额预订的房间数过高，已预订房间的客人到店后没有房间，引起纠纷，影响酒店声誉；如果超额数过低，客房闲置，降低出租率，酒店同样蒙受损失。按照国际惯例，酒店接受超额预订的比例应控制在5%~15%，但各酒店还是应该根据各自的实际情况，合理掌握超额预订的比例。

① 根据团队订房和散客订房比例调整。团队订房多由旅行社、专业会议、外交机构和贸易公司等订房，事先有计划和安排，取消或预订不到的可能性较小，而散客预订的随意性较强或受外界因素影响较大。所以，当某一天团队预订多，散客预订少，就应相对减少超额预定的比例。

② 根据临时预订与保证预订的比例。若当日保证预订的比例较少，则可适当增加超额数；如果当日预订多为保证类预订，则不宜进行超额预订。

③ 根据预订资料分析订房动态。根据酒店长期以来的预订资料分析预订取消率、预期不到率、提前离店率以及延期离店率因素，推算出超额预订率。计算公式如下：

超额预订数＝（预订取消率＋预期不到率）×（可预订房数＋超额预订数）
－预期离店数×延期离店率＋提前离店率×续住房数

超额预订率＝超额预订数÷可预订房数

（2）超额预订引起超员的处理方法

超额预订虽然是酒店获得最佳客房利用率的有效手段，但也存在超员的风险。在这种情况下，酒店应尽量弥补客人，一般的处理方法如下：① 向客人致歉，请求客人谅解；② 为客人联系另一家相同等级的酒店；③ 支付客人搬到其他酒店及返回本店的双程交通费；④ 次日应首先考虑安排此类客人的用房，并做好客人搬回酒店时的接待工作。

5. 酒店有关预订的政策

制定有关预订的政策是酒店管理机构的任务，其目的是使整个预订工作有章可循，既能满足客人的要求，保护客人的利益，又有利于酒店经营管理，保护酒店自身的合法权益。这些政策包括以下几个部分。

（1）酒店预订规程，包括预订的操作程序、接受预订的数量和期限、团体与散客的比例以及超额预订的比例等。

（2）对预订确认的规定，包括须确认的对象、确认的时间以及确认的方式等。

（3）对预订金收取的规定，包括收取预订金的对象、订金的数量、限期或分段收取的方法等。

（4）对预订取消的规定，包括通知取消预订的期限和订金的退还办法等。

（5）酒店对预订客人应承担的责任，对因工作差错、超额预订等酒店方原因造成违约的处理规定。

（6）预订客人应承担的责任，对针对未能如约而来、逾期到达、迟缓通知取消预订等客人原因造成违约的处理规定。

6.3.2　接待业务的管理

客人入住接待是前厅对客服务全过程中的一个重要阶段，这一阶段的工作效果将直接影响前厅的销售客房、信息收集、协调对客服务、建立客账与客史档案等各项功能的发挥。

1. 接待业务控制的重要环节

（1）给客人热情的接待

接待是对客服整个活动周期的初始阶段，常常发生在客人进入酒店后的第一个十分钟之内，对客人的影响很大，决定着客人是否对酒店形成肯定的印象。受到热情接待的客人将会积极配合酒店的工作，反之不满情绪将会蔓延到其后的消费环节。

接待员应充分关注客人的感觉，热情迎接客人，凭借丰富的工作经验，随时准备为客人排忧解难。

（2）充分获取客人信息

在客人最初登记时，接待员应尽可能获取有价值的信息，这些信息可以传递给酒店各个部门的员工，从而更好地为客人提供服务。但一些接待员并没有认识到获取客人信息的重要性，往往只是机械地为客人办理必要的手段，而没有主动地积极获取客人信息。

（3）使酒店收益管理的目标得以实现

酒店收益管理的目标是最大限度地提高客房销售收入及最大限度地提高酒店服务的利润。接待员销售客房的技巧及运用酒店折扣配置的能力如何，是否能用最佳房价销售出最多客房，在很大程度上影响着酒店收益管理目标的实现。

2. 接待业务程序的控制

（1）识别客人有否预订

接待员应主动向客人问好，对客人表示欢迎，询问客人是否预订。若客人已订房，则应迅速查阅"次日抵店客人一览表"，并复述其订房主要内容，如客人所订的房间种类及住店天数。经客人确认后，请客人出示有效证件，办理入住手续。

（2）根据客人需要介绍房间

对于未经预订直接抵店的客人，接待员应该首先询问客人的住宿要求，同时查看当天的客房预订状况及可售客房的情况，再根据客人需要向其介绍客房及酒店的其他设施及服务项目。

（3）排房、定价

客人日趋个性化的消费需求以及酒店主题客房的增多，使接待员的排房工作更加复杂，接待员应根据不同客人的喜好与习惯推荐相应的客房。客房之间的差异除类型不同（如商务套房、无烟客房、女子客房和家庭套房等）以外，同一种类的客房也因所处位置、景观、内部主色调、装潢、配备设施的不同而存在着差异。客房确定后，接待员就可在价格折扣的权限范围内，根据酒店的信用政策条文给予客人定价。目前大多数酒店都将一定的折扣权限下放给前台员工，客人也习惯于和接待员侃价。需要注意的是，接待员在报价时应注意将重点放在介绍酒店的产品上，而不是和客人在价格上做文章。

（4）办理客人入住登记

① 预订散客。对于已经预订房间的散客，由于酒店在客人订房时就已掌握客人一定的资料，所以在客人实际抵店前，接待员可以将有关内容形成"预先登记表"，并将其按客人姓名字母顺序，排列在专用箱内。当客人抵店时，则可根据姓名迅速查找出该客人的"预先登记表"，请其填写其他有关内容，签名，形成入住登记记录。

② 预订贵宾、常客。对于已预订房间的贵宾及常客，由于酒店掌握的信息资

料较多，所以在客人抵店前的准备工作可以做得更为充分及仔细。接待员可根据客人的订房单及客史档案中的内容，提前填写好登记表及房卡等。当客人抵店时，只要核对证件、签名后，即可进入客房。贵宾还可以享受先进客房，在客房内签字登记的礼遇规格。

③ 预订的团体会议客人。对于已预订的团体会议客人，可以根据其具体接待要求，提前将登记表交给陪同或会务组的人员，以便团体会议客人在抵店途中或抵达酒店后，在大堂内、大堂指定区域或在客房内填写。

④ 未预订的客人。对于直接抵店的客人，接待员应尽量帮助客人，尽可能缩短形成入住登记记录的时间。为节省客人时间，酒店可向各类新技术、新设备"借力"。例如，借助于电子扫描仪，前台接待员在核对客人有效证件后，可迅速将客人的证件进行扫描。在扫描的同时，填写欢迎卡，制作房间钥匙，并请客人在空白的"住宿登记单"上签名。"住宿登记单"上的其他内容则在事后由接待员根据电子扫描仪上的证件资料显示填写完整。这样，客人的入住登记时间大大减少，新技术的应用为客人提供了方便和快捷。

（5）确定付款方式

确定付款方式的目的，是为了决定客人住店期间的信用限额及加快退房结账时的速度。不同的付款方式所给予的信用限额不同，客人常采取的付款方式有信用卡、现金及转账等。对于采用信用卡结账的客人，接待员应首先确认客人所持信用卡是否是酒店所接受的信用卡、是否完好无损和在有效期内。对于以转账方式付款的客人，一般都是在订房时就向酒店提出要求，并已获批准。接待员应向客人清楚地说明转账款项的具体范围，例如，房租、三餐费用等。

（6）完成入住登记手续

排房、定价、确定付款方式之后，接待员应制作房卡，并请客人在房卡上签名，提醒客人注意房卡上的客人须知内容，并将制作好的房门钥匙交给客人。有些酒店还为客人提供用餐券、免费饮料和宣传品等。接待员还应安排行李员帮客人运送行李，并将客房楼层与电梯位置告诉客人，祝客人住店期间愉快。接待员还应将客人入住信息迅速通知总机及客房服务中心，改变电脑记录，更新"客房状态表"。

（7）制作客人账单，建立相关资料，存档

对于用信用卡结账的客人，应在印制好的账单上打印客人的姓名、抵达日期、结账日期、房号、房间类型及房费等，然后将账单连同"住宿登记表"和客人的信用卡签购单一起交前台收款员保存。

对于使用转账方法结账的客人，需要制作两份账单：一份记录应由签约单位支付的款项，是向签约单位收款的凭证；另一份记录客人自理的款项。

3. 客房状态的控制

接待员的另一重要工作内容就是控制客房状态，有效的房态控制有利于客房的销售和最佳利用。

（1）检查与核对

① 检查核对客房预订情况

• 预订的复核确认情况。

• 预订客人的航班情况，掌握客人的到达时间。

• 预订变更及取消情况。

• 预订不到情况的预计。

② 检查核对预期离店客房情况

• 无变动的预期离店情况。

• 延期离店的情况。

• 提前离店的情况。

③ 检查核对可出租房间的情况

• 可出租房的整房情况。

• 复核可出租房的房态。

④ 检查核对次日必须首先保证的客房情况

• 贵宾房。

• 团队房。

• 酒店方违约的客人次日入住房间。

• 保证预订客人的预订房间。

（2）客房状况的转换

① 客人入住与退房。由于客人的入住与退房，产生客房状况的转换。

② 离店日期的变更及延迟退房的处理。客人因事需提前或延迟退房，接待员应及时与预订处、收银处等取得联系，填写及传送有关通知单。

③ 换房处理。接待员应首先弄清（或向客人解释）换房原因，再向客人介绍准备调换的客房情况，并确定换房的具体时间，同时填写"客房变更状况表"，并将换房信息记录在客史档案上。

客房状态变动的原因主要如下。

• 客人支付条件的变动。

由本人支付变为公司或他人支付。

由公司、他人支付变为本人支付。

由支付所有费用变成支付一部分费用。

• 对客人的补偿。当酒店方要对客人进行补偿时，通常采用升级处理，即收取同样的房价但提高房间的等级。

• 客人要求。客人也许因为客房所处位置、价格、人数变化等原因而要求换房。

• 酒店方原因。酒店方也可能因为客房的维修保养、客人延期离店以及为团队会议客人集中排房等原因，向客人提出换房要求。

6.3.3 前厅日常服务的管理

对于前厅日常服务的管理，首先应做好组织安排，包括合理的人员配备，即根据酒店的住客率高低及人员流动量的大小合理配备人员；设施设备的正常运转，即配备足够的设施设备，并确保前厅各项设施设备的正常运转；建立严格的交接班制度，确保各个班次工作的有效衔接。其次还应以岗位责任制为中心，加强督促检查。即要求根据各业务部门的工作性质和具体任务，制定各个岗位的职责范围，并建立严格的逐级检查制度，通过经理、主管、领班、员工的逐级检查，针对不同范围、不同侧重点的检查，及时发现问题，修正差错。

1. 问询服务

前厅的问询员应掌握各类信息，并且及时更新信息，正确传递。

（1）客人信息

客人信息的提供是酒店问询业务中最基本也是占比重较多的一项，问询员在为客人提供信息时要注意以下事项。

① 关于住店客人的信息，要问清对方身份后再给予相应回答。

② 未经客人同意，不能将客人的房号告诉访客。

③ 如有只知道房号来打听客人姓名的情况，除了特殊情况外，应拒绝回答。

④ 有同名同姓客人时要掌握好同名同姓客人各自的具体情况，以免出错。

⑤ 注意客人要求保密的情况。

（2）酒店内部信息

关于酒店的内部信息，问询员应该做到以下几点。

① 对酒店内提供的服务项目、营业时间与收费标准要详细加以说明。

② 熟知每天有关特殊宴会、会议、展览会等预订事项。

③ 接收邮件，分类登记后转给客人及酒店各部门。

（3）酒店外部信息

问询员应掌握的酒店外部信息有以下几个方面。

① 酒店所在城市的主要旅游点及交通情况。

② 酒店所在城市的主要娱乐场所、商业区、商业机构、政府部门、大专院校及有关企业的位置和交通情况。

③ 近期有关大型商业、文艺、体育活动的基本情况。

④ 国内国际航班情况。

⑤ 酒店所在城市的主要风土人情、特产及习俗。

⑥ 其他相关信息，如每日的天气情况、金融汇率情况等。

2. 礼宾服务

（1）应接服务

① 迎送客人。迎宾员是代表酒店在大门口迎送客人的专门人员，是酒店的"门面"，代表着酒店的形象。因此，迎宾员必须服装整洁、仪表大方、精神饱满。

客人抵达时，迎宾员应主动相迎，拉开车门，热情招呼客人，表示欢迎来客。协助客人下车及卸下行李，提醒客人清点行李，并招呼前厅行李员，将客人引领入店。客人离店时，迎宾员应帮助召唤客人用车，协助行李员将客人的行李装上车，并请客人核对行李后再上车，向客人致意送别，并表示欢迎客人再次光临。对重点客人及常客的迎送工作，迎宾员应根据有关通知书做好各项准备，讲究服务规格。

② 指挥门前交通，确保回车道畅通。迎宾员应正确指挥酒店门前交通，引导和疏散车辆，保证大门前的交通畅通。

③ 维护酒店外围秩序，确保安全。迎宾员还负责维持酒店大门区域的秩序，谢绝可疑人物或衣冠不整者进入酒店，确保酒店安全。

④ 回答客人问询。在客人向迎宾员提出问询时，迎宾员应热情给予解答。

（2）行李服务

酒店的行李服务大致可分为行李搬运与行李存取两部分。

① 行李搬运服务。行李员应认真阅读分析由预订处与接待处送来的抵离店客人名单，掌握每日进出店的客流量，以便安排好人力。

散客行李搬运服务。客人进店时，行李员应向客人致意，表示欢迎，主动上前提携行李。在客人办理登记手续时，行李员应站立于客人身后帮助照看行李。在客人办妥入住手续后，将客人引领进房，同时将客人行李送入房间。行李员回到行李处时，应填写工作日记，写明服务时间、客人姓名、房间号码、行李件数并签名。

接到离店客人要求时，行李员应在指定时间提供服务，与客人共同清点行李件数，记录并请客人核实。装车后，向客人告别并迅速离开客房。当确认客人已办妥离店结账手续后，将客人行李装运上车，并提醒客人核对。

团队行李搬运服务。在接到团队接待通知后，应进一步确认团队客人各项信息，做好接待准备。当团队行李抵达时，行李员应做好行李件数的核对及签收工作。行李员将每件行李系上行李标签，根据分房表在行李签上标明房号，按楼层装运到行李推车上，尽快送到客房，并做好记录。

在团队离店前，行李处应确认该团队客人的房号、取运行李的时间，并做好分工。收集行李时，必须以团体为单位，避免出错。行李员在收集行李时，必须查看行李标签，验证团队名称和客人姓名，核实行李件数，按房号填写在记录表上。待行李集中后，应汇总行李记录表，进行核对及计算总数，并请装运行李的驾驶员或押运员复核签字。

② 行李寄存和提取服务。行李处还为客人提供行李、贵重物品以及衣帽寄存服务。客人寄存行李时，应将客人姓名、行李种类、件数、质地和寄存时间填入"行李寄存单"，然后在客人行李上系上带有编号的行李牌上联，将下联交给客人保存。应严格按照接收、领取、寄存行李的制度与手续进行，避免出现差错。易损易腐的物品、易爆易燃的危险品以及按规定不能寄存的物品不予保管。若客人行李寄存卡遗失，应要求查验客人的有效证件、签名，并请客人回忆所寄存行李的种类、

件数、质地及寄存时间等情况，经核对无误后请客人填写"寄存卡遗失声明"及"领取行李单"。

3. 总机服务

酒店电话服务的承担者为前厅部的总机房，其主要服务项目包括如下几个部分。

（1）转接电话

负责转接酒店内、市内及国内、国际长途电话。在转接电话时，接线员应坚持使用热情、礼貌、温和的服务语言，具备熟练的接转技能。同时，接线员还必须熟悉本酒店的情况，如酒店的组织结构、酒店主要负责人和部门经理的姓名、酒店内部电话号码、本地常用号码、酒店各部门职责范围与服务项目以及最新住客的资料等。

（2）电话问询及留言服务

接线员应随时回答客人的电话问询，如查找客人、会议、查询电话号码等方面的问询，并提供留言服务。因此，接线员须掌握的信息范围也与问询员基本相似。

另外，接线员还应注意以下两点。

① 如无法找到被访的客人，接线员不应立即回绝客人，而应与前台取得进一步联系。

② 总机房应设有记事板，并及时更新记事板上的信息，以便更准确地传递信息。

（3）叫醒服务

叫醒服务是巧妙地利用电话为客人服务的项目，一般有人工叫醒与自动叫醒两种方法。

① 人工叫醒。向客人提供人工叫醒的酒店总机房必须具备总机交换台、定时钟和叫醒登记表等。服务程序如下。

• 接受客人叫醒服务要求。
• 询问客人房号及叫醒时间。
• 填写叫醒记录表及在定时钟上定时。
• 当定时钟鸣响时，接通客房分机，叫醒客人。
• 核对叫醒记录表，并做记录。
• 如无应答，通知客房服务中心或大堂副理查清原因。

② 自动叫醒。自动叫醒服务与人工叫醒服务相比，更为精确，并且节省人力。其服务程序如下。

• 接受客人叫醒服务要求。
• 询问客人房号及叫醒时间。
• 填写叫醒记录表。
• 输入电脑或由夜班接线员输入电脑。
• 领班核对输入情况。
• 查看打印记录。
• 如无应答，采用人工叫醒的方法再叫醒一次，以确认设施是否发生故障。

• 如仍无人应答，通知客房服务中心及大堂副理查清原因。

③ DND服务（Do Not Disturb请勿打扰）。当住店客人不希望被干扰，要求总机提供阻止外来电话进入客房时，接线员应仔细询问客人要求免受干扰的时间及范围，同时还可以询问客人的客房是否也需要提供"请勿打扰"服务，并根据客人的要求，认真实施。

4. 商务中心服务

商务中心为商务客人提供各类商务所需的服务，例如，提供复印、打字、传真、长途电话以及互联网等商务服务；提供翻译（多种语言）、听写与会议记录、抄写及文件核对、代办邮件、会议室出租、文件整理及装订等服务；提供秘书、托运、信差、商业信息查询及安排会晤等服务。

5. 结账服务

账务处通常由酒店的财务部管理，但是它的工作地点设在前厅总台，与总台接待处、问询处等有着不可分割的联系，是总台的重要组成部分。其主要职责为负责为住店客人设立各自的账卡；接受各部门转来的客账资料；与酒店所有消费场所的收款员或服务员保持联系，催收核实账单，及时记录客人在住店期间的各种赊款；为客人兑换外币；为离店客人办理结账、收款或转账等事宜；夜间处理酒店的业务收益核算；编制营业日报，提供客人消费构成情报资料等。

6.3.4 前厅客账管理

前厅客账管理是一项十分细致复杂的工作，时间性与业务性都很强。前厅客账管理工作的好坏，直接关系到能否保证酒店的经济效益和准确反映酒店经营业务活动的状况，也反映了酒店的服务水平和经营管理效率。位于前厅的收银处，每天负责核算和整理各业务部门收银员送来的客人消费账单，为离店客人办理结账收款事宜，编制各种会计报表，以便及时反映酒店的营业活动情况。从业务性质来说，前厅收银处一般直接归属于酒店财务部，但由于它处在接待客人的第一线岗位，又需接受前厅部的指挥。

1. 客账记录

客账记录是前厅收银处的一项日常业务工作。为了避免工作中的差错，发生逃账漏账情况，前厅收银处的客账记录必须有一套完备的制度来保证，并依靠各业务部门的配合及财务部的审核监督。客账记录的方法和要求主要有如下几点。

（1）账户清楚

接待处给每位登记入住的客人设立一个账户，供收银处记录该客人在酒店居住期内的房租及其他各项花费（已用现金结算的费用除外）。它是编制各类营业报表的资料来源之一，也是客人离店时结算的依据。通常，酒店为零散客人设立个人账户，为团体客人设立团体账户。团体客人如有不愿接受综合服务费标准的限制，准备零点宴请用餐或其他消费时也要另立个人账户，但户头必须清楚、准确，切忌混渍不清，特别是姓名、房号必须与"住宿登记表"内容保持一致，账户要分类归档，取用方便。

（2）转账迅速

客人在酒店停留时间短，费用项目多，每位客人一系列的消费都在几天，甚至几小时内发生，这就要求转账迅速。各业务部门必须按规定时间将客人账单送到前厅收银处，防止跑账、漏账、错账发生，保证准时结账，准确无误。如采用电脑收银系统，只要收银员将账单输入收银机，前厅电脑就同时记下了客人当时的应付款项，能避免漏账，大大提高了工作效率。

（3）记账准确

前厅为客人建立客账后，即开始记录客人住店期间的一切费用。客人房租，采取依次累计的方法，每天结算一次，客人离店时，加上当日应付租金，即为客人应付的全部房租，一目了然。其他各项费用，如饮食、洗衣、长途电话、电报电传、理发、书报、租车等项目，除客人愿意在发生时以现金结算外，均可由客人签字认可后，由各有关部门将其转入前厅收银处，记入客人的账卡。这就要求将客人的姓名、房号、费用项目和金额、消费时间等记录清楚，和户头账户保持一致。

2. 客人结账

现代酒店一般采用"一次结账"的收款方式。所谓"一次结账"，指客人在酒店花费的全部费用在离店时一次结清。这样，既能给客人带来方便，又能够留下服务态度好、工作率高的良好印象。

客人的结账方式一般有三种：一是现金支付，这对酒店来说是最理想的，因为酒店收取现金后可立即使用；二是用信用卡支付，这种支付方式比较方便，同时酒店的应收款项也可得到保证；三是使用企业之间的记账单来支付酒店费用。

客人离店结账的基本程序如下。

（1）收银处夜班人员在下班前要将预定当天离店客人的账户抽出，检查应收款项，做好结账准备。

（2）客人离店要求结账时，收银员应面带微笑，问清客人房间号码，找出账卡，并重复客人的姓名，以防拿错。与此同时，收回客房钥匙。

（3）收银员要记得同时询问客人在不久前是否接受过要付费的服务，如结账前是否在餐厅用餐并检查这些消费是否已经登账，以避免漏账。

（4）向客人报告在酒店的消费总数，开出总账单。如果客人支付现金，则在账单上盖上"收讫"戳；如果客人使用信用卡，则按照酒店有关信用卡的使用规定和要求来处理。

（5）收银员要对客人表示谢意，并欢迎再次光临。征求客人对改进酒店服务工作的意见后，询问是否要为他们预订下次来的房间。客人离开账台时，祝愿他们旅途愉快，一路平安。

（6）结账后，收银员应将客人的登记卡、结账单等各种凭据存档，并通知各有关部门调整客人资料。归类存档，一方面是方便夜间审核，另一方面是为了一旦客人有什么差错要查询，可以提供证明材料，同时，也是为了做好酒店的客源市场分析。

3. 夜审及营业报表编制

在许多酒店中，收银处夜间工作人员除了上述业务，还要承担夜间审核和营业报表编制的工作。

（1）夜间审核

夜审工作是将从上个夜班核查以后所收到的账单及房租登记在客人账户上，并做好汇总和核查工作。

夜审工作人员管理和汇总的具体步骤如下。

- 检查是否所有营业部门的账单都已转来。
- 检查是否所有单据都登上账户。
- 将所有尚未登账的单据登上账户。
- 按部门将单据分类计算出各部门的收入总额。
- 累计现金表，检查收到现金和代付现金的总额。
- 检查是否所用现金表上的项目都已登录在账户上。
- 进行一切必要的纠正。
- 检查所有折让是否有领导的签字批准，以及是否登录在账户上。
- 将当日房租登记在账卡上。
- 将每个账卡的借方和贷方账目分别相加，算出当日的余数。
- 将当日余数记入下一日新开账页的"接上页"栏内。

在上述整理汇总的基础上，夜间人员要将账户上的信息按项目登录到有关的账册上去并算出总数。然后，做好下列检查工作。

① 检查每个营业部门的借方栏总数是否与相应的销售收入一致。

② 将现金收入栏和代付栏总数与现金表相比较，以确认两数相符。

③ 检查折让和回扣总数是否与有关单据上的总数相符。

④ 将开账余数栏的总和与上一天结账时的余数总和相比较。

在此基础上，夜审员还负责制作报表，做好客房收入统计、餐饮收入统计、综合服务收入统计以及全店收入审核统计。这种报表全面反映了酒店经济活动，是酒店的重要经济情报，应加以控制，并上报总经理室及转送其他相关部门，作为掌握和调整经营管理的重要依据。

（2）营业日报表的编制

营业日报表是全面反映本酒店当日营业情况的业务报表，一般由前厅收银处夜审员负责编制，其中一份于次日清晨送往酒店总经理办公室，以便酒店经理及时掌握营业情况。另一份送交财务部门作为核对营业收入的依据。

① 根据客房状况资料，以楼层为单位，统计客人数及其用房数、散客用房的营业收入；统计免费客房、内部用房、空房、待修房以及职工用房的数量；统计在店团体的用房数、人数及租金收入。由这些数据可以统计出当日出租的客房数、住店人数及客房营业收入。

② 统计当日离店客人数、用房数以及当日抵店客人数、客房数。

③ 与财务部的夜审人员核对当天的客房营业收入。核对散客租金收入、团体租金收入和当天房价变更的统计结果。

④ 计算当日客房出租率及当日的实际平均房价。

⑤ 将上述数据汇总计算并核对后填入"客房营业日报表"。

知识梳理

1. 前厅部的地位与任务

（1）前厅部是酒店的门面；（2）前厅部是酒店的销售窗口；（3）前厅部是酒店业务活动的中心。

2. 前厅部的主要功能

（1）销售客房；（2）控制客房状况；（3）提供对客服务；（4）协调对客服务；（5）信息收集、处理与传递；（6）负责客账管理；（7）建立客史档案。

3. 前厅管理的基本要求：创造气氛、服务到位、保证高效、卓越推销。

4. 前厅部的主要机构

（1）预订处（Reservation）；（2）接待处（Reception）；（3）问询处（Information）；（4）礼宾部（Concierge）；（5）电话总机（Telephone Switch Board）；（6）结账处（Cashier）；（7）商务中心（Business Center）；（8）大堂副理（Assistant Manager）。

5. 前厅部的常规管理

（1）预订业务的管理；（2）接待业务的管理；（3）前厅日常服务的管理；（4）前厅客账管理。

习题与技能训练

1. 前厅部作为酒店业务活动的中心，主要表现在哪些方面？

2. 前厅部的主要功能和基本要求是什么？

3. 画出某一中型酒店前厅部的组织结构图。

4. 预订有哪些种类？超额预订的处理方法有哪些？

5. 总机主要的服务项目有哪些？在服务过程中要注意哪些事项？

6. 简述客人离店结账的基本程序。

7. 在电话接听礼仪规范上要注意哪些方面？

8. 前厅日常接待英语口语训练。

项目 **7** 优质客房服务

■ 学习目标

■ 知识目标
1. 了解客房部的功能及组织结构。
2. 熟悉客房部的业务分工。
3. 掌握客房部的常规管理。

■ 技能目标
1. 能够按照规范在规定时间内完成中、西式铺床的程序。
2. 掌握对客服务的相关礼仪要求。

■ 案例目标
通过案例学习，让学生能够熟悉客房业务的规范和程序，树立良好的服务态度、服务意识，初步掌握客房服务的语言艺术和服务技巧。

■ 实训目标
通过实训，学生能够对客房的服务岗位、服务程序和规范有一定的了解，掌握对客服务的基本礼仪和服务操作技能。

■ 教学建议

1. 通过对客房部地位、作用的介绍，明确其作为酒店主要业务部门的重要性。
2. 教师对客房部的机构部门和服务项目进行详细讲解。
3. 通过多媒体、视频录像等形式，演示客房服务的操作和规范要求。
4. 教师将学生以轮换分组的形式进行客房服务中的敲门、中西式铺床等实战练习。

学习任务 ❶ 分析案例

【想一想，做一做】

地毯"黑洞"事件

客房服务人员小朱正在整理909房间，突然发现写字台边的地毯上有一个烟头，烟头虽已熄灭，但拿起烟头后赫然出现一个黑洞！于是对正在写字台边写材料的一位戴眼镜的中年顾客说道："先生，您的烟头把地毯烧了一个洞，按照我们宾馆的规定必须赔偿。"中年顾客扶了扶眼镜，看了一下地面，本能地用脚蹭了蹭地毯，地毯上的那个黑洞奇迹般地消失了，只留下一小块并不明显的疤痕。

"可以不赔吗？你看，地毯上看不出有烧焦的样子，再说我也不是故意的。"中年顾客一脸无奈地说。

"不行的，要是我的领班发现了，我要负责的。您要是不赔，我的工资是要被扣的。"服务员小朱苦着脸说。

客人见服务员一脸可怜相，心一时软了下来，问道："那要赔多少钱呢？"

"100元。"服务员小朱见有转机，立即大声报出赔偿数额。

中年顾客一听，皱了一下眉头说："这100元不是小数目，假如算在房费里，我回去也不好报销。"说完蹲下身，细细查看了一下留有疤痕的地毯。然后又扶了扶眼镜说："这样吧，把你的领班叫过来，由我向她把事情说清楚，就不关你的事了。"

"不行，领班要是见我把问题推给她，她会不高兴的，那样即使您赔了钱，我还是要受罚的。"服务员再三请求。

"那我就赔了算了！"戴眼镜的中年客人心有不甘地答应下来。

第二天，林总经理案头上摆着909房间客人留下的"密函"。信函中有这么一段话："……烟头落地是烟灰缸夹不住烟头所致，非我故意。虽然我也有疏忽，但问题并没有那么严重，而服务员缠着我非要我赔偿不可。我不怪服务员，我认为是贵宾馆的规定实在不合理，一点商量的余地都没有，让我不敢再住下去，所以今天我只好改住他店。给你留下这封信，是因为我感到你们其他各方面都很好，希望你们能改一改不合理的规定……"林总经理看完信函，陷入深思。

稍顷，林总把电话拨到总台，了解到909房间的客人姓彭，是来自上海的一位商务客，刚退房不久。林总立即下楼徒步走到离本宾馆不远的另一家酒店。他到总台一问，果然上海来的彭先生刚刚入住。总台服务员也认识林总，于是，将彭先生的房号告诉了他。

林总先是用电话向彭先生做自我介绍。见面后又是道歉，又是致谢，而且谦虚地听取了彭先生的意见。最后林总要求彭先生返回宾馆，而且给予VIP待遇。彭先生终被林总的诚挚和热情所感动，愉快地答应下来。

资料来源：http://www.wcgjhotel.com/news_view.asp? dsid=158id=258

想一想

1. 在本案例中服务员是否应向客人索赔？
2. 如何向客人索赔？在索赔时应注意些什么？

【**案例点评**】

1. 客人反映烟灰缸的夹槽夹不牢烟头，这是产品的不合格——只要客人使用的是酒店产品，没有安全保证的烟灰缸当然就是不合格产品，应当全面检查，对夹不住烟头的烟灰缸要全部换过。建议厂家生产的陶瓷烟灰缸其壁要厚些，夹槽开口适度且横截面无需上釉，保持粗糙即可。

2. 向客人索赔时要分清客人是有意破坏还是无意损坏，对两种情况做不同处理。对于有意破坏或恶意消费造成的损失，不论其价值高低，都要理直气壮请其赔偿，哪怕这类客人不高兴而不再成为本酒店客户；对造成酒店损失巨大的故意肇事者，若继续无理取闹，仍可能造成更大危害的，必要时可以求助"110"。而对于不是故意只因疏忽造成的损失，又应当再按其损失价值与消费额之比的比值大小区别对待：比值小的，可以不要求赔偿。比如一场婚宴消费额达1万多元，其中有两个杯子是因客人激动碰杯而破碎，折旧后充其量值10多元钱，当然无需请其赔偿。不过，客人买单时要告知此事并说经理批示准予免赔，让客人领下这份情。对于比值大的，按折旧后酌情赔偿，想必客人都会接受。本案彭先生既非故意，问题又不是很严重，而且客人还能指出是因为酒店烟灰缸缺陷所致，我想可以免赔，这样处理合理也合情，客人很有可能因为酒店的这种风度而成为酒店的忠诚客户。

3. 不能对服务员做出类似本案的不合理规定。服务员发现客人造成的损坏并非故意而且后果也不严重时，应允许服务员"放过"客人，事后报告，领班确认了事（通常酒店都有规定允许自然损耗率）。服务员没有把握处理的，同样允许服务员向领班或大堂副理请示帮助其解决问题。当然，处理索赔事件时有时因客人复杂或事件本身客观因素较多而感到棘手。为了提高索赔的效率和效果，酒店应将处置权力逐级下放，允许基层管理人员在符合大原则的前提下有较大的处理灵活性。

4. 关于索赔处理的原则和方法应当以文字形式形成制度，并列入培训内容专门讲授，使得上下认识一致，有章可循、有规可鉴，做到既不得罪客人，又能很好地维护酒店利益。

学习任务 ❷ 训练西式铺床技能

【想一想，做一做】

客房西式做床程序标准

1. 将床垫拉到容易整理的位置：屈膝下蹲，用手将床架连床垫慢慢拉出。

2. 将床垫拉正放平，同时注意垫单的卫生情况。

3. 将第一张床单铺在床垫上：

（1）使床单的正面向上，中折线居床的正中位置；

（2）均匀留出四边使之能包住床垫。

4. 将床垫推回原处：

用腿部将床缓缓推进床头板下。

5. 将第二张床单铺在床上：

（1）将正面向下，中折线要与第一张床单重叠；

（2）床单上端与床头对齐。

6. 将毛毯铺在床垫上：

（1）毛毯的商标须在床尾右下角；

（2）毛毯的上端应距床头30厘米。

7. 将床单与毛毯下垂部分掖入床垫，并包好角：

（1）将长出毛毯30厘米的床单，沿毛毯反折做被头；

（2）两侧下垂部分掖入床垫后再将尾部下垂部分掖入床垫，并包好角。

8. 放床罩

（1）将折叠好的床罩放在床尾位置，注意两角对齐；

（2）床罩下摆不要着地；

（3）将多余的床罩反折后在床头定位。

9. 装枕芯

将枕芯装入枕套：两手抓住袋口，边提边抖动，使枕芯全部进入枕袋里面；将超出枕芯部分的枕袋掖进枕芯里，把袋口封好；套好的枕头必须四角饱满、平整，且枕芯不外露。注意枕套的美观。

10. 放枕头

（1）将枕头放在床头的正中；

（2）单人床（房间一张大床），将枕套口反向于床头柜，两个枕头重叠摆放；双人床，将枕套口的方向相对；

（3）房间放有两张单人床时，也要将两床枕套口反向于床头柜。

11. 整理床罩

（1）床罩顶端与枕头平齐，多余部分压在枕头下面；

（2）将两个枕头分隔成上下两层；

（3）再看一遍床铺得是否整齐美观。

资料来源：http://www.hbkjxy.cn/kjgx//vyou/New S_view.asp? NewsID=37

实战要点

1. 拉床：站立在离床尾30厘米处，两脚前后交叉一足距离，屈膝下蹲并重心前倾，用双手握紧床尾部，将床屉连同床垫同时慢慢拉出，最后使床身离开床头板50厘米。

2. 摆正床垫：将床垫与床垫边角对齐，根据床垫四周所标明的字样，定期将床垫翻转，使其受力均匀。

3. 整理棉褥：用手把棉褥理顺拉平，发现污损及时更换。

4. 铺第一条床单

（1）抖单：站在床尾中间位置或床侧中间位置，折叠的床单正朝上，纵向打开，两手分开，用拇指和食指捏住第一层，其他三指托住后三层，将床单朝前方抖开，使床单头部抛向床头；

（2）抖开后要使床单中线居中，向两侧的对折线与床垫边沿同等距离；

（3）定位：抖单同时瞄准方向和距离，有褶皱的卷边要稍加整理，定位前可将床单的头部先包进；

（4）包角：掀起床垫尾部将床单塞入夹缝，右手将左面的床单捏起呈45度角，左手将角部分的床单向内推入，然后右手放下床单折成直角，左手将垂下的床单全部塞入夹缝，按对称手法将其他角依顺时针或逆时针顺次包好。

5. 铺第二条床单

（1）抖单方法同前；

（2）抖单后使床单中线居中，中折线与第一条床单对称，三面均匀；

（3）床单头部与床头板对齐。

6. 铺毛毯

（1）手持毛毯尾部，将毛毯尾部前部抛向床头。轻轻后提毛毯，至毛毯前部与床头距离35厘米处放下毛毯；

（2）毛毯平铺且商标朝外在床尾下方，毛毯中线与床单中线对齐；

（3）包角：用双手将毛毯尾部连同第二条床单下垂部分填入床屉和床垫的夹缝中，床尾两角包成直角；

（4）包边：将第二条床单由床头部向上反卷包含毛毯头，将床两侧垂下毛毯同

第二条床单一起填入床屉与床垫间的夹缝。

7. 套枕袋

（1）把枕芯横放在床面上，左手抖开枕袋平铺床上，张开袋口，用右手提住枕芯的两个前角，从枕袋开口处送入直至袋端，然后将枕芯两角推至两角端部；

（2）用两手提起枕袋口轻轻抖动，使枕芯自动滑落，装好的枕芯要把枕袋四角冲齐。

8. 放置枕头

（1）将套好的枕头放置床的正中，单人床（房间1张床）将枕袋口反向于床头柜，两个枕头各保持20厘米厚度重叠摆放，距离床头1厘米；

（2）双人床放枕头时，将四个枕头两个一组重叠，枕套口方向相对，当房间有两张单人床时，也要将两床枕套口反向于床头柜，摆放枕头要求一致；

（3）枕头放好后要进行整形，轻推枕面，使四角饱满挺实，注意不要在枕面留下手痕。

9. 盖床罩

（1）把折好的床罩放在床中央横向打开；

（2）双手把床罩尾部拉至床尾下离地成5厘米处，扣准床尾两角，将床罩头部抛向床头，使床罩平铺床上；

（3）抛床罩时要注意以腿顶住垂下的床罩，床罩下摆不要着地，站在床头位置将床罩置于枕头上边，下垂10厘米，将床罩靠下部分均匀地填入上下枕头缝中；

（4）整理床罩头部，使其处于枕头上的床罩平整，两侧呈流线型自然由枕头边垂至床侧。

10. 将床推回原位

将床身缓缓推回原来的位置，最后再将做完的床再查看一次，对不够整齐、造型不够美观的床面，尤其是床头部分用手稍加整理。

实 战 演 练

1. 学生8人一个小组，由教师进行示范并讲解操作要点，然后每名学生轮流进行操作。

2. 对不正确的操作进行示范和纠正。

3. 课堂训练以16课时为基础，课后加强练习，最终达到3分钟内完成铺床规范操作。

4. 对训练效果进行考核，从操作动作规范、质量和时间上进行评分考核，作为技能考核训练成绩。

学习任务 ❸ 训练中式铺床技能

【想一想，做一做】

中式做床工作流程

1. 拉床：为了方便操作，将床拉出约60厘米。注意床垫的翻转，做好标记（每季调换一次）使床垫受力均匀，床垫与床座保持一致。若防滑垫污染要及时更换。

2. 撤下客人使用过的床单、枕套及被罩，撤换单子时要一层一层撤，以防止客人物品被裹带出来。将撤下的被芯、枕芯放在行李架上。

3. 将客人用过的棉织品，放入工作车的布巾收集袋内，取回所需的新床单、枕套、被罩和毛巾。在更换棉织品时，注意检查棉织品有无破损。

4. 铺单：铺床时应将折叠的床单正面向上（骨缝朝上），使床单的中线不偏离床垫的中心线，床两侧面垂下的部分相等，并将床单四个角分别以90度角，塞入床屉与床垫中。注意包角方向一致、角度相同、紧密适度和不漏巾角。

5. 套被罩：

（1）将被芯平铺在床上；

（2）将被罩外翻，把里层翻出；

（3）使被罩里层的床头部分与被芯的床头部分固定；

（4）两手伸进被罩里，紧握住被芯床头的两角，向外翻转，用力抖动，使被芯完全展开，被罩四角饱满；

（5）将被罩开口处封好；

（6）调整棉被位置，使棉被床头部分与床垫床头部分齐平，棉被的中心线位于床垫中心线；

（7）将棉被床头部分翻折25~30厘米。（注意：使整个床面平整、美观）

6. 套枕套：将枕芯装入枕套，使枕套四角饱满，外型平整、拍松。两只枕头并列斜靠在床板的中间，与床形成45度斜角。

7. 推床：将铺好的床向前推进，与床头板吻合，注意铺床的整体效果。

实战要点和实战演练与西式铺床大体相同。

资料来源：http://www.canyin168.com/glyy/kfgl/kflc/201004/20799.html

学习任务❹ 掌握常用设备的使用与维护

实战要点

1. 通过本模块的培训，使学生能够了解客房常用设备的种类与用途，掌握客房常用设备的正确使用与维护方法。

2. 培训的主要内容为电器设备、清洁设备、安全设备的使用与保养知识及操作技能实训，如电视机的调试、家具的保养、吸尘器的保养、房口车的整理和干粉灭火器的使用方法等。

实战演练

1. 除一般常规课堂教学方式外，部分培训内容可利用多媒体教学工具，通过直观的教学方法，达到加深学生的印象、提高学习效率的教学目的。

2. 技能实训：本模块建议可开展电视机的调试、家具的保养、吸尘器的保养、房口车的整理、常用清洁用具的正常使用、灭火器的使用方法的实训项目，一名实训老师可以带教16名学生。

学习任务❺ 思考酒店行规变化

【想一想，做一做】

2009年8月全国旅游酒店业行规已进行修改，"12点退房"的行规正式"寿终正寝"。一直以来，这一行规被指为排除竞争、破坏旅游酒店业竞争秩序、损害消费者权益的规定。国家发改委和北京市发改委对此问题高度关注，最终促成了这一行规的修改。

更换的条款未对收费时间点做明确限制，仅要求明示。

该行规此前被北京市消费者协会点评为排除竞争、损害消费者权益的规则。而制定行规的行业协会一度称其为"国际惯例"，不可更改。但是，目前中国旅游酒店业协会最新公布的《中国旅游酒店行业规范》（中国旅游酒店业协会2009年8月修订版）中，已经删去了"12点退房，超过12点加收半天房费，超过18点加收1天房费"的规定。

取而代之的第三章第十条为："酒店应在前厅显著位置明示客房价格和住宿时间结算方法，或者确认已将上述信息用适当方式告知客人。"

想一想

1. 这一行规的修订给酒店宾馆带来什么样的变化？
2. 酒店应该如何适应这种新规定？

 知识储备

7.1 客房部的功能及组织结构

客房部也可称为管家部，主要负责酒店客房产品的生产。客房部在酒店中具有非常重要的地位和作用，同时也有不同于其他部门的业务特点。

7.1.1 客房部的地位和作用

1. 客房是酒店的基本设施，是酒店存在的基础

向客人提供食宿是酒店的基本功能，而客房是客人旅游投宿的物质承担者，是住店客人购买的最大、最主要的产品。所以，酒店的客房是酒店存在的基础，没有了客房，酒店也就不复存在了。我国酒店客房的建筑面积一般占总体建筑面积的60%~70%左右，在酒店投资上，客房的土建、内外装修与设备购置也占据了相当大的比重。

2. 客房收入是酒店营业收入的主要来源

客房是酒店最主要的商品之一，客房部是酒店的主要创利部门，销售收入十分可观，一般要占酒店全部营业收入的40%~60%。客房虽然在初建时投资大，但耐用性强、纯利高。客房部的有效管理及其他部门的有效支持将增强酒店活力，提高企业收益。同时，通过客房的销售、大量客人的入住，也给其他部门带来了盈利的机会。

3. 客房部的服务与管理水平是提高酒店声誉的重要条件

客房部是酒店管家部门，客人在酒店居留期间，客房是其停留时间最长的场所，而且酒店的公共区域卫生工作一般也由客房部承担，对客人的影响较大。所以，客房的设施等级以及客房部的服务管理水平往往成为客人评价酒店的主要因素，代表着酒店的质量水平。不仅如此，客房中一般还担负着整个酒店布件的洗涤、整烫、保管、发放的重任，对酒店其他部门的正常运转给予了不可缺少的支持。

4. 客房部是酒店降低物质消耗和节约成本的重要部门

客房商品的生产成本在整个酒店成本中占据较大比重，例如，能源（水、电）消耗及低值易耗品、各类物料用品等，日常消耗较大。客房部是否重视开源节流，能否加强成本管理、建立部门经济责任制及原始记录考核制度，对整个酒店是否能降低成本消耗，获得良好收益会起关键作用。

5. 客房部担负着管理酒店固定资产的重任

在酒店企业，固定资产占总资产的80％~90％，包括建筑物、设备设施、家具和物品配备等。其中，在客房部管辖范围内的固定资产占了大多数。对整个酒店客房楼层部分、公共部分设施设备的日常保养及维护工作是客房部的重要工作任务。客房部的任务是管理好这些资产，或直接进行维修保养，或及时督促、协助有关部门进行维修，尽可能延长资产的保值期。

7.1.2 客房部的业务特点

1. 以时间为单位出售客房使用权，提供服务

客房商品的销售属于以无形的时间为单位的商品销售形态，与其他商品最大的区别在于只出售使用权，但商品的所有权不发生转移。客房部员工一方面应尊重客人对客房的使用权，向客人提供各类客房服务，另一方面，也应保护酒店对客房的所有权，做好客房设备设施、物质用品的保管和维护工作。

客房商品是以时间为单位出售的，所以其价值实现的机会如果一旦在规定的时间内丧失，就意味着其价值将永远失去，因而酒店的客房被称为是世界上最易消失价值的三样商品之一。客房部应确定科学的客房清扫程序，加速客房的周转，及时为前厅销售提供合格的产品。

2. 随机性强

客人入住酒店，大部门时间在客房度过，客房是客人休息、工作、会客、娱乐、存放行李物品及清理个人卫生的场所。不同客人的身份地位不同、生活习惯相异、文化修养与个人爱好也各有差异，所以对客房服务的要求也是多方面的，这就使客房部业务具有很强的随机性和差异性。

除了客人的要求具有随机性和差异性外，客房部业务的本身也具有随机性。客房部的管辖范围较广，除了客房的业务以外一般还负责PA（公共区域Public Area）清洁、绿化以及布件洗涤、发放等工作。而且客房的卫生与服务工作也比较琐碎，从客房的整理、物品补充、查房、设施设备的日常维修保养到各项客房服务，都具有很强的随机性。

3. 私密性与安全性要求高

客房是客人在酒店的私人领域，客房业务对私密性与安全性的要求很高。服务人员未经客人同意不能随意进入客房，要做到尽量少打扰客人，而且服务人员在客房内不能随意移位、翻看客人物品，应尊重客人的隐私权。

安全是客人进行旅游活动的前提条件，是客人最基本的需求。作为客人在旅途中的投宿场所，每一个酒店都必须确保客房安全，为客人提供一个安全舒适的私密空间。

7.1.3 客房管理的基本要求

1. 热情服务、宾至如归

（1）给客人创造一个安静的环境，使客人得到很好的休息。如果酒店噪音很大，

客人休息不好，就会影响客人的情绪。一般来说，客房的噪音或对客人的干扰主要有以下四个方面：一是环境噪音，因酒店客房的隔音措施不佳所引起的干扰；二是服务工作不当所引起的干扰，如服务员进房时机不当等；三是客房设备不良所产生的噪音等；四是客人之间的互相干扰，如深夜电视机音量过大，在房间内大声说笑等。所以，要使客人有一个安静的休息环境，就必须注意有效的隔音措施，制定科学的客房服务规程，并加强对客人的有效控制，以尽可能地减少噪音和各种干扰。

（2）必须给客人以"家庭温暖"。一个人离开了熟悉的环境，来到一个人地两生、举目无亲的地方，孤独感就会油然而生。此时，最能令客人满意的，莫过于热情的服务。尤其在客人身体不适和不顺心的时候，更是如此。所以，客房的服务项目必须齐全配套，各种服务必须迅速及时，服务人员的态度必须主动热情、亲切礼貌，从而给客人一种温馨的氛围。

（3）酒店客房的布局和装修要尽可能营造一种温馨家庭的情调。

2. 舒适美观、安全清洁

作为舒适的客房，必须具备五个基本条件：一是空间充足，布局合理；二是设施完善，装饰精致；三是保养完好，运转正常；四是用品齐全，项目配套；五是清洁卫生，安全可靠。要达到这些要求，酒店客房管理就必须抓好以下几个环节。

（1）房间形体的控制

房间形体，这里主要是指客房的空间及布局的问题，客房是客人在酒店逗留期内的生活场所，因此，客房必须具有足够的空间和合理的布局，以满足客人的需要。随着人民生活水平的提高和家庭条件的改善，客房空间有增大的趋势。

（2）客房设施质量的控制

客房设施质量是客房服务质量的物质基础。它主要体现在以下四个方面：一是客房的装修质量；二是客房设备的齐全程度；三是客房设备的等级；四是客房设备的完好程度。由此可见，客房设施的质量控制，必须抓好以下三个基本环节：一是客房设备设施必须与酒店的档次相适应，高档次的设备应显示名贵豪华；中档次的酒店设备则要求美观、舒适、方便和安全；经济类饭店则应力求实用、方便、经济和安全。作为客房设备的配备，必须具有定量要求和定性标准，同时还要注意美观、方便以及便于服务员清洁和工程人员的维修；二是客房装修必须精致、典雅，给人一种舒适宜人、高雅美观的感觉；三是必须加强客房设备的维修保养，保证各种设备处于完好状态。

（3）客房用品控制

为了给客人创造一个舒适、方便的生活环境，客房质量的控制还必须给客房配置合乎规格的客房用品。客房用品包括客房供应品和客房备用品两种。客房供应品，亦称客房消耗品，是指供客人一次性使用或用作馈赠客人的用品，如肥皂、牙具、明信片和针线包等。客房备用品是指可供多批客人使用、客人不能带走的用品，如布件、烟缸等。对客房用品的控制，主要是数量、质量和摆放规格的控制。

客房用品的数量一般视酒店的等级而定，应体现"物有所值"的原则。因此，应对标准间、普通套房、总统套房分别配置不同数量和品种的用品，客房用品的质量必须符合客房的档次。客房用品的选择，必须注重用品的质量、规格，做到既精致、美观，又适度、实用。客房用品的摆放必须根据美观、方便的原则，规定各类用品的摆放位置，既要有定性要求，也要有定量要求。

（4）客房清洁服务质量的控制

客房的清扫服务，是保持客房整洁、设施完好的重要环节。控制客房的清扫质量，关键是必须建立科学的客房清扫规程，制定严格的岗位规范，培养服务员良好的职业道德和职业规范，并落实客房的各级检查制度。

（5）周转迅速

客房作为一种特殊商品，具有不可贮存的特点。比如手表、电视机的价值就凝结在物品上，只要这种物品存在，其价值一般是不会消失的。而客房的价值则不凝结在具体物品上，其价值实现是在客人的使用过程中，若在规定的时间内不能出租，当天的价值就会消失。所以客房管理必须及时了解住房信息，根据酒店的业务情况，科学制订维修计划，合理安排接待计划，确定科学的客房清扫程序，加速客房周转，避免客房价值的无谓损失，从而使客房利用率达到一个理想的水平。

（6）消耗合理

由于酒店客房商品享受因素比重大，各种物质用品花色品种多，需求量大，而物质用品和各项费用开支的合理程度，则直接影响客房的经济效益。因此，客房管理必须在保证客房规格和满足客人需要的前提下使各项费用支出达到最低限度。对客房消耗的控制，主要应抓好以下几个环节。

① 加强费用开支的预算。要有效控制客房的成本，就必须首先确定控制的标准。酒店必须根据业务量的大小，制定合理的消耗定额，并在此基础上，制定费用支出的预算。

② 完善各项制度。要控制支出，客房部应建立和完善有关制度中物品的领用、报损、支出的审批、核算等环节，以减少各种不必要的开支。从酒店的实际情况看，客房的费用中，消耗用品的费用占较大比重，但伸缩性很大。由于涉及的品种多，使用的频率高，数量大，遗漏的环节多，所以要特别注意控制。

③ 提倡勤俭节约。要加强对员工勤俭节约的教育，做好废物利用、旧物翻新工作，减少"长明灯"、"长流水"，并且要树立全员维修的观念，及时做好小修、小补工作，尽量减少维修费用。

7.1.4　客房部的组织结构

近年来，客房部的组织结构经历了一些变化。随着国外隐蔽式服务的出现，酒店客房部从先前的楼层服务台模式向客房服务中心模式转换。但楼层服务台的撤销又使一些酒店感到不便，所以又出现了一些将楼层服务与客房服务中心组合在一起的服务模式，从而客房部的组织结构也各有不同。

1. 设立楼层服务台的客房部组织机构图（如图7-1所示）

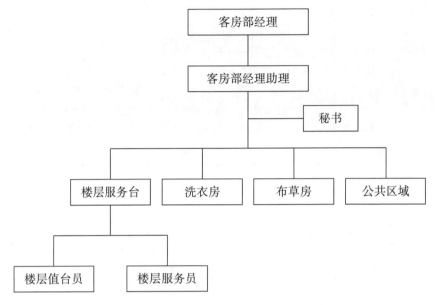

图7-1　设立楼层服务台的客房部组织机构图示例

2. 设立客房服务中心的客房部组织机构图（如图7-2所示）

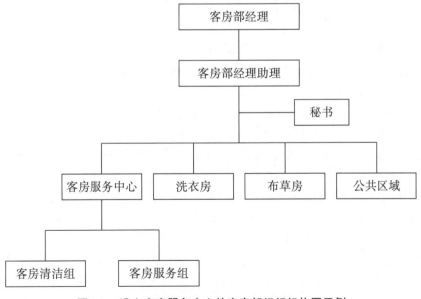

图7-2　设立客房服务中心的客房部组织机构图示例

3. 设立客房服务中心又保留楼层服务台的客房组织机构图（如图7-3所示）

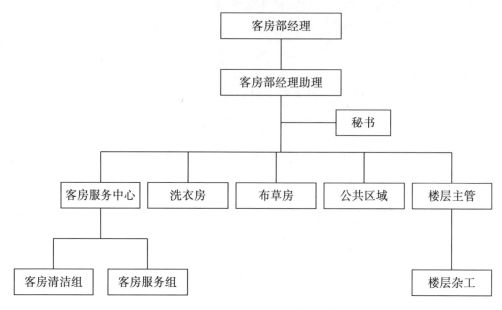

图7-3　设立客房服务中心又保留楼层服务台组织机构图示例

7.2　客房部的业务分工

客房部的业务分工由于各酒店的规模、档次及业务范围不同而各有区别，主要包括客房服务中心、布草房、洗衣房和公共区域卫生等内容。

7.2.1　客房服务中心

客房服务中心的主要任务是接受客人服务的要求，负责统一安排、调度对客服务以及负责与其他部门的联络协调工作，是客房部的信息接收、传递和处理中心。其工作内容包括如下几个部分。

1. 接受客人服务要求，统一调度对客服务。客房服务中心必须实行24小时值班制，随时接受客人提出的各类合理要求，并立即通知有关楼层服务员，为客人提供相关服务。客房服务中心还负责为客人租借物品，承担为贵宾（VIP）客人准备礼仪物品的责任。

2. 管理楼层万能钥匙，安排清洁组对客房进行打扫。用于清洁整理客房的楼层万能钥匙由客房服务中心负责统一签发、签收及保管。每日通报各楼层的客房状态，便于清洁组领班安排每个楼层的客房清扫顺序及清扫人员。

3. 接受客人投诉，及时通知有关部门人员进行处理和听取客人的反馈意见。

4. 与前厅部保持及时、直接的信息联系。客房部与前厅部的联系必须准确，客房中心与前厅接待处应保持及时、定时的紧密联系。随时通报客房最新情况、核对房态并传递客人信息。

5. 负责与布草房、洗衣房进行布草、客衣的交接工作。客房服务中心负责汇总每日需要洗涤的客衣与布草，做好登记工作，并与洗衣房、布草房进行客衣与布件的交接。

6. 负责向工程部递交维修单，并检查维修情况。

7. 协调与酒店其他部门的关系，共同做好对客服务。

客房服务中心是客房部的信息接收、传递和处理中心，每天的值班员工应认真填写当班记录。

7.2.2 洗衣房

洗衣房主要担负洗涤整烫布草、员工制服和洗送客衣等工作，其管理水平、洗涤质量和工作效率的高低，不仅直接影响整个酒店的经营活动与成本损耗，也影响客人对酒店服务质量的评价。具体工作内容包括以下几个方面。

1. 负责酒店棉织品的洗涤，例如，客房棉织品（床单、枕套、床罩、毛巾、浴巾等）和餐厅棉织品（桌布、餐巾、小毛巾等），并进行整烫。

2. 负责酒店员工制服的洗涤、整烫。

3. 负责清点酒店全体员工的制服，分类进行洗涤、修补及整烫。

4. 负责客衣收取、洗涤和发放，当接到客房服务中心电话后，洗衣房员工要迅速收取客衣，并进行仔细检查，在所收衣物上打码编号。根据客衣不同的洗涤要求进行洗涤，如有需要对客衣进行高标准织补或整烫。在装袋前仔细检查质量、核对件数，并及时送往客房服务中心签收。

5. 负责洗衣房设施设备的日常保养。

7.2.3 布草房

布草房负责酒店所有布草、制服洗涤后的交换、发送业务。具体包括以下几个方面的工作。

1. 酒店客房、餐饮部布草的收发分类。

2. 对客房及餐厅布草的定期盘点。

3. 负责全店员工制服的储存、修补和交换。

4. 定期配备、更新布草和制服，保证制服和布草的及时供应。

5. 与洗衣房协调，搞好制服和布草的送洗、清点和验收工作。

7.2.4 公共区域卫生部

凡是酒店内公众共同享有的活动区域通称为公共区域。它面对的不仅是住店客人，还有很多前来访客、开会、用餐、购物、娱乐的人。酒店公共区域是否整洁也是来判断酒店水平的依据。所以公共区域面临的评判者比客房区域更为广泛，其清洁保养工作质量的优劣，将会给酒店带来极大的影响。公共区域卫生部的业务范围包括以下几个方面。

1. 负责酒店室内外公共区域的卫生工作。

2. 负责酒店所有下水道、排水、排污等管道系统、沟渠和河井等的清疏工作。

3. 负责酒店卫生防疫、喷杀"六害"的工作。

4. 负责酒店的绿化花卉护理工作。

7.3 客房部的常规管理

客房部的常规管理内容有客房清洁卫生管理、客房服务管理、公共区域管理、布草及洗衣房管理、客房安全管理和客房设备物品管理等方面。

7.3.1 客房清洁卫生管理

根据酒店机构进行的市场研究表明，促使旅游者选择酒店的诸要素中，清洁卫生居于第一位，其得分率高达63％。因此，客房的清洁卫生工作是客房部最基本的工作内容之一。

1. 客房日常清洁控制

（1）客房清扫的顺序规定

客房清洁人员在每天开始客房清扫前，应根据开房的急缓先后、客人情况或总台、领班的指示决定客房清扫的顺序。一般情况下，客房的清扫顺序为以下几步：

① 挂有MUR（Make Up Room）指示的房间，即请速打扫房间；② 总台或领班指示打扫的房间；③ 走客房；④ 普通住客房；⑤ 如果客房出租率不高，为了给住店客人创造一个整洁的休息环境，也可把走客房放在最后打扫。

另外，VIP客房一般采取专人打扫与三进房制或随进随出制，长住房则采取与客人协调，按双方约定时间定时打扫的方法。

（2）客房清扫的准备工作

清洁员应明确客房清扫的准备工作程序：① 签领客房钥匙；② 了解当天房态；③ 决定清扫顺序；④ 准备房务工作车及清洁用品、器具与各类客用品；⑤ 准备吸尘器；⑥ 检查着装。

（3）走客房清扫的注意事项

① 清洁员接到通知后，迅速来到客房。

② 对客房进行检查，检查要点为客人有无遗留物品、房间的设备与家具、物品有无损坏及丢失、客房的小酒吧（Mini Bar）与饮料消耗情况。如有以上情况，应立即通知前台及领班，并进行登记。

③ 对卫生间各个部位进行严格的洗涤消毒。

④ 清扫合格后，立即通知总台，通报OK房。

（4）住客房的清扫注意事项

① 客人在房间时，应经客人同意再进房清扫。

② 不得翻看客人物品与文件。

③ 不得自行处理客人物品。

④ 不得接听客房电话。

⑤ 房间清扫完毕后不得无故停留。

2. 制定客房日常清洁检查的程序和标准

客房的清洁卫生质量与酒店的清洁标准、检查制度的制定密切相关，同时这些标准的贯彻执行也非常关键。

（1）客房清洁标准

① 视觉标准。它是指客人和员工、管理者凭借视觉或嗅觉能感受到的标准，但由于个体的感受不同，标准只是停留在表面上。

② 生化标准。它是由专业防疫人员进行专业仪器采样与检测的标准，所包含的内容有洗涤消毒标准、空气卫生质量标准、微小气候质量标准、采光照明质量标准及其环境噪声允许值标准等。生化标准是客房清洁卫生质量更深层次的衡量标准。

（2）客房清洁检查制度

① 清洁员自查。客房清洁员每清扫一间房间，应对客房的清洁卫生质量及物品的摆放、设备家具的完好程度进行第一轮的检查。酒店应注意培养服务员的自我检查能力，尽量将工作失误消灭在第一时间。清洁员自查可以加强员工的责任心与检查意识，提高员工的业务素质，提高客房卫生的合格率。

② 领班普查。领班负责OK房的通报，所以领班的检查常常是最后一轮检查，是客房清洁质量控制的关键。领班应加强监督检查，对服务员的漏项与失误要视情况进行弥补，或立即填写返工单，令其返工。

③ 楼面主管抽查。楼面主管是客房清洁卫生工作的主要指挥者，加强服务现场的督导和检查，是楼面主管的主要职责。楼面主管对客房的抽查数量一般为领班数量的15％~20％，抽查的重点为领班检查过的房间、VIP房、OK房、住客房、维修房等。

④ 部门经理抽查。客房部经理对客房卫生的抽查，便于掌握员工的工作状况，对改进管理方法、修订工作标准具有十分重要的意义。部门经理的检查不定期、不定时，但是要求更加严格，检查重点是房间清洁整理的总体效果与服务员工作的整体水平。

⑤ 总经理抽查。总经理对客房的检查方式也是不定期、不定时，除亲自检查外，也会派值班经理或大堂副理进行检查，以获得客房部的服务质量信息与管理水平信息。

⑥ 定期检查。酒店也会采取一些定期的有计划的公开检查，目的是制造声势，创造气氛，推动员工的工作积极性。

⑦ 其他检查。客房检查还有一些其他方式，即在客房设置客人意见表、拜访住店客人或邀请一些专家、同行进行检查。这类检查由于角度不同，能发现一些酒

店自身不易觉察的问题，有利于提高酒店的质量水平。

3. 常用质量控制表单

"客房清洁报表"是清洁员对客房清洁、整理时随身携带并做记录的工作报表，所含内容有房号、房态、进房时间、离房时间、撤换物品、添置物品、客房设备或物品损坏情况、Mini Bar（迷你吧）及饮料食品消耗情况、备注等。

"领班查房表"是领班查房的工作凭证及员工工作考核的依据，所含内容有房号、房态、检查时间、卫生情况、用品情况、设备情况和清洁员签名等。

"客房返工单"是由领班查房后开具的不合格客房的返工单，返工单中将检查不合格的较大漏项列出或圈出，交清洁员进行补做。

"综合查房表"是供客房部经理检查客房以及会同工程部经理做定期的全面检查客房状况时使用。

4. 客房计划清洁控制

客房的计划清洁是指在日常整理客房清洁卫生的基础上，拟订周期性的清洁计划，采取定期循环的方式，清洁客房中平时不易做到或无法彻底清理的项目。例如，地板打蜡、地毯吸尘、擦窗、家具除尘及打蜡、清扫墙面和卫生间清洁消毒等。

（1）制订计划

① 每日计划清洁。每日计划清洁是指在完成日常的清扫整理工作外，每日都计划性的对客房某一领域或部位进行彻底地清理。以下为某酒店客房部每日计划清洁的安排。如表7-4所示。

表7-4　客房部每日计划清洁安排

日期	周一	周二	周三	周四	周五	周六	周日
计划清洁内容	地板打蜡	窗户清洁	家具除尘	清扫墙面	洁具金属零件擦洗	浴帘清洗	空调出风口清洁

② 季节性及年度性计划清洁。季节性及年度性的计划清洁范围较大，不仅包括客房家具，还包括各项设备及床上用品。由于目标较大，时间较长，所以季节性与年度性的计划清洁一般在淡季进行，而且必须与前厅部、工程部密切合作，以便对某一楼层实行封房，由维修人员进行设备检查与维修。

（2）落实计划及进行检查工作

客房部拟订计划后，应作好计划清洁的落实与检查工作。一般由领班负责督促清洁员完成当天的计划卫生任务，并进行检查。

（3）安排清洁用品

进行计划清洁需要一定的清洁设备及用品，所以事先安排好清洁用品非常重要，否则可能导致浪费清洁剂及降低清洁保养效果。

（4）客房消毒控制

① 客房卧室。客房卧室应定期进行预防性消毒，消毒方法包括每日的通风换

气、室外日光消毒、室内采光消毒以及每星期一次的紫外线或其他化学消毒剂消灭病菌和虫害，防止病菌传播。

② 卫生间。卫生间的设备用具容易污染病菌，因此卫生间的消毒工作尤其重要，必须做到天天彻底打扫、定期消毒。

③ 茶水具与酒具。茶水具与酒具也是传播疾病的渠道，楼层应配备消毒设备与用具，进行杯具消毒。每天住客房、走客房的杯具都必须撤换，统一送到杯具洗涤室进行洗涤消毒。

④ 客房清洁员。客房清洁员自身的消毒工作也非常重要。清洁卫生间时，应戴胶皮手套进行操作；上下班更换工作制服，保持制服的洁净；定期检查身体，防止疾病感染。

7.3.2　客房服务管理

客房服务是酒店服务的重要组成部分，也是构成完整的酒店客房产品的要素，在很大程度上体现了酒店的整体服务水平。

1. 常规服务种类及要点

（1）迎客服务

迎宾服务是客房部对客服务的首要环节，其服务要点为以下几个部分。

① 了解客情。客房服务中心接到前厅部"客情通知单"及"特殊服务通知单"后，应尽可能详细了解来客的各种基本情况，掌握来客的宗教信仰、风俗习惯、生活特点、身份职业以及接待规格，制订接待计划，安排接待准备工作。

② 客房布置。按照客人情况与接待规格进行客房布置，蓄好冷、热饮用水，调节好室温，并进行检查。如果客人预计到店时间较晚（20时以后），则应提前将夜床做好。

③ 迎客。服务人员根据客人类别和酒店的服务规程，决定迎客的方式并实施。如在电梯间迎候，当客人到达楼层时应主动问候客人，做自我介绍并引领进房。向客人简单介绍酒店特别事项和有关情况，告知客房服务中心的联系方法，并祝客人住店愉快。

（2）送客服务

送客服务是客房部对客服务中的最后一环，其服务要点有以下几个方面。

① 了解客情。服务人员根据次日离店客人一览表及电脑记录，掌握客人离店情况。

② 检查对客服务情况。服务人员根据客人的离店信息，检查对客服务的落实情况。如提前将客人送洗的衣物送交客人，检查租借用品的归还情况等。并根据客人类别与酒店服务规程，采取相应的送别方式。

③ 检查客房。服务人员要在客人离店时迅速检查客房，检查客人是否有遗留物品及房间状况。如果有物品丢失或损坏，或酒水饮料有最新消费，应立即通知总

台及上级。当然，酒店为了提高服务效率，减少客人在总台结账的等待时间，增加客人的亲情感，同时也为了减少用工，酒店也可根据自己的档次和客人的类别，实行免即时查房或对某类客人免即时查房制度。

（3）会客服务

会客服务是当客人有来访者时按客人要求提供的服务，其服务要点有如下几点。

① 了解客人需求。客房服务员应事先了解客人的访客情况及接待要求，如来访者人数及来访时间、提供饮料、点心和鲜花摆设等情况。

② 做好准备。客房服务员应在访客来访前约半小时做好接待准备，如准备好茶具、茶叶、开水及其他饮料、食品、烟缸、座椅等。

③ 协助引领。当访客到达时，客房服务员应在电梯口协助引领。

④ 提供服务。根据客人需要及时提供饮料、茶水服务，及时续水。

⑤ 协助送客。当访客来访结束后，客房服务员应协助客人送客。

⑥ 房间整理。访客离店后，客房服务员应立即撤出加添的家具与物品，并视客人需要对房间进行小整。

（4）洗衣服务

洗衣服务在对客服务中，是比较容易引起客人投诉的一个项目，所以客房部应注重对洗衣服务的控制工作。

① 及时收取客衣。接到客人要求后，客房服务员应迅速前往客人房间收取客衣。

② 听取客人要求，检查清点衣物及核对有关表单。客房服务员应认真听取客人要求，向客人说明酒店提供洗衣服务的注意事项及收费标准，并仔细检查清点衣物，核对"洗衣单"。

③ 通知洗衣房收取，交接。接收客衣后，客房服务中心应立即通知洗衣房前来收取客衣，并按规定与洗衣房收发员进行交接。

④ 将核收的客衣送至客房。当洗衣房送还客衣后，客房服务员应将经过核收的衣物及时送往客人房间，并请客人检查和签收。

（5）擦鞋服务

为了方便客人擦鞋，客户部在房间内为客人放置擦鞋纸。除此之外，客房服务中心也可根据客人要求提供擦鞋服务。

① 及时收取。客房服务员在接到客人要求后，应及时前往客房收取鞋篮。

② 编号，并记录房号。将鞋篮编号，并将客人的房号写在纸条上放入鞋篮，防止弄混客人的鞋子。

③ 按规范操作。将鞋放置于工作间或客房服务中心，按操作规范擦鞋。特别注意鞋底与鞋口边沿要擦净，不能有鞋油，以免弄脏地毯与客人的袜子。

④ 将鞋送回。客房服务员一般应在半小时后、两小时之内将擦好的鞋送入客人房内，放在壁橱内、床前或沙发前。应注意避免将鞋送错房间，对于提出特别时间要求的客人通常急于用鞋，应及时将鞋送回。

（6）对客租借用品服务

酒店客房内所提供的物品一般能满足住店客人的基本生活需求，但有时客人会需要酒店提供一些特殊物品，如熨斗、婴儿车、床板、热水袋、体温计、变压器、接线板及电动剃须刀等。因此，客房服务中心应备有此类物品，可向客人提供租借服务。

对客租借用品服务程序如下。

① 了解客人要求。客房服务员应仔细询问客人租借物品的名称、要求以及租借的时间等。

② 将用品送至客房。将用品迅速或在与客人约定的时间送至客房，向客人说明注意事项，并请客人在《租借物品登记单》上签名。

③ 做好详细记录。客房服务人员应将客人租借的用品情况做详细记录，以便下一班服务人员继续服务。

④ 用品归还时做好记录。当客人归还物品时，客房服务员应做好详细记录。当客人离店时，应特别检查客人有无租借用品及有无归还等。若有，应礼貌地提醒客人归还，并注意表达方式，以免引起客人误解。

2. 特殊服务种类及要点

（1）病客服务

当住店客人身患疾病时，客房服务中心应提供病客服务，给予客人必要的关怀和照顾。其服务要点如下。

① 表示关怀，询问病情。服务人员一旦发现住客生病应表示关怀并主动帮助，礼貌询问病情及客人要求。

② 根据客人病情轻重进行处理

如果客人病情不严重，可请客人到酒店医务室进行治疗。若客人病情严重，则立即将客人送至医院进行求治。未经专门训练的员工，不得随意搬运客人，应立即请示上级或联系医务室。对于在房内病卧的客人，应把纸巾、热水瓶、水杯、纸篓等物品放置在客人床边，加送热毛巾。服务人员应适时进入客房并询问客人有无特殊要求，建议并协助客人与就近的亲朋取得联系，提醒客人按时服药，推荐适合客人的饮食。将客人情况报告上级，并将客人房号与病情状况记录在工作表上。

（2）托婴服务

托婴服务是为外出的住客提供短时间照管婴幼儿童的有偿服务，代为照管婴儿的服务人员应具备一定的保育知识。其服务要点如下。

① 详细了解客人要求。看护者在接受客人托婴要求时，应问清客人的要求、照看的时间、儿童的年龄及特点与注意事项等。

② 告知客人收费标准及服务内容。向客人说明酒店的收费标准及服务内容，并请客人留下联络电话与联系方法。

③ 严格按照客人要求看管。看护员必须具备一定的保育知识，在酒店规定

区域内严格按照客人的要求照看幼儿，确保儿童安全。不得随便给婴幼儿吃食物、不得随便将婴幼儿托给他人看管、不得将尖利或有毒的器物给婴幼儿充当玩具。

（3）醉客服务

对醉客服务，既要耐心、周到，又要注意安全，包括客人的安全、酒店财物安全及员工的自身安全。其服务要点如下。

① 发现醉酒客人，视情况采取措施。当发现客人在房内不断饮酒的，客房服务人员应特别留意该房客人动态，并通知领班。若客房服务人员在楼层发现醉酒客人，如证实为外来醉客，应通知安全部人员将醉客带离楼层，并控制醉客行为；若是住店客人，应通知领班或请同事帮忙，安置客人回房休息。

② 视客人醉酒程序给予适当服务。若客人已饮酒过量，应扶客人上床，将纸篓放在床边，并备好面巾纸、漱口水。对呕吐过的地面进行及时清理。安顿客人休息后，留夜灯或廊灯，退出房间，关好房门。

③ 注意安全。服务人员要密切注意房内动静，以防房内物品受损或因客人吸烟而造成火灾。若遇客人倒地不省人事或有发生意外的迹象，如酒精中毒的客人，应及时通知大堂副理，同时通知医务室医生前来检查，以保证客人安全。对醉客的纠缠不休应机警应对，礼貌回避，不应单独与醉客相处。

④ 做好记录。在工作表上详细填写醉酒客人房号、姓名、客人状况及处理措施，做好记录。

7.3.3 公共区域管理

酒店是一个小社会。除了住客之外，前来用餐、开会、购物乃至参观浏览的人们络绎不绝。酒店的公共区域便成为客人逗留人数最多，来往最为频繁的场所。由此，酒店的公共区域管理的好坏也成为公众衡量整个酒店的标准。酒店的幽雅环境取决于清洁卫生、合理布局、设施配备及装饰等方面，其中，清洁卫生无疑是创造宜人环境最基本的条件。

1. 公共区域的概念

凡是公众共有共享的活动区域都可称之为公共区域。通常，人们又习惯把酒店的公共区域分为室外、室内。室外又称外围，它包括外墙、花园、前后门广场及停车场等。室内公共区域又分为前台和后台。前台区域是指专供客人活动而设计的场所，如大厅、休息室、康乐中心、餐厅、舞厅和客用洗手间等；后台区域即为酒店员工划出的工作和生活区域，如员工更衣室、员工餐厅、员工活动室和倒班宿舍等。

2. 公共区域的特点

公共区域因在酒店中所处的位置不同，所使用的对象不同，因此其清洁保养的要求也有所不同。一般而言，公共区域大多有如下特点。

（1）众人瞩目，要求高，影响大

由于公共区域所涉及的范围相当广，因此其清洁卫生的优劣对酒店的影响非常大。公共区域是酒店的门面，是酒店规格档次的标志，其卫生管理工作的好坏，直接关系到酒店在公众心目中的形象。

（2）活动频繁，环境多变

公共区域是人流交汇、活动频繁的场所，环境在不断变化，更增添了清洁工作的难度。

（3）人员复杂，难以控制

公共区域的清洁工作繁琐复杂，工作时间不固定，人员分散，由此造成清洁卫生质量不易控制。这就要求公共区域服务员在日常工作中必须具有强烈的责任心，积极主动、适时地把工作做好。同时，管理人员也应加强巡视和督促，有效控制卫生质量。

（4）工作条件差，专业性、技术性强

公共区域清洁卫生工作比较繁重，劳动条件和环境比较差。例如，负责停车场及酒店周围的卫生，无论刮风下雨，都必须尽心尽力。另外，这些工作又具有较强的专业性与技术性。员工在工作中所接触的设备、工具、材料及清洁剂种类繁多，用途各异，需要对此有全面的认识。

3. 公共区域卫生质量控制环节

（1）定岗划片，分工负责

公共区域卫生管辖范围广，工作繁杂琐碎，需要实行定岗划片、包干负责的方法，才能有利于管理和保证卫生质量。

（2）制定计划卫生制度

为了保证卫生质量的稳定性，控制成本及合理调配人力和物力，必须对公共区域的某些大的清洁保养工作，采用计划卫生管理的方法，制定相应的计划卫生制度。

（3）实行走动管理

公共区域管理人员要实行走动管理的工作方法，加强巡视，检查卫生，了解员工工作状态，及时发现问题并进行整改，做好检查记录。

4. 公共区域卫生管理制度及标准

（1）日常清洁保养制度

根据各区域的活动特点和保洁要求，列出所有责任区域的日常清洁基本标准以便进行工作安排和检查对照。其一般形式与主要内容如下。

① 大厅及走廊随时保持整洁。早、中班每小时进行一遍地面吸尘、倒烟灰、座位整理、扶手与平台抹尘、清除地毯及水中垃圾。夜班做全面清洁。

② 客用电梯早、中班每四小时清扫一次，夜班做全面清洁。

③ 客用洗手间早、中班每一至两小时进行一次整理。下午及后半夜各做一次

全面清洁。

④ 餐厅和舞厅每日营业结束后进行全面清洁保养。

⑤ 多功能厅每日清洁一次，需要时可随时清洁。

⑥ 行政办公室每日下班后清洁一次。

⑦ 员工更衣室每日早中班各清洁一次。

⑧ 员工通道与电梯每班清洁一次。

⑨ 外围每日早晚清扫两遍，其他时间由外围服务员随时保持其整洁。

（2）服务员的分工负责制度

根据日常清洁标准，将各项工作落实到早、中、夜三个班次；再根据工作量多少确定各班次所需要的人员并为服务员划分责任区。为保证工作的实施及便于检查效果，应制定出早、中、班各责任区服务员的工作流程和时间分配方法，而夜班通常只需列出其工作内容即可。

（3）分期清洁保养计划制度

公共区域范围广、项目种类多，如果缺乏一个分期分批逐级保养的计划，往往会使公共区域的日常卫生工作陷入混乱。公共区域的卫生工作由于分块多、各处使用情况有别以及环境要求不同等特点，所以必须以各区分列制订清洁保养计划。

以下为某酒店的大厅清洁保养计划。

① 每天进行抹尘、吸尘、拖地、抛光等工作，包括擦亮不锈钢扶手、面板与标牌，擦洗大门、台面玻璃，清除地面、墙面、座椅污迹，更换踏脚垫，花卉浇水与更换等例行事务。

② 每周进行台面打蜡，电话机消毒及电话间墙面清洗等工作，还包括门窗的框、沟、闭门器和地脚线清洁，百叶门、窗清洁打蜡，天花板通风口清洁，硬地用喷洁蜡清洁保养。

③ 每月进行软家具、软墙体与门、帷帘的清洁除尘，壁灯、台灯座等装饰物件的清洁打蜡，走廊吊灯和吸顶灯清洁，金属、石料或木质家具及墙面的清洁打蜡，所有透明玻璃制品的彻底清洁，以及地面打蜡，用干泡法清洗休息处的地毯等工作。

④ 每季进行座椅的坐垫、靠背与扶手的清洗，帷帘、软墙体以及地毯的清洗等。

7.3.4　布草及洗衣房管理

酒店布草管理是客房部的重要工作内容，这一工作环节对降低酒店经营的成本与费用，具有重要作用。

1. 布草管理

（1）布草储备标准

客房部布草的储备标准随酒店内营业状况、客房出租率、洗衣房运转状况及部门预算等因素的变化而调整。

① 三套储备标准：在客房使用，在洗衣房洗涤，储存在布草仓库待用。

② 五套储备标准：在客房使用，在楼层储藏室或工作车上，在洗衣房洗涤，储存在布草仓库待用，正送往洗衣房途中。

（2）布草储存及保养注意事项

① 布草必须避潮储存。如果布草仓库与洗衣房相连，则相连的门应具有较强的密封性能，并尽可能少打开。

② 布草仓库应保持良好的通风。

③ 布草仓库的搁板、搁架边沿应光滑，不能锋利突出。

④ 布草经洗涤烘干后不能立即使用，否则会减少布草的使用寿命。

⑤ 撤下的脏布草应及时洗涤。

⑥ 破损的床单等应及时缝补。

2. 洗衣房管理

洗衣房主要担负洗涤棉织品、制服及客衣三项工作。其管理水平、洗涤质量和工作效率的高低，不仅直接影响酒店的经营活动和成本消耗，而且影响客人的需要以及酒店在客人心目中的形象。

（1）客衣洗涤注意事项

客衣的洗涤一般分湿洗、干洗及快洗、普通洗等类型，应根据客人需要及客衣种类进行严格区分。

① 明确要求，严格检查。客衣种类繁多，其面料、质地、颜色各异，洗涤的方法与洗涤剂量应随之灵活调整。

因此，收取客衣时要明确洗涤要求，同时严格检查衣物有无破损和严重污渍以及夹杂物品等，以防止差错。

② 严格打码，防止混淆。分类员必须根据洗衣单打码编号，洗衣单上的号码必须与客衣上的号码相符，洗好的客衣按号码装袋，防止混淆、丢失。

③ 掌握技术要求，保证洗涤质量。工作人员根据不同的需要严格按照技术规定操作，保证洗涤质量。

（2）棉织品洗涤注意事项

① 餐厅与客房的棉织品要分开洗涤，因为脏污特性不同，洗涤所用的洗涤剂也不一样。

② 对色彩不同的棉织品必须分开洗涤，以免互相染色。

③ 特别留意棉织品内有无夹杂物品。

④ 分类处理后，要根据机器的承载能力放入允许重量或数量的棉织品。

⑤ 床单洗涤要在甩至五六成干后直接送至整熨机整熨。

⑥ 卫生间棉织品不熨烫，所以必须完全烘干。在最后漂洗时，加一些柔顺剂能使毛巾类棉织品更加柔软如新。

⑦ 白色台布、餐巾必须使用碱水、漂白粉洗涤，然后上浆风干、烫干，使之有挺括感。

⑧ 各类棉织品所需烘干时间要严格控制，并且不能超载入机。

⑨ 有褶皱、未熨干或未干的棉织品要重新熨干、烘干。

（3）制服洗涤管理

酒店一线员工的制服洗涤一般也分为湿洗与干洗两类。衣物在放入湿洗机前，应对一些特殊污渍进行人工处理。浅色衣物与深色衣物应分开洗涤，以免染色。由于工作环境的影响，厨师制服的洗涤比其他制服难度大。应先用除油渍剂喷在脏污处，用小毛刷刷拭后送入湿洗机洗涤。

7.3.5 客房安全管理

客房安全是指客人在客房范围内人身、财产、正当权益不受侵害，也不存在可能导致侵害的因素。

1. 火灾预防及控制

酒店火灾的发生率虽然不高，但一旦发生，后果极为严重。它不仅直接威胁到店内人员（包括客人与酒店员工）的生命安全、酒店与客人的财产安全，而且会极大破坏酒店的声誉及社会形象，给酒店带来不可估量的严重后果。因此，酒店与客房部应制定一套完整的火灾预防措施与处理程序，更应注重对员工的防火意识及常识的培训，防止火灾发生。

（1）火灾预防

① 完善的防火设施设备。在客房区域内配置完整的防火设施设备，包括：陈设具备防火性能的物品。例如地毯、家具、墙面、房门及床罩等，都应选择具有阻燃性能的材料制作；以及配备各类防火、灭火装置及安全设施。例如，客房内的《安全须知》、《安全通道示意图》、各类安全报警装置、楼道内的应急灯及疏散指示标志等。

② 员工的防火意识与知识。注重培养员工的防火意识。经常对员工进行防火知识的宣传，加强防火意识，使员工在整理客房时能注意检查各种不安全隐患；另外，注重加强对员工的防火知识与技能的培训。配合保安部定期检查防火、灭火装置及器具，训练客房部员工掌握灭火设备设施的使用方法与技能。

③ 严格的防火制度职责。一方面要制定客房部各岗位工作人员在防火、灭火中的任务及职责，并要求严格执行。另一方面要制定发生火警时的各类应急与疏散计划和程序，组织员工进行模拟场景训练。

（2）消防与疏散

一旦发生火灾或出现火警信号及疏散信号，客房部员工应保持冷静，按照酒店与客房部制定的消防和疏散规则，迅速采取有效措施，保证客人的生命财产安全及酒店与员工的安全，尽量减少损失。

① 消防。一旦发现起火，服务人员要立即使用最近的报警装置，发出警报。迅速利用附近适合火情的消防器材控制火势。如火势不能控制，则应立即离开火场，沿路关闭门窗，保持安全距离等候消防人员到场。

② 疏散。服务员一旦发现起火或发现疏散信号，要迅速打开太平门、安全梯，组织人员有步骤地疏散客人。同时注意敲击及打开房门，检查客人是否滞留在房间，并帮助客人通过紧急出口离开房间。

各层楼梯口及路口应有人指挥把守，维持秩序。

2. 盗窃预防及控制

酒店发生盗窃情况可分为酒店财产被酒店工作人员、房客或窃贼盗走及住客财产被窃贼盗走两种情况。为了保障客人、酒店与员工的财产不受损失，客房部必须制定各项安全规定，并严格执行，预防各类盗窃事件的发生。

（1）预防

① 完善的设施设备。为了有效防止盗窃案件的发生，客房部除了增强全体员工的安全意识外，还应具备各种现代化的防盗设施，如闭路电视监控系统、各类报警器及客房安全装置等。

② 制定严格的各项安全制度。第一，进出客房安全制度。客房清洁员、服务员、维修工和送餐服务员等员工进出客房时应登记其进出时间、事由、房号及员工姓名。其他部门的员工在进入客房时，应有客房部的员工在场。第二，钥匙安全制度。严格钥匙管理，制定严格的钥匙使用制度、领交制度及登记制度，并由专人负责保管。客房服务员的钥匙要随身携带，不能随意放置。如遇自称忘记带钥匙的客人要求代为打开房间，服务员应查验房卡后代为开门。若客人无房卡，则应请客人至总服务台办理开门手续。第三，进出酒店大门制度。员工携带物品进出酒店大门时应遵循酒店有关携带物品的规定，进行登记。

（2）报失处理

① 制定受理客人报失规定。客房服务员接到客人报失后，应立即报告上级，由部门经理与大堂副理、保安部取得联系，共同处理。客人报失后，服务员只能听取客人反映情况，不能随意对客人作出任何猜测，以免为以后的调查工作增加困难。同时注意服务员不能擅自进房间查找。

② 制定处理程序。首先，服务员向客人了解丢失物品的时间、地点及详细内容。并帮助客人回忆物品丢失的前后经过，分析是否确实属于失窃。在征得客人同意后，由保安人员与客房服务员共同在房间帮助查找。如果客人丢失的财物属于贵重物品或金额较大，服务人员应立即向总经理汇报，保护好现场，并经总经理同意向公安机关报案，由公安机关进行处理。

3. 意外事故防范与控制

意外事件主要指住客伤病、住客死亡及设备事故等。客房部的设备设施种类复杂、用品繁多，客人在客房停留时间长，服务员因工作需要也要经常进房工作。所以，客房部应重视安全操作规程的制定和员工的安全操作意识教育，要求员工养成规范细致的工作习惯，严格执行安全操作程序，注重设备设施的维护保养及正确使用，以有效防范事故的发生。

（1）住客伤病的处理

接到有伤病客人的报告后，客房管理人员应立即与医务人员或受过专业训练的员工赶到现场，实施急救措施。若伤病情况不严重，经急救处理后，到医院做进一步的检查及治疗；如伤病情况严重，应在急救处理的同时安排急救车，绝不可延误时间。事后，应由客房部写出客人伤病事故的报告，报送给总经理并存档备查。

（2）客人死亡的处理

如发现客人在客房内死亡，应立即将该客房封锁，并马上通知安保人员来保护现场。酒店保安部门应及时向当地公安部门报案，由公安部门调查、取证及化验，以确定客人死亡原因。对发生在酒店内的客人死亡事件，客房部员工必须注意保密，不得随意向外泄露。

（3）设备事故的处理

设备事故是指因酒店设备导致客人财产或人身伤害的事件。对此，酒店必须本着高度负责的精神妥善处理。如有客人的财物损失，应由客房部经理亲自处理并及时赔偿；如客人发生轻伤，可由酒店医务人员在店内处理，并给予精神上的关怀和物质上必要的补偿，避免事态扩大化；若客人伤势较重，则应送医院治疗，酒店应承担医疗费用及服务事宜，并给予必要的补偿。

7.3.6　客房设备物品管理

客房的设备物品及用品种类繁多，在酒店固定资产中占据较大比重。而且，这些设备物品的质量及配备的合理程度、装饰布置及管理的好坏，是客房商品质量及档次的直接体现。所以，客房部设备物品的有效管理及合理配备是客房部的重要管理内容。

1. 编制客房设备用品采购计划

（1）核定客房设备用品的需要量

① 设备部分。客房部根据客房等级、种类、标准及数量，分别核定设备的品种、规格、等级及数量，并且进行统一造册，制定客房设备的需要量及所需资金，报酒店审批。

② 用品部分。客房部根据客房等级、种类、标准、数量及核定消耗定额，分别核定用品的品种、规格、等级及需求数量，并且进行统一造册，报总经理审批。

（2）编制采购计划

客房部根据各业务部门提出的设备用品采购计划，进行综合平衡后加以确定，报总经理审批。

2. 制定客房设备用品管理制度，加强客房设备用品的日常管理

（1）做好设备的分类、编号及登记工作

客房部管理人员应对客房部所属每一件设备按其用途及使用情况进行分类、编号和登记，建立设备台账和卡片，记录品种、规格、型号、数量、价值、负责部门及班组等。

（2）制定分级归口管理制度

分级归口管理有利于调动员工管理设备的积极性，有利于设备的管理和维护。

① 分级。根据酒店内部管理机制，实行设备主管部门、使用部门和班组三级管理，每一级由专人负责管理，并建立账卡。

② 归口。归口是指将某类设备归其使用部门或归使用班组管理。如果是由几个部门或多个班组共同使用的某类设备，归到一个部门或班组负责面上的管理，其他部门与班组负责点上的管理。

（3）建立岗位责任制

设备用品分级归口管理，必须有严格的岗位责任制作为保障。责任明晰，落实到人，才能使各个班组与员工更好地使用及管理设备用品。

（4）实行客房用品消耗定额管理

在保证客房经营活动正常进行的基础上，以一定时期内客房所需要消耗的用品数量标准为依据，将客房用品消耗数量定额落实到每个楼层，进行计划管理，控制客房用品的消耗量，达到增收节支的目的。

3. 制订设备更新改造计划

客房部根据设备使用状况，及时提出设备更新改造计划，报总经理审批，以保证酒店客房的正常运转。

本项目总结

知识梳理

1. 客房部也可称为管家部，主要负责酒店客房产品的生产，客房部在酒店中具有非常重要的地位和作用。

2. 客房部的具有不同于其他部门的业务特点

（1）以时间为单位出售客房使用权，提供服务；（2）随机性强；（3）私密性与安全性要求高。

3. 客房管理的基本要求

（1）热情服务、宾至如归

① 提供安静的休息环境，避免噪声干扰；② 服务主动热情、礼貌周到，给客

人以"家庭温暖"；③营造客房家庭温馨氛围。

（2）舒适美观、安全清洁

① 空间充足，布局合理；② 设施完善，装饰精致；③ 保养完好，运转正常；④ 用品齐全，项目配套；⑤ 清洁卫生，安全可靠。

4.客房部的组织结构和业务中心

客房部主要包括客房服务中心、洗衣房、布草房和公共区域卫生部等。

5.客房部的常规管理

（1）清洁卫生管理；（2）客房服务管理；（3）公共区域管理；（4）布草及洗衣房管理；（5）客房安全管理；（6）客房设备物品管理。

习题与技能训练

1.客房部的地位和作用是什么？

2.客房管理的基本要求？

3.客房服务中心的主要工作职责是什么？

4.客房常规服务有哪些种类？

5.客房服务的质量特点是什么？

6.客房服务质量管理的基本内容主要有哪些？

7.客房服务质量管理的基本要求是什么？

8.画出客房部三种类型的组织机构图。

9.客房敲门、做夜床和中西式铺床等规范性实践技能训练。

10.通过案例讲解与分析学会客房日常问题的处理。

项目 8 完善餐饮管理

■ 学习目标

■ 知识目标

1. 了解餐饮部在酒店的地位、组织结构和部门职责。

2. 明确餐饮管理的目标与内容。

3. 掌握餐饮服务、原料、厨房和成本管理。

■ 技能目标

1. 学会菜单的设计与制作。

2. 掌握斟酒、摆台服务技能操作。

■ 实训目标

通过实训，学生能够熟悉和掌握餐饮服务的基本技能，将餐饮服务的理念与实践有机结合起来，提高学生对本章知识的掌握程度，加深对业务知识的理解和把握。

■ 教学建议

1. 通过餐饮部门组织机构的介绍，了解餐饮管理的主要内容。

2. 教师对相关知识点进行详细讲解。

3. 通过多媒体、视频向学生直观展现酒店的餐饮布局和服务项目内容。

4. 教师将学生分组进行中餐、西餐摆台、斟酒和口布折花等实践练习。

学习任务❶ 剖析餐饮案例

【想一想，做一做】

未吃上早餐的客人

某天上午9：30分左右，某酒店餐厅来了一位客人，服务员主动迎上去，说："先生，您好，我们早餐时间已经结束了。"客人指着餐桌上仅有的两位正在用餐的客人说："怎么会结束呢，还有客人在用餐呢！"服务员说："先生，对不起，我们的早餐时间已经结束了。""这样吧，你到厨房看一下，还有什么可吃的，给我弄点来，我刚才会见客人，耽搁了一下。"客人继续要求道。服务员满脸无奈："先生，真的很抱歉，厨房已经下班了，无法弄到吃的东西了。"此时，客人一改刚才请求的语气，大声叫喊："什么话，早餐结束了，你们还开着门，里面还有人吃饭，你们这是什么服务态度？"服务员立即赔笑道："先生，总台没有告诉您早餐到9：20结束吗？""没有，没有，我要投诉！"客人回房间后，立即打电话到总台投诉，总台的一位服务员接到电话，听完叙述后，对客人说："先生，您等一下，我会让餐厅就此事给您做一个合理的解释。"之后，客人在客房里空着肚子等了大约30分钟，仍没有接到酒店方面的任何电话，实在没办法再等了，这位客人非常气愤地来到总台，要求退房，并要求酒店减免他一天的房费，以补偿他一个上午的损失。

资料来源：http://www.17u.net/bbslshow_7_76425.html

想一想

1. 这位餐饮服务员错在哪里？
2. 如果你是餐饮服务人员，遇到这种情况该如何处理？谈谈你的看法。

 **参考评析**

　　某酒店在接待这位没有用早餐的客人时，至少有两处失误：一是当客人要求服务员到厨房看看，还有什么食物的时候，服务员不应该站着不动，声称没有任何可吃的东西了，让客人觉得服务员没有责任心，对客人很不重视；二是不应该质问客人"总台没有告诉您早餐到9：20结束吗"；三是当客人已经非常气愤时，这时因部门协调问题，没有及时给客人解决问题，这是引起客人气愤的第三个原因。这三个原因足以导致任何一位客人的投诉。事后的处理结果是向客人道歉并减免了部分房费。

由于服务员的说话不当和部门之间的协调问题而导致客人生气，进而投诉，导致酒店既损失了企业形象又赔了一部分房费，教训深刻。

学习任务 **2** 训练中餐、西餐规范化摆台

实战要点

★ 中餐宴会摆台程序和标准

1. 摆盘：从主人座位开始，沿顺时针方向定盘，距桌边1厘米，盘与盘之间距离相等。

2. 摆筷架和筷子：筷架摆在餐盘的右上方，筷子后端距桌边0.5厘米，距餐盘边1厘米摆在筷架上并且图案向上。

3. 口汤碗和条羹：口汤碗摆放在餐盘的左前方，距餐盘1厘米，将条羹放在口汤碗内，条羹把向左。

4. 摆酒具：中餐宴会用三个杯子，分别是葡萄酒杯、白酒杯和水杯。先将葡萄酒杯摆在吐丝盘的正前方，酒杯摆在右葡萄杯的右边，水杯摆在葡萄杯的左侧，距葡萄酒杯1厘米，三杯横向成一直线，并在水杯中摆上折花。

5. 摆公用餐具：在正对主人之间的酒具前方放一筷架，放上筷子，筷子的手持端向右。

6. 摆牙签。

7. 摆烟缸、火柴：烟缸摆在正对主人的右边。

8. 摆菜单：摆在正对主人筷子的旁边，也可竖立摆在主人的水杯旁边。

9. 再次整理台面，最后放上花瓶以示结束。

★ 西餐宴会摆台程序和标准

☆ 基本要领：左叉右刀，先里后外，刀口朝盘，各种餐具成线，餐具与菜肴配套。

☆ 台面物品：花瓶放在桌子中央，花瓶前摆盐和胡椒，左盐右椒，盐胡椒前面放牙签筒，牙签筒前面是烟缸，烟缸缺口对准盐和胡椒的中缝，桌垫摆在桌子正中央。

摆台前，应将摆台所用的餐、酒用具进行检查，发现不洁或有破损的餐具要及时更换，用时要保证用品符合干净、光亮、完好的标准。摆放时，手不可触摸盘面和杯口。

摆台时，要用托盘盛放餐具、酒具及其他用具。摆放金、银器皿时，应佩戴手套，保证餐具清洁，防止污染。

☆ 摆放餐、酒用具的顺序与标准

1. 摆展示盘

可用托盘端托，也可用左手垫好口布。口布垫在餐盘盘底，把展示盘托起，从主人位开始，按顺时针方向用右手将餐盘摆放于餐位正前方，盘内的店徽图案要端正，盘边距桌边1.5厘米，餐盘间的距离要相等。

2. 摆面包盘、黄油碟

展示盘左侧10厘米处摆面包盘。面包盘与展示盘的中心轴取齐，黄油碟摆在面包盘右前方，距面包盘1.5厘米，图案摆正。

3. 摆餐刀、叉、勺

从展示盘的右侧顺序摆放餐刀、叉、勺。摆放时，应手拿刀、叉、勺柄处，从主刀开始摆。

（1）主刀摆放于展示盘的右侧，与餐台边呈垂直状，刀柄距桌边1厘米，刀刃向左，与展示盘相距1厘米。

（2）鱼刀、头盘刀、汤勺、餐具摆放间距0.5厘米，手柄距桌边1厘米，刀刃向左，勺面向上。

（3）主叉放于展示盘左侧，与展示盘相距1厘米，叉柄距桌边1厘米。

（4）摆放鱼叉时，鱼叉柄距桌边5厘米，叉头向上突出。头盘叉（开胃叉）叉面向上，叉柄与主叉柄平行。甜食叉，放在展示盘的正前方，叉尖向左与展示盘相距1厘米。

（5）甜食勺，放在甜食叉的正前方，与叉平行，勺头向右，与甜食叉的叉柄相距0.5厘米。

（6）黄油刀斜放在面包盘上，刀刃向左，黄油刀中心与面包盘的中心线吻合，刀柄朝右下方，与面包盘水平线呈45度角。

（7）在展示盘的正前方摆水果刀、叉时以叉压刀成斜十字形，刀刃向左下方，刀柄指向右下方，叉尖指向右上方，叉柄指向左下方。也可将甜食勺放在水果刀、叉的上面，勺面向上，勺柄朝右。

4. 摆酒具

摆酒具时，要拿酒具的杯托或杯底部。

（1）水杯摆在主刀的上方，杯底中心在主刀的中心线上，杯底距主刀尖2厘米。

（2）红葡萄酒杯摆在水杯的右下方，杯底中心与水杯杯底中心的连线与餐台边成45度角，杯壁间距0.5厘米。

（3）白葡萄酒杯摆在红葡萄酒杯的右下方，其他标准同上。

5. 摆放餐巾

折花餐巾折花放于展示盘内，餐巾折花花型搭配适当，将观赏面朝向客人。

6. 摆蜡烛台和椒、盐瓶

西餐宴会一般摆两个蜡烛台，蜡烛台摆在台布的中线上、餐台两侧适当的位置。

椒、盐瓶要在台布中线上按左椒右盐对称摆放，瓶壁相距0.5厘米，瓶底与蜡烛台台底距离2厘米。

7. 摆烟灰缸、火柴。烟灰缸要放在正、副主人的正前方，它的中心在正、副主人展示盘的中心垂直线上，距椒、盐瓶2厘米。火柴平架在烟灰缸上端，画面向上。摆放时，从第一主人右侧开始，每隔一位摆放一个烟灰缸。

8. 西餐摆台的要领有如下几点：注意西餐餐具摆放的顺序；先摆餐盘（装饰盘）定位，后摆各种餐刀、叉、匙，再摆面包盘等，最后摆各种酒杯。餐具摆好后，在餐盘中摆上餐巾花，桌子中间摆上花瓶，胡椒粉瓶和盐瓶，还有糖缸和蜡烛台等。摆台时注意手拿瓷器的边沿，刀叉匙的把柄，在客人右侧摆刀匙，左侧摆叉。银餐具要用餐巾包着摆放或戴手套。破损或脏的餐具要及时挑出来。西餐具的摆法在各地不尽一样，在国外又有法式、美式、俄式等之分，但基本要领是：餐盘正中、盘前横匙、叉左刀右、先外后里、叉尖向上、刀口朝盘、主食靠边左、餐具在右。

实 训 演 练

1. 在餐厅模拟实训室，将学生根据桌数分成若干小组，由教师由示范摆台的操作要领和注意事项。

2. 由学生进行大约16课时的训练，内容包括摆台、开酒、斟酒和折花等服务内容及程序的训练，达到规范性要求。

3. 学生实训结束后，按摆台规范标准进行考核，作为学生餐饮实训的成绩记录学生档案。

学习任务 ❸ 讨论分析

【想一想，做一做】

酒店餐厅谢绝自带酒水合法吗

观点一

《中华人民共和国消费者权益保护法》第九条第二款规定："消费者有权自主决定购买或者不购买任何一种商品、接受或者不接受任何一项服务。"酒水消费是酒店众多消费项目的其中一项，消费者当然有权选择是否进行该项消费。该法第十条第二款规定："消费者有权拒绝经营者的强制交易行为。"因此，酒店谢绝自带酒水的行为是违反消费者权益保护法的行为，是强制交易的行为，侵犯了消费者的合法权益。

观点二

按照国际酒店业的惯例：不准客人将酒店外的酒水带入酒店的餐厅内饮用是国际通例。餐厅，酒店，酒吧有投资成本，出售的不仅仅是酒水本身，还包含了它的服务、用品、场地、环境、灯光和音乐等。同时，酒店需要因为你自带的酒水而承受一定的风险，如食物中毒、卫生事故等，因此，酒店谢绝自带酒水合法。

想一想

将学生分成两组分别对以上两种观点进行讨论？

资料来源：中国旅游饭店网

学习任务 ④ 运用电脑设计一份家乡菜菜单

实训要求

1. 要求每一个学生用电脑根据菜单设计要求为你自己家乡的餐馆设置一份家乡菜的特色菜单。

2. 菜单内容设计需考虑市场需求、餐馆主题、菜点品质、原料采购、设施设备和员工素质等要求。

3. 菜单的式样与艺术设计需有文稿撰写、版面布局、封面设计等。

4. 作为课堂布置的作业限一周内完成。

 知识储备

8.1 餐饮部概述

餐饮部的地位是酒店的主要业务部门之一。餐饮部工作的好坏既影响酒店的声誉，也影响酒店的经济效益，更会影响到酒店的竞争能力。因此，加强餐饮部管理是酒店管理的重要环节。

8.1.1 餐饮部在酒店当中的地位和作用

1. 餐饮部是酒店不可缺少的重要组成部门

旅游者最基本的要求可以概括为吃、住、行、游、购、娱六个方面，其中吃、住均需在酒店解决。没有一个与住店客人要求相适应的餐饮服务部门，势必会影响

酒店的生存。同时吃虽然是满足人类生理需求的必然行为，但酒店的经营者和服务人员不能把对餐饮的作用仅仅停留在这一认识上，要通过客人在餐厅的就餐行为，使客人既满足了生理上的需求，更能体会到一种美的感受，得到精神上的满足。从这点上说，餐饮部也是体现酒店经营特色的重要部门。

2. 餐饮部是酒店营业收入的主要来源之一

酒店的营业收入主要来自客房、餐饮、娱乐、购物四个方面。虽然各个酒店的餐饮收入在总收入当中所占的比例，会受到酒店内外部许多因素的影响，而各不相同。但一般来说，餐饮收入占总收入的三分之一是可以做到的。而且，相对于受固定的客房数所决定的最高日客房收入来说，餐饮收入则更具波动性和伸缩性，它可以通过延长营业时间、增加座位周转率及增加外卖收入等途径来提高餐饮收入。

3. 餐饮部是酒店营销的重要组成部分

餐饮部相对于客房来说在酒店业竞争中更具有灵活性、多变性和出奇制胜的能力。因而，往往成为争夺客源的前沿阵地。而且餐饮服务具有面对面的特点，服务人员的一举一动都成为客人关注的焦点，客人对酒店服务质量的感受更直接、更深刻，就这点而言，餐饮服务的好坏又直接地影响到酒店服务的质量和酒店的声誉。

4. 餐饮部是酒店弘扬民族饮食文化的重要场所

一个国家和地区的餐饮习俗已成为一项受人欢迎的旅游资源，品尝当地的风味已成为人们必不可少的旅游项目。中国的烹饪艺术，渊源流长，博大精深，在世界上享有盛誉。作为酒店的餐饮部，应当将我国的烹饪艺术介绍给来自世界各地的客人。同时，还可以通过精心设计的服务，体现出我们文明古国、礼仪之邦的风采。

8.1.2 餐饮部的组织机构和分工职责

1. 合理的组织结构，科学的分工，是做好餐饮工作的前提。但由于各个酒店规模大小、经营特点、设备设施的配置和管理人员素质等方面存在差异，所以餐饮部的组织结构也不尽相同。

一般来讲，餐饮部由采购保管、厨房、餐厅、宴会厅、管事部等几个部分组成。大多采用四级管理体制，即部门经理、主管、领班和服务员。其组织结构如图8-1所示。

2. 各部门的主要职责

（1）采购部。根据本酒店的经营特色和经营品种，在掌握市场信息的前提下，采购部按实际需要以最有利的价格按时、保质、保量地为餐饮部组织货源、采购饮料、食品原料及其他所需物品，对采购进来的物品进行严格验收，分类入库并妥善保管，以随时补充餐饮部所属各部门的消耗，保证餐饮部的正常营业。采购部还应执行仓库存货的控制及协助有关部门对餐饮成本进行核算和控制。

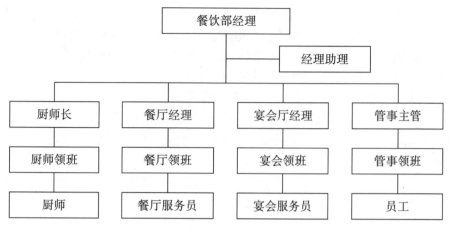

图8-1 餐饮部组织机构图示例

（2）厨房部。承担酒店菜单上所列各种菜肴的烹调制作、宴会菜单的设计、菜点的创新等工作，以树立酒店的餐饮声誉。负责食品原料采购计划的制订及餐饮成本的控制，负责培训厨师的技能。

（3）宴会部。接受客人的委托，组织举办各种类型的宴会、酒会、招待会等活动，提供一整套完整的宴会服务。

（4）餐厅部。直接向客人销售食品、饮料和提供良好的服务，取得合理的收入。

（5）管事部。负责厨房、餐厅、酒吧等处的环境卫生（有的酒店餐厅等公共场所由公共区域组负责打扫），并负责所有餐具和器皿的洗涤、消毒、存放、保管和控制工作。

8.2 餐饮管理的目标与内容

餐饮部是酒店经营的重要部门之一，餐饮部管理的成功与否，直接影响到整个酒店的利益和声誉。因此，需要切实加强餐饮管理，努力实现经营管理的目标。

8.2.1 餐饮管理目标

1. 营造怡人的进餐环境

酒店的餐饮服务设施，不仅要满足客人的生理需求，还要能满足其精神需求，如自豪感、享受感等。心理学研究表明，人们判断一件事物的好坏，70%以上是通过感觉器官来进行的，所以餐饮管理者首先应注意营造一个舒适、怡人的进餐环境，以便给客人留下一个良好的印象。如餐饮服务设施的装饰、布局要与酒店等级协调一致；灯光、色彩应柔和、协调；家具、餐具必须配套并与整体环境相映成趣；环境卫生必须符合卫生标准要求；服务人员的仪表、仪态应符合酒店要求；餐饮的温、湿度应适中等。

2. 供应可口的菜点酒水

客人的口味需求各异，而且其对菜点酒水的质量评判以适口者为准。为此，餐饮部的员工应了解市场需求及客人的消费趋向，供应的菜点酒水品种应符合目标市场的需求，食品原料的采购必须符合酒店产品要求的规格标准，厨房必须照顾客人的不同口味要求制作菜点，原料采供、厨房生产、餐厅服务等环节要密切配合，一旦出现问题，要及时解决等。

3. 提供优质的对客服务

适口的菜点酒水，只有配以优质的对客服务，才能满足客人的餐饮需要。对客人来说，尽管优良的服务并不能掩盖或者全部弥补低质量餐饮所造成的问题，但粗劣的服务却会使一顿本来十分称心的餐饮索然无味。由此可见，对客服务从某种程度上比美味佳肴更能满足客人的需要。优质的对客服务包括良好的服务态度、丰富的服务知识、娴熟的服务技能和适时的服务效率等。因此，要求员工在规范化服务的基础上为客人提供个性化服务。

4. 取得满意的双重效益

餐饮管理的最终目标是获取效益，效益是衡量餐饮经营成败的依据。餐饮经营的双重效益包括社会效益和经济效益。社会效益是指餐饮经营给酒店带来的知名度和美誉度，它可为酒店赢得客源，并增强酒店的竞争能力。而经济效益是指餐饮经营给酒店创造的利税（绝对效益）以及由餐饮带来酒店其他设施的客人消费（相对效益）。

8.2.2 餐饮管理内容

1. 掌握市场需求，合理制定菜单

要满足客人对于餐饮服务的各种需求，必须首先了解本店目标市场客人的消费特点，掌握客人的餐饮要求和餐饮习惯，以及餐饮时尚、口味变化等餐饮市场发展趋势，在此基础上制定出能够迎合广大客人的菜单，作为确定餐厅种类、规格、餐饮内容和特色、选购设备、配备人员的依据及指南。

2. 开发餐饮新品种，创造经营特色

酒店餐饮要具有吸引客人并与其他酒店、地方餐馆竞争的能力，最重要的是必须具有自己的特色。如果酒店的餐饮产品毫无独特之处，那么其附近甚至较远的酒店、餐馆便能轻而易举地把客人吸引过去。事实上，酒店的风味餐厅或主题餐厅之所以比一般餐厅更受客人欢迎，全在于风味餐厅或主题餐厅的独特风味或独特情调。所以，酒店餐饮应该努力挖掘潜力，继承传统，研究开发出新的品种和新的项目，独树一帜，从而形成自己的经营特色。

3. 加强餐饮推销，增加营业收入

餐饮推销是酒店营销活动的重要组成部分。餐饮部应在酒店营销计划的指导下，研究客人的需求，选择推销目标，制订外部和内部的推销计划，开展促销活动，积极招徕各种宴会，抓好节假日和美食节的宣传，以争取更多的客人和提高客人平均消费额。

4. 合理组织人力，提高劳动生产效率

餐饮部应做好营业量预测，并据此做出厨房生产计划和餐厅接待计划，根据劳动定额指标合理组织人力和安排员工工作班次，在保证食品质量和服务质量的前提下，最经济地使用人力，以降低人工费用，提高利润。

5. 保持并不断提高食品质量和服务质量

能否保持并不断提高食品质量和服务质量是酒店餐饮经营管理成败的关键之一。餐饮部应以岗位责任制为中心，建立相应规章制度，制定各岗位的操作规程和质量标准，严格检查制度。仓库应抓好采购、验收、储藏和发放过程中的原料质量检查，以保证原料符合食品加工烹调的要求；厨房应抓好原料粗加工、细加工和烹调的质量检查，督促厨师严格按照菜谱要求操作，并努力改进加工烹调技术，不断提高食品质量；餐厅服务要坚持按照服务规程操作，不断改善服务细节，提高餐饮产品的外围质量。

6. 控制餐饮成本，提高餐饮毛利

餐饮成本控制是降低食品成本的必要措施，是餐饮服务管理的重要内容。成本控制涉及一系列业务环节，酒店应根据制定的标准成本率确定合理的食品销售价格，控制食品原料采购价格，加强原料验收、储藏、发放管理以避免原料损耗浪费，抓好原料粗加工关，控制原料加工损耗率，厨房要严格按标准菜谱要求操作，并做好成本核算和成本分析，在保证食品质量、数量符合标准的前提下，尽量减少损耗、降低成本、提高毛利。

7. 确保食品卫生和饮食安全

餐饮卫生和安全是酒店餐饮服务质量的重要指标。酒店是为广大客人服务的公共场所，负有相当的社会责任，因而餐饮卫生和安全是否符合标准会直接影响酒店的声誉与经济利益。因此，必须加强食品卫生和饮食安全管理，强化预防措施，保证食品卫生、环境卫生和员工个人卫生都符合要求，以杜绝食品污染、食物中毒等事故发生。

8. 加强员工管理，组织员工培训，提高员工素质

餐饮部应根据本部门具体情况，制订员工管理与发展计划，合理利用人力资源，配合人事部门对员工进行思想政治、职业道德和科学文化的教育，开展有针对性的技术培训，以不断提高员工的行业素质和业务水平，形成稳定的训练有素的员工队伍。事实上，加强对员工的培训教育是酒店保持和不断提高服务质量水平的唯一有效途径。

8.3 菜单设计

餐饮业中有一句行话："任何事情都从菜单开始。"菜单决定了餐厅如何组织经营和管理，以及达到怎样的经营目标，甚至还决定着餐厅风格及如何进行装修与装饰。因此，合理、科学地制定菜单具有决定性的意义。

8.3.1 菜单的种类

1. 根据餐饮形式和内容分类

根据餐饮形式和内容分类，酒店餐饮所使用的菜单有早餐菜单、午餐菜单、晚餐菜单、宴会菜单、团体菜单、冷餐会菜单、自助餐菜单、特种菜单（如儿童菜单）和客房送餐菜单等。

2. 根据市场特点分类

按照餐饮市场特点，菜单又可以分为固定菜单、循环菜单、当日菜单和限定菜单。

3. 根据价格形式分类

根据菜肴的价格形式，菜单又可以分为零点菜单、套菜菜单和混合式菜单。

8.3.2 菜单设计的原则

1. 菜单设计必须根据目标市场客源的需要

酒店必须选择一群或数群具有相似消费特点的宾客作为目标市场，餐厅当然也不例外。因而，菜单设计首先须认清目标市场，掌握目标市场的各种特点和需求，如有的餐馆或酒店餐厅以接待过往游客为主、有的以专门服务于旅游团队、有的负责接待零散宾客等，需要对各自接待对象的旅游目的、年龄结构、性别比例、职业特点、文化程度、收入水平、饮食习惯和宗教禁忌等都要进行调查了解，这样才能有目的地在菜式品种、规格水平、餐饮价格、营养成分、烹制方法等方面进行计划和调整，从而设计出为宾客所喜爱的菜单。

2. 菜单设计必须考虑餐饮原料的供求情况

凡列入菜单的菜式品种，厨房必须无条件地保证供应，这是一条相当重要却极易被忽视的餐饮管理原则。诸多餐馆及酒店餐厅未能做到这一点，造成客人点菜时常常得到这也没有那也没有的回答，结果使客人失望和不满。菜单设计者在确定菜式时须充分估计到各种局限性，尽量使用当地出产物和供应充足的食品原料，如是外地采购和国外进口的，要充分考虑供应的及时性和原料的成本，要根据时令季节，对季节性蔬菜、瓜果、水产、禽兽等类原料进行采购并相应调整菜单，同时对酒店现有的库存原料要加强检查和巡视，以防重复采购和原料的损坏。

3. 菜单设计必须满足人体对营养的合理需求

随着人们生活水平的提高，饮食向讲科学、注重营养需求平衡的科学饮食习惯的方向发展，为此，菜单设计者不仅要掌握各种食物所含的营养成分，了解各类宾客每天所需的营养成分和热量摄入，还应该懂得选用什么原料，如何搭配才能烹制出符合营养原理的饮食，更好地满足就餐者个性化的需求。

4. 菜单设计必须权衡厨房设备和厨师的技术力量

厨房设备条件和职工技术水平在很大程度上影响和限制了菜单菜式的种类与规格。不考虑这些因素而盲目设计的菜单，即使再好也是空中楼阁。如果菜单菜式的种类、规格、水平超出了设备生产能力或厨师的烹调水平和服务员的服务水平，后果可想而知。另一方面，菜单上各类菜式之间的数量比例必须合理，以免造成厨房某些设备使用过度、某些厨师负担过重，而另外设备得不到充分利用甚至闲置、部分厨师空闲无事的现象。因此，菜单设计者必须熟悉厨房设备条件，了解它们的最大生产量及各自的局限性，掌握各类厨师和餐厅服务员的实际技术水平，这样才能避免菜单内容与厨房设备和员工技术水平之间发生矛盾。

必须指出的是，现代酒店管理理论强调，要使菜单与厨房设备、职工技术力量之间的关系达到最大程度的和谐协调，就必须首先设计菜单，然后再按照菜单的要求去购置设备和招聘人员。

5. 菜单设计必须达到酒店获利能力

菜单设计是酒店餐饮部为获取利润所必须进行的计划工作。因而，菜单设计必须自始至终明确酒店餐饮业务的成本对象，即目标成本或目标成本率，这在食品原料价格时有上涨的情况下尤为重要。如果菜单计划不合理，使得高成本菜式过多的话，酒店即使制定了完善的食品成本控制措施，也难以获得预期的毛利。因此，菜单的设计者在决定某一菜式是否应列入菜单时，应综合考虑以下三点：第一，明确该菜式的原料成本、售价和毛利，检查其成本率是否符合目标成本率，即该菜式的获利能力如何；第二，分析该菜式的畅销程度，即可能的销售量；第三，分析该菜式的销售对其他菜式的销售所产生的影响，即有利还是不利于其他菜式的销售。

6. 菜单设计必须具有酒店自身的特点和文化内涵

菜式品种是菜单设计的一项重要任务，通过不同原料的选取、原料的搭配、不同的加工烹调方法，可以烹制出形形色色、各具神韵的菜式品种。同时，由于消费者需求的多样性和口味的不同性，如何在发挥本地的原料优势、地方特色上进行创新，创造出本地菜肴的独特口味，来迎合消费者追求新、奇、美的享受，树立本酒店菜肴的品牌特色，并加入饮食的文化内涵，包括菜名的选取、典故的诠释、加工工艺的制作和服务的方法等，都成为酒店消费者所喜爱和感兴趣的内容，也成为现代酒店餐厅在菜式制作上努力的方向。因此，菜单设计也应考虑结合本地区的特色和酒店的优势进行菜单设计。

8.3.3 菜单设计的要求与制作

根据菜单设计的原则，在设计与制作菜单时要注意以几下方面内容。

1. 材料与尺寸

菜单的制作材料应根据饭店使用菜单的方式而定。一般说来，菜单有"一次性"和"耐用性"两种方式。"一次性"菜单是指使用一次即处理掉的菜单，如咖啡厅的纸垫式菜单、客房送餐服务的门把手菜单和宴会菜单等。"耐用性"菜单是指能长时期使用的菜单，如零点菜单等。"一次性"菜单一般选用较为轻巧、便宜的纸张。"耐用性"菜单则应选用优质铜版纸做封面，内页采用优质胶版纸。西餐厅通常以皮革作为菜单封面。菜单的尺寸大小应根据餐厅规模、菜点品种而定，一般规格在 28cm×38cm 范围内。

2. 装潢

菜单外形应美观，其色彩、格调能突出酒店特点。菜单封面应印有酒店中英文的名称，风味餐厅还须印有相应国家或地区的文字。菜单封底应印有酒店名称、地址、电话、营业时间等内容。

3. 文字图案

菜单上的文字图案均应印刷清楚、清晰可读。菜点名称应有中英文对照，风味餐厅的菜名还应配有相应国家或地区的文字。菜点的描述性说明应准确并恰如其分，做到实事求是、易于理解。

4. 花色品种

各餐厅应根据餐厅规模、性质及客源市场的需求等来安排菜式的花色品种，应迎合目标客源市场对菜点风味的消费需求。同时，餐厅菜点品种的结构应合理，冷菜、热菜、面点、汤类品种齐全，比例恰当。

5. 菜单价格

价格是宾客在餐饮消费中较为敏感的一个因素。酒店必须根据星级、国家的物价政策和目标市场客源的消费水平等情况灵活定价，一般应遵循"高成本低毛利、低成本高毛利"的定价原则。

此外还需注意以下几点。

（1）菜单价格合理，菜名右侧标明价格及币种，并标明主、配料用量。

（2）菜单上高、中、低档菜点比例合理，便于客人选择，能适应客人多层次的消费需求，并体现质价相符原则。

（3）菜单价格应避免涂改。

（4）服务费加收比例应清楚地印刷在菜单内页下方。

8.4 餐厅服务管理

餐厅服务是客人评价一家餐厅优劣的主要依据之一，优良的服务在现代就餐过程中的突出地位显得十分重要。优良的服务主要指服务效率和服务礼貌两大内容。但其中服务效率并非仅指服务速度的快捷，相反，它是指服务的及时、正确和完美。也就是说，服务效率的高低应体现在能否使每一位客人在从容不迫的节奏中轻松愉快地尽情享受美味佳肴。服务礼貌，作为服务的一大内容，对一个餐厅的声誉有着跟餐饮成品质量相同的甚至更重要的作用。文明礼貌的服务是为客人创造美好用餐经历的重要因素。

8.4.1 散客服务

散客服务又称零点服务，是餐厅服务最基本的服务形式。在一般酒店中，散客服务是餐厅服务的主要内容。散客服务的基本过程是热情迎客，引宾就座；接受点菜（酒），开单下厨；按序上菜，殷勤服务；准确结账，礼貌送客。由于中、西餐在餐饮内容、进餐程序和方法习惯上有所不同，中餐散客服务和西餐散客服务在形式和程序上也不尽相同。

1. 中餐散客服务一般程序

（1）热情迎客

当客人由领座员引领进入餐厅，有关区域的服务员应主动上前向客人问好，并根据客人意愿及当时餐厅具体情况，择定合适餐桌，拉椅让座，安排餐桌时要尽量使客人在餐厅中分布均匀，入座后应立即根据客人人数调整餐桌台面布置，增加或减少餐具数量。

中餐散客服务摆台较为简单，一般包括骨碟、汤碗、匙、筷、水杯、酒杯、公筷、公勺和餐巾等。在安排餐位时，应尽量避免让互不相识的宾客同桌用餐。

（2）上茶递巾

服务员从宾客右边递送小毛巾，替宾客斟茶或冰水。

（3）接受点菜

服务员从客人右边递上洁净完好的菜单，先女宾后男宾，服务员必须了解当天的特种菜肴和时令菜品，以及断档菜食或饮品。按规定正确填写点菜单，应复述客人所点的菜式，以免有误。点菜单应一式三份，一份送账台，一份送厨房，一份自留。如客人有特殊要来，应及时向厨房说明。

（4）点酒服务

当客人点完菜，服务员应尽快递上酒单，请客人点酒。服务员必须了解餐厅有售或缺货的酒类品种，并有一定的酒、菜搭配知识，必要时协助客人挑选合适的饮品。正确记录客人所点的酒和饮料，经账台划价，持点酒单至酒吧取酒。牢记客人各自所点的酒和饮料，正确无误地端送给宾客。在为客人斟酒和饮料时，应从宾客右边斟倒。

（5）按序上菜

上菜必须按照中餐进餐次序及时进行。服务员应主动向客人介绍菜式，视情况主动替客人派菜，并询问客人对菜肴的意见。上第一道菜后，应替客人添酒（如果宾客用酒的话），对无酒的客人，应询问是否需要上主食。

（6）席间服务

服务员要照顾好服务区域内的所有客人，及时满足他们的各种需要，主动更换骨碟、烟灰缸，添加饮料、主食，检查菜肴是否上齐，及时撤下空餐盘，整理后送至洗涤间。

（7）准确结账

客人用餐将毕时，服务员再次递上小毛巾，并主动询问客人还需要什么服务。如客人示意结账，应尽快从其右边递上账单，按规定结账并道谢。

（8）礼貌送客

客人离座时，服务员应替客人拉椅、道谢，欢迎其再次光临。

（9）整理餐桌，重新铺台

2. 西餐散客服务一般程序

（1）迎宾领座

（2）鸡尾酒、餐前小吃服务

（3）递送菜单，接受点菜

（4）递送酒单，接受点酒

（5）开胃菜

（6）汤类

（7）色拉

（8）主菜

（9）水果与乳酪

（10）甜点

（11）餐后饮料

（12）结账付款，礼貌送客

8.4.2 宴会服务

宴会是根据客人特殊要求所提供的一种餐饮服务。宴会的一般特点是按规模、规格标准预定，菜肴种类、数量预定，价格预定，强调服务，讲究环境布置、气氛渲染和礼貌礼仪。宴会按其内容和形式可分为中餐宴会、西餐宴会和鸡尾酒会等。根据其规格和标准、服务水平可分为高级宴会、普通宴会和便宴等。

对酒店餐饮部来说，宴会的准备工作通常包括以下几个环节。第一，制定宴会菜单。制定宴会菜单首先应考虑宴会标准和参宴人数，只有明确规格标准以及宴会人数，才能确定菜肴的花式品种、质量要求和用料数量。同时还应考虑客人的要求和特点，要满足用餐者的口味，照顾他们的用餐习惯。制定宴会菜单还应该注意充分发挥厨师的特长，尽量使菜肴体现本店的特色。第二，原料准备。根据宴会菜单的菜肴内容和数量，准备所需的主料、配料、调料，并整理、选料和清洗。第三，原料加工。根据烹调需要对各种荤菜原料进行切配加工或涨发，对某些需要较长时间烹制的原料应提前处理，同时做好面点制作的准备工作。第四，餐具准备。准备宴会服务所需的全部餐具，及时进行分拣整理和消毒处理。第五，环境布置。根据宴会性质、规格和内容设计台型与摆台，布置宴会场地。

各种宴会由于餐饮内容、形式、规格水平和规模大小不同，其具体服务操作及工作量也有所不同，但不论何种宴会，其服务的准备工作和过程都大致相同。

1. 中餐宴会

（1）宴会服务组织

参与宴会服务工作的餐厅人员首先应掌握宴会通知单的内容，主要包括宴请单位、宴请对象，餐别、时间、地点、桌数、人数、宴会规格标准以及客人特殊要求和饮食禁忌或习俗。

参与宴会服务工作的餐厅人员应同时掌握有关宴会服务的内容，主要有菜单内容，即宴会各菜肴的风味特点，主料配料和烹制方法，上菜次序，宴会服务所需的餐具、用具以及宴会服务所用酒类、饮料品种和数量。

上述内容应由餐厅经理或主管在规定时间向服务员进行讲解或以指令形式通知餐厅服务人员。对于大型宴会，应指定专人担任总指挥，各项任务必须落实到班组、个人，做到分工明确，责任落实。

（2）环境布置

餐厅经理或主管应及时做出宴会场地环境布置、服务区域分配和服务员分工的合理安排，以使每位服务员知道自己的工作任务。

① 根据宴会餐别、标准、桌数和特点，设计相应的环境、台形和装饰。中餐宴会通常使用圆桌，高级宴会桌上须有花台装饰。大型宴会主桌应正对入口处，主人席位面对众席，其他餐桌可根据桌数做对称排列。主人席位应在主桌上方的正中，其右首为主宾席、左首为副主宾席或主宾夫人席。副主人席安排在餐桌下方正中，正对主人席位。其他客人可按身份从右至左、从上到下安排席位。

② 根据宴会餐饮内容和规格标准及桌数、人数，准备各种餐具、用具和台料物品。

③ 根据餐饮内容和规格标准，按照规定或摆台标准进行摆台。餐具必须洁净无垢，完整无损，摆放餐具时必须使用托盘搬运传送，西餐餐具及不锈钢、银质餐具须用洁净餐巾包裹，以免沾上指印，摆台餐具必须位置对称，摆放统一。

④ 根据宴会规模，决定工作台（落案台）数量和位置，根据宴会内容及特点布置工作台，补充备齐各种小件餐具和服务用具。

（3）班前例会

环境布置完毕，餐厅经理或主管应做巡视检查，不符合标准处应立即纠正，然后召开班前例会。班前例会的目的是强调该宴会的特点和注意事项，检查服务员的仪表仪容和个人的卫生情况。

（4）准备开宴

宴会开始前半小时，应领取宴会用的各种酒类、饮料和水果等物品，酒瓶、饮料瓶应擦拭干净，水果也须擦拭或消毒处理，然后放齐在工作台上。

中餐宴会在开宴前15分钟，服务员应从厨房端出冷菜，由值台员摆放上桌。冷菜摆放应讲究造型艺术，要注意位置对称，色彩和谐。造型冷盘摆放时，观赏面对准主宾席位。然后应斟倒部分用酒或饮料。

（5）宴会餐间服务

不论何种宴会，餐间服务都应做到热情主动、耐心周到、仪容端庄、干净利索。各项准备工作完毕以后，服务员应站立在自己的服务区域内等候宾客，做到精神饱满、仪表大方、态度和蔼、表情自然。当客人步入宴会厅，走近座位时，值台员应微笑相迎，并替客人拉开座椅，引请客人入座。若是大型宴会，以下各项服务应由主桌先行，然后各桌同时跟上。

① 递送小毛巾。待客人坐定，服务员即可为客人递上小毛巾，从主宾开始，依顺时针方向进行。接着服务员开始替客人除去筷套，请客人围好餐巾。

② 斟酒。为客人斟酒和饮料，左手托盘，从主宾开始，依顺时针方向绕桌进行，从每位客人右侧斟倒。

③ 派冷菜。斟酒完毕，如客人未曾开始用餐，服务员应主动为客人派冷菜，按先宾后主的顺序进行。等客人开始用餐，值台员应示意上菜服务员开始端取热菜。

④ 上菜。宴会上菜应该严格依照宴会菜单程序掌握上菜时间，做到不迟不早、恰到好处、正确操作。上菜应从固定位置即上菜口进行，上菜口应选择在主宾位置左侧或右侧 90 度处，如10人一桌，上菜口应在主宾位置两侧隔两个席位处。菜肴摆妥后，应拨动转盘，使菜肴先经主宾面前，并做适当停留，绕桌二周，以使客人欣赏。

⑤ 派菜。服务员左手托菜，从主宾开始，按顺时针方向，从客人左边派菜。派菜时应自然弯腰、动作利索、主动热情、进退有序，避免碰撞客人及汤汁滴溅。应注意食物色彩、数量和质量的均匀搭配。最后再从上菜口，将余下的菜置于转台上。

⑥ 继续上菜、派菜。上下一道菜前，服务员应先整理转盘，取下空菜盆或剩菜最少的菜盆，必须先行腾出空位方可上菜。遇汤（包括羹）时，等客人欣赏完毕，应端至工作台分妥，然后按规定次序分别从客人右边端上。

⑦ 席间服务。遇有骨或带浓汁的菜食，服务员在上下一道菜前，须从客人右边，用右手撤下骨碟，同时换上干净骨碟，并时刻照顾客人的各种需要，及时添加饮料、酒类。同时，服务员要及时更换烟灰缸，烟灰缸中如已有两个烟蒂，应给予更换。服务员要根据进餐情况，如上完浓汁菜肴或须用手剥吃的菜肴时，应再次递送小毛巾。

⑧ 上甜点、水果。在上甜点、水果前，服务人员应全面整理一次餐桌，撤下桌上所有餐具，包括菜盆、骨碟、调味品瓶、筷子、公筷、公匙、筷架、汤碗等，只留酒杯、水杯、牙签盅。用折叠整齐的干净餐巾将桌面上食物残渣抹入干净菜盆，再次换上骨碟或水果盆，摆上水果刀、点心叉。服务员应从客人右边放刀，左边放叉。刀叉须用餐巾包裹，置于托盘上。然后，依次端上甜点盘和水果盘。

⑨ 待散服务。待客人进餐将毕时，服务员应再次递送小毛巾。并可根据情况，重换水杯，送上茶水。

⑩ 结账送客。根据宴会通知单要求办理结账手续。小宴会一般都当场结清，大型宴会通常事后处理。当宴会主人宣布宴会结束时，服务员应主动帮助主宾起身离座，并道谢相送。

（6）结束工作

宴会结束之后，服务员还需要完成以下工作。

① 收拣清理餐具、物品。须等客人散尽之后，方可收拾席面。各类餐具、物品应由专人负责分类收拣转移，做到快而不乱。

② 检查有无客人遗忘物品，如有发现，应立即设法交还。

③ 清理桌椅、工作台和环境卫生，关闭各种电气设备。

④ 清点宴会账目，以利于及时结算。

2. 西餐宴会

西餐宴会是按照西方国家宴会形式所提供的一种餐饮服务。西餐宴会具有宴会的一般特点，其服务组织工作的过程与中餐宴会相似，但在摆台布、服务操作等方面却有其特殊的要求。

（1）宴会服务形式

西餐宴会服务的具体操作方法取决于所采用的服务形式。西餐宴会服务通常有英式服务、美式服务和俄式服务三种。

英式服务适合家庭式便宴，气氛轻松，较为随便。美式服务因其速度快、效率高，适合大型西餐宴会。俄式服务则常见于豪华宴会。

（2）宴会服务组织

与中餐宴会服务一样，宴会指挥或餐厅主管应通过讲解或指令使西餐宴会服务人员熟悉宴会通知单内容，通常包括宴请单位、宴请对象，餐别、时间、地点、桌数、人数，宴会规格标准、所需酒类及饮料品种、数量以及客人特殊要求、饮食禁忌和习俗等方面内容，并使服务人员熟悉宴会菜单内容，掌握宴会主要菜式的风味特点、主料配料及烹调方法，必要时应取得厨师长协助。熟记菜肴上菜顺序及酒菜搭配规定，以免搞错斟酒和上菜次序，根据菜单内容，确定宴会服务所需餐具、用具的种类和数量。然后合理分配工作任务和服务区域。

（3）台面布置

西餐宴会不论大型或小型、多桌或单桌，并非都采用长方形餐桌，事实上，西餐宴会（西餐散客服务亦然）多使用圆形餐桌。应根据客人要求及餐厅规模、客人数量等因素来决定采用何种宴会台型。长方台形变化较多，根据客人人数，可有一字形、U字形、E字形等形式，大型宴会可采用会场、剧院型布置，宴会主人的席位一般安排在面向餐厅入口处的位置上，副主人席位正对主人，主宾、副主宾席位安排在主人的右、左侧。如使用圆桌，台形布置及席位安排与中餐宴会相同。

西餐宴会摆台一般采用全摆台，但是必须根据宴会菜单预定的菜肴道数、种类和上菜程序以及所用酒类、饮料的品种来决定需要哪些餐具和酒杯。

餐具摆放不可直接用手抓拿，应使用托盘，并以干净餐巾包裹摆放。摆放酒杯时应避免手指接触酒杯内壁。摆台结束后，应逐桌检查餐具、酒杯是否齐全，位置是否对称，是否与上菜次序相符，各桌餐具是否整齐统一。

西餐宴会摆台还需要烛台及插花。烛台可以单头或多头，插花应用鲜花，大型高级宴会常要求有餐桌中心饰物，可选用各种鲜花或水果进行造型。

（4）席间服务

宴会席间服务的具体内容因宴会规格标准、菜肴道数和花色品种不同而不同，以下为西餐宴会席间服务的一般要点。

大型宴会开宴前五分钟左右，服务员斟好冰水，摆上面包、黄油。单桌或小型宴会可在客人入席后斟倒冰水。由于面包黄油碟摆在客人左侧，因此可从客人左侧摆放黄油面包。在客人入席时，服务员应立即点燃蜡烛，以示欢迎。

宴会佐餐酒一般有香槟酒、白葡萄酒、红葡萄酒和雪利酒等，由于宴会服务节奏快，中途少有间隙，因此凡需要冰镇、冷藏降温的酒类饮料以及需要调兑的饮料都必须事先准备好。

由于西餐中佐餐酒与食品有一定的搭配规律，宴会中上什么菜配何种酒也都有定式，因此酒杯摆放也有一定的位置规定。服务员应该严格按照预定的斟酒上菜顺序进行操作，而且必须是先斟酒后上菜。酒类、饮料一律从客人右侧斟倒，服务先后次序与西餐散客服务大致相同，即从主宾开始，依逆时针方向，先女宾后男宾依次斟倒。

西餐宴会上菜顺序与西餐散客服务相同，均依照开胃菜、汤、色拉、主菜、水果和乳醋、甜点、餐后饮料的顺序服务。

开胃菜类一般多随带相应餐具一起端上，可直接摆放在服务餐盘上。汤类服务方法与开胃菜相同。西餐宴会一般可有四至六道菜，通常有鱼类、海鲜、蔬菜、猪肉、牛肉、禽蛋类等。上主菜前应先将服务餐盘撤下，视席面状况做一定的整理，并根据下一道主菜的内容，先替客人斟相应的酒类。如采用美式服务，服务员应从客人左侧，用左手上菜；如采用俄式服务，服务员应先分发餐盘，然后从客人左侧派菜。服务员在上下一道主菜前应将席面上所有客人的餐盘先行撤下，撤盘从客人右侧操作，并要等绝大多数客人用餐完毕方可进行。如下一道主菜需要特殊餐具，则应在上菜前先行摆放。具体方法参见前述西餐服务程序有关内容。

（5）结账

宴会接近尾声时，服务员清点所用的饮料，如果收费标准不包括饮料费用则要立即开出所耗用饮料的订单，交收款员算出总账单。宴会结束时，宴请的主人或助手负责结账，一般不签单，而收取现金、支票或信用卡。

（6）宴会结束工作

当客人起身离座时，服务员应为其拉椅，检查是否有遗留物品，送客人至宴会厅门口。然后，检查后面是否有未熄灭的烟头；收台时，先收餐巾，后用托盘或手推车收餐具；撤掉台布；了解下一餐宴会情况，在下班前准备下一餐宴会的餐桌摆台；领班记录宴会完成情况。

8.5　餐饮原料管理

餐饮原料的质量直接影响到餐饮产品的质量，而其价格又直接关系到餐饮部的经济效益，因此，餐饮原料管理显得非常重要而关键，其内容有以下几部分。

1. 原料采购管理

酒店餐饮原料的采购模式众多，如餐饮部负责所有餐饮原料的采购，或是餐饮部负责鲜货原料的采购，而酒店采购部负责干货及酒水的采购，或是酒店采购部负责所有餐饮原料的采购。但不论什么人或部门进行原料采购，餐饮部都必须进行有效的控制。

（1）控制原料采购的数量和质量

酒店餐饮原料的采购数量必须严格控制，采购过量会造成原料积压乃至变质从而导致资金占用和浪费；而采购不足则会影响餐饮服务的正常进行，所以应在掌握现有库存原料数量及当日或近期营业量预测的前提下确定各种原料采购的数量。原料采购的质量从根本上决定菜肴的质量，因此必须为那些对菜肴质量和餐饮成本有较大影响的原料制定详尽具体的采购规格和标准，并分发给原料供应商，以确保原料质量。

（2）建立和健全请购制度

凡餐饮部所需的任何原料或物品，均由使用部门提出采购申请，并严格按程序申报批准后交原料采购部门。

（3）原料采购的价格控制

餐饮产品的价格制定依据是原料成本和毛利率，一旦确定，一般不得轻易更改，但原料价格却受市场供求关系的影响而经常波动，这就要求管理者随时了解市场行情，处理好与供应商的关系，从而使酒店以尽量低廉的价格购入尽量优质的原料。

2. 原料验收管理

原理的验收首先应确定验收人员，验收人员一般由仓库保管员、餐饮成本核算员、厨师长或其代表组成，同时还要求原料采购员在场；其次是根据酒店的采购规格标准、原料请购单、供应商的报价单及供货发票逐项检查所购原料的质量、数量和价格，如不符合要求应拒收；再次是受理原料，经验收合格的原料由验收人员在供货发票上签字后，应根据原料的用途分类分库储存或通知使用部门前来领用；最后是填写有关表单，如进货日报表，并要求相关人员签字。

3. 原料库存管理

库存管理主要内容有：经验收的原料应根据储存要求迅速分类分库存放，每种原料均需固定存放位置；所有入库原料都必须记录在册；严格控制有权进入仓库的人数；仓库内一律不得存放员工的私人物品；定期做好各仓库的清洁卫生工作；制定防火、防盗和防霉变等一系列安全制度；定期盘点（一般每月一次），以便及时了解原料的库存量；定时检查各仓库的温湿度，确保其符合原料的存放要求；经常检查库存原料的质量，发现问题及时处理。

4. 原料发放管理

原料发放管理的主要内容有：规定领料次数和时间；坚持使用领料单；坚持"先进先出"的原则；认真做好原料发放记录。

8.6 厨房管理

1. 开餐前的组织准备

在开餐前厨房应向所有厨师通报客源情况，公布菜单，了解菜肴原料的短缺情况，合理安排员工，检查各班组的准备工作完成情况，发现问题及时解决。

2. 开餐时的业务管理

开餐时厨房应遵循"以餐厅需要为依据，以炉灶为中心"的指导思想，根据客人需求及时烹制美味可口的菜肴。

3. 做好成本的核算与控制

厨房应根据核定的毛利率控制餐饮成本，在保证客人利益的前提下，尽量节约，并减少浪费。

4. 搞好厨房设备管理

厨房应建立健全设备的操作规程，将所有设备按专业化分工定岗使用，加强设备的维护与保养，确保其正常运行。

5. 加强卫生管理

卫生是厨房生产的命脉，所有厨房工作人员都必须加以重视。厨房必须切实做好环境卫生、食品卫生、用具卫生、个人卫生和操作卫生等方面的管理工作。

6. 保证安全生产

厨房工作人员应牢固树立安全意识，坚持安全生产，尽量避免因操作不慎而导致的刀伤、烫伤、摔伤等工伤事故，并做好消防安全管理正作。

7. 搞好与餐厅的沟通与协调

与餐厅的沟通与协调向来是餐饮管理的一大难题。在管理过程中，厨房的管理者首先必须转变观念，树立"厨房服从餐厅，餐厅服从客人"的经营意识。其次，厨房与餐厅之间应及时沟通，互传信息，如客人对菜肴的要求，厨房的原料供应量等。再次是定期召开协调会，对厨房与餐厅各自提出的问题进行分析，明确各自的责任，树立全局观念，使双方消除误解，相互理解，共同做好餐饮工作，提高客人的满意度。

8.7 餐饮成本控制

餐饮成本控制主要包括如下几个方面。

1. 食品原材料及饮料进货成本控制

（1）灵活选择采购方式。如市场现购、预计购买（期货订购）等。

（2）根据菜单要求，确定采购品质。

（3）实行定额采购，控制采购数量。可以采用以销定购的方法，按酒店饮食制品销售总计划确定采购资金周转金额。采购数量依据仓储的订货和厨房的订货数量，以控制采购数量。

（4）控制采购价格、降低成本。如规定购货渠道和供应单位、控制大宗和贵重食品原材料及饮料的购货权、根据市场行情适时采购等。

（5）制定采购规格，统一采购标准。如食品原材料名称、质量要求、规格要求、上市形态等。

（6）食品原材料及饮料购入后必须通过严格验收。包括质量、数量、价格、发票或送货单等都必须符合标准，为酒店生产经营提供符合质量要求的饮食制品。

（7）控制储备定额和储存损耗及资金周转快慢。食品原材料及饮料库存管理要保证供应，做到经济合理，以及数量、时间、结构上的合理化。

（8）严格办理领料手续。领料手续必须完备，责任到人，从而达到进货成本控制。

2. 标准成本与售价的确定

根据饮食制品的质量要求和配料用量标准，事先制定食谱分量。一是预防短斤缺两，克扣客人；二是减少加工过程中耗损浪费，从而控制成本。

（1）根据加工过程中的耗损，确定净料价格。

饮食制品的菜谱成本是以净料用量标准为基础来确定的，购入毛料经过加工处理以后用来配制成品的原料为净料。净料与毛料的比例为净料率，为了确定食谱标准成本，必须将毛料价格换算成净料价格，其计算公式为：

$$净料价格=毛料价格/净料率$$

（2）制定标准食谱和标准分量。所谓标准食谱就是对每一种菜或米面制品制定出配方、规定数量、重量、烹饪方法，并设立成本卡片，附加文字说明和照片。在制定标准配方卡片时要注意三个方面：

① 合理确定主、配、调料用量标准；

② 正确掌握附加成本，其成本率大小一般为5％，高档酒店不超过10％；

③ 正确掌握毛利率。毛利率%＝（单品售价－单品成本价）／单品售价×100%

3. 实际成本率与标准成本率的差异分析

酒店根据货源、工作量、设备条件、炊事人员的技术和客人的口味，制定自己的配方，并且计算每份菜肴的标准成本。经测算成本、定价后方可销售。根据不同的毛利率，分别测算出每道菜肴的销售价格：

$$销售价格=总成本/1-毛利率$$

再根据价格和成本，计算菜肴标准成本率：

$$标准成本率=总成本/售价$$

以餐厅为基础，根据餐厅饮食制品销售和成本发生额计算出餐厅每天的食品实际成本率，然后汇总整个餐饮部的实际成本率，把实际成本率与标准成本率进行差异分析，如实际成本率超过标准成本率时，其成本率差异就表现为正数，即为不利差异或逆差；反之，即为有利差异或顺差。只有分析两者差异的原因，才能提出改进措施，才能切实控制成本消耗，提高管理水平。

本项目总结

知识梳理

1. 餐饮部的地位和作用

（1）餐饮部是酒店不可缺少的重要组成部门；（2）餐饮部是酒店营业收入的主要来源之一；（3）餐饮部是酒店营销的重要组成部分；（4）餐饮部是酒店弘扬民族饮食文化的重要场所。

2. 餐饮部的组织机构和分工职责。

3. 餐饮管理的目标

（1）营造怡人的进餐环境；（2）供应可口的菜点酒水；（3）提供优质的对客服务；（4）取得满意的双重效益。

4. 餐饮管理内容

（1）掌握市场需求，合理制定菜单；（2）开发餐饮新品种，创造经营特色；（3）加强餐饮推销，增加营业收入；（4）合理组织人力，提高劳动生产效率；（5）保持并不断提高食品质量和服务质量；（6）控制餐饮成本，提高餐饮毛利；（7）确保食品卫生和饮食安全；（8）加强员工管理，组织员工培训，提高员工素质。

5. 菜单设计

（1）菜单的种类；（2）菜单设计的原则；（3）菜单设计的要求和制作。

6. 餐厅服务管理

（1）散客服务

① 中餐散客服务一般程序：热情迎客、上茶递巾、接受点菜、点酒服务、按序上菜、席间服务、准确结账、礼貌送客、整理餐桌，重新铺台。

② 西餐散客服务一般程序：迎宾领座、鸡尾酒餐前小吃服务、递送菜单、接受点菜、递送酒单、接受点酒、开胃菜、汤类、色拉、主菜、水果与乳酪、甜点、餐后饮料、结账付款和礼貌送客。

（2）宴会服务

① 中餐宴会：宴会服务组织、环境布置、班前例会、准备开宴、宴会餐间服务、结束工作。

② 西餐宴会：宴会服务形式、宴会服务组织、台面布置、席间服务、结账、宴会结束工作。

7. 餐饮原料管理包括采购、验收、库存、发放等环节的管理。

8. 厨房管理包括：组织准备、业务管理、成本核算控制、厨房设备管理、卫生管理、安全生产与餐厅的协调沟通等。

9. 餐饮成本控制

（1）食品原材料及饮料进货成本控制；（2）标准成本与售价的确定；（3）实际成本率与标准成本率的差异分析。

习题与技能训练

1. 餐饮部在酒店中的作用何在？

2. 根据餐饮部业务特点，餐饮部的组织机构可以分为几个部分？它们各自的职责是什么？

3. 餐饮部管理的目标是什么？管理内容包括哪些方面？

4. 菜单分哪几类？菜单设计必须坚持哪些原则？在制作过程中应注意哪些问题？

5. 比较零点服务与宴会服务的程序有何区别？

6. 如何加强餐饮部的原料管理？

7. 怎样处理好餐厅与厨房的关系？

8. 如何加强餐饮的成本控制？

9. 中、西式宴会摆台模拟训练。

10. 设计一份家乡特色菜菜单。

项目 *9* 开发人力资源

■ **学习目标**

■ **知识目标**

1. 掌握酒店人力资源管理的概念、意义。

2. 熟悉人力资源管理的模式、原则和任务。

3. 掌握酒店人力资源配备管理的主要方法。

4. 了解人力资源开发管理中员工招聘、培训、使用的主要内容和方法。

5. 了解潜质管理中的绩效考评和激励形式。

■ **案例目标**

通过案例学习，结合本章相关知识内容，提高学生综合分析和解决酒店实际问题的能力。

■ **实训目标**

通过实训，加强学生对酒店人力资源管理内容和方法的了解，提高对酒店部门、岗位、人员之间协调配合、团结合作重要性的理解，使学生乐于交往和相互学习，寓教于乐，提高学生对本章知识的掌握程度。

■ **教学建议**

1. 通过案例，学生能够了解人力资源的内涵及重要性。

2. 教师对相关知识点结合案例对人力资源管理的重点内容和相关知识点进行分析讲解。

3. 通过教师引导学生参与管理实训游戏，增进教师与学生之间、同学之间的交流和互动，增强团队合作精神，在游戏和运动中掌握知识、加深体会。

学习任务 ❶ 剖析人才管理案例

【想一想，做一做】

某酒店近段时间员工流失率大大提高，员工士气低沉，顾客投诉增加，总经理要求办公室主任着手调查原因。办公室主任经过员工意见征询和多方摸底，调查结果反映：89%的员工觉得在酒店无前途；75%的员工反映酒店缺乏业余文化氛围；65%的员工感觉得不到重视；而在工资福利的调查上却只有12%的员工觉得不满意。

想一想

针对这些问题，如果你是总经理该如何采取相应措施，解决酒店所面临的困境？

资料来源：http://www.17u.net/bbs/show_7_258190.html

学习任务 ❷ 参加实训游戏

【游戏一】

抱团走三步

请队员们紧密地围成一个圆圈，并把自己的胳膊搭在相邻同伴的肩膀上。主持人先领着大家跳一些基本的舞步，如左右侧踮步一二三等，然后告诉大家：我们将要面临一个艰巨的任务，闭目前进三步。等大家明白后，发令走第一步，给大家一些鼓励和表扬。接着就连续发令走第二、第三步，这时肯定圆圈断开，很多队员摔倒在地，尽管这个任务根本不可能完成，但是这个游戏能让队员们自然地接触身体和相互配合，消除害羞和拘束，使小队充满活力，融洽气氛，为下面的活动奠定良好基础。

【游戏二】

蚂蚁搬山

参加这个游戏的人数越多越好，排成两路纵队站立，两路队员肩并肩，彼此尽量靠近。游戏开始，排头四人出列，其中一人挺直身体，由三人抬起放至纵队排头的头上，由众人用手慢慢地将其传送到队尾，沿途仍由三人进行保护，确保其安全不跌落。至队尾后，再将其扶下。之后，四人排于队尾，再由排头的四人进行。直到每人都轮流被大家运送过为止。

资料来源：http://book.workercn.cnlcontentfile/2009/12/231075213513513841319.html

 知识储备

9.1 酒店人力资源管理概述

9.1.1 酒店人力资源管理的概念及意义

酒店人力资源管理，就是运用科学的方法，对酒店人力资源进行有效利用和开发，以提高酒店工作人员的素质，并使其得到最优化的组合和积极性的最大发挥，从而不断地提高酒店的工作效率。

人力资源是相对于自然资源或物质资源而言的，作为酒店的人、财、物、时间和信息五大资源之一的人力资源，是酒店经营活动中最基本、最宝贵的资源。现代酒店管理学认为，企业的一切工作都是通过人来进行的，只有加强对人的管理，做好人的工作，才能把企业各项工作做好。因此，加强酒店人力资源的管理，有极其重要的意义。

1. 人力资源管理是酒店开展经营活动的重要条件

酒店的一切经营活动都是围绕着出售服务产品进行的，而服务产品的有效提供取决于两方面因素一是物质因素，即作为服务载体的有形设施，包括酒店的建筑、客房、餐厅以及各种设施和设备。这些物质因素是提供服务产品的物质基础，即人们通常说的"硬件"。"硬件"的优良与否，一定程度上对提高酒店的工作效率和服务质量具有重要的影响。二是人的因素，即酒店员工的基本素质及其在经营服务中所发挥作用的程度和水平，这是酒店服务产品的主体部分，就是所谓的"软件"部分。对于酒店来讲，"软件"的水平在提高酒店的工作效率和服务质量不仅是基本的前提条件，而且具有关键性的作用。实践证明，在酒店"硬件"基本确定的前提下，酒店的"软件"质量起着至关重要的作用。因此，加强酒店人力资源管理，认真招聘、培训和使用好酒店的服务人员、专业技术人员和经营管理人员，不仅是酒店保证正常经营活动的前提条件，也是有效利用酒店的"硬件"，最大限度地提供酒店产品的客观要求。

2. 人力资源管理是形成一支优秀员工队伍的重要途径

在现代市场经济条件下，企业之间的竞争关键是人才的竞争。任何一家酒店若

想在竞争中取胜，就必须重视造就一支优秀的员工队伍。优秀的员工队伍是不会自发形成的，必须通过一系列专门的人力资源管理工作，经过一定时间的培养才能逐渐形成。要建立一支优秀的员工队伍，首先，必须根据酒店经营发展的要求，广开"材"路，形成一支符合酒店经营业务要求的员工队伍。其次，要加强对员工队伍的培训，不仅要提高业务素质，也要提高员工队伍的政治思想素质，强化服务意识，使员工队伍从数量上和质量上确保酒店经营业务的需要。再次，要通过科学的人力资源管理和有效的激励方法，激发酒店员工工作的主动性和创造性，使员工热爱酒店、热爱本职工作，发挥出各自最大的效用，最终形成一支优秀的员工队伍。

3. 人力资源管理是创造酒店良好效益的重要保证

酒店是一个经营性实体，必须通过自己的产出效益来补偿投入，并且具有不断积累的能力。因此，酒店的一切经营活动都必须讲求经济效益和社会效益。要讲求经济效益，就必须科学合理地配置酒店的资源要素，使酒店员工形成最佳的人员组合，在酒店经营服务和管理活动中，做到岗位明确、职责分明、权责对应等，使每一位员工都能够人尽其才、才尽其用，形成最大的工作效能，为酒店获取更多的经济效益。要讲求社会效益，就要提高员工的政治思想教育和业务素质，培养员工牢固的服务观念和宾客至上的意识，并通过员工的优质服务和良好的素质，树立酒店良好的形象，赢得社会的赞誉，提高酒店的知名度和美誉度。提高酒店的社会效益，最终还是为酒店提高长期的经济效益奠定基础。可见，加强酒店的人力资源管理，是为酒店创造良好经济效益和社会效益，并使之不断提高、持续发展的重要保证。

4. 人力资源管理是建立一套科学的酒店人才开发体系的重要手段

酒店的人力资源开发和利用，就是要通过对酒店员工的招聘、培训、组合、奖惩等，使酒店员工具有从事酒店经营服务和管理的素质及能力，并且能在合适的岗位上人尽其才。但是，要真正达到酒店人力资源开发和利用的目的，必须有一套科学、合理的人才开发和利用体系，形成人才辈出的优化机制，这就要通过加强人才资源管理来保证。首先，通过人力资源管理建立一套招聘员工的科学程序和方法，为酒店挑选出一批事业心强、有培养前途的员工。其次，通过人力资源管理建立一套科学的培训制度和方法，有效地提高酒店员工的素质和能力。再次，通过人力资源管理进行科学的定岗、定员，并按照岗位和定员标准来组织和调配员工队伍，优化结构，发挥最佳的群体效应。最后，通过人力资源管理和科学的激励方法，有效地利用酒店的人力资源，最大限度地发挥员工的积极性和创造性，以促进酒店经营业务的发展和效益的提高。因此，加强酒店人力资源管理，是建立一套科学的酒店人才开发体系的重要手段，也是酒店形成较强凝聚力和吸引力的重要途径。

9.1.2 酒店人力资源管理的模式

要实现酒店人力资源管理的目标，固然需要注意管理的手段和方法，但更主要的是首先必须确立管理的指导思想。在当今世界，人的管理主要受到三种管理理论的影响：即X理论、Y理论和Z理论，并在此基础上形成了不同的管理模式。

X理论是一种以任务为中心的管理理论。其管理的依据是，一般人都会对工作有一种天生的厌恶感，不愿意负责，缺乏抱负，但愿意听任摆布。由于对员工缺乏足够的信任，X理论主张在员工和管理者之间进行明确的分工，确立管理者的权威，采取"命令与统一"、"权威与服从"的方式，并且通过严格的定额、考核与奖惩等制度，对员工的行为进行控制。这种管理方式在我国中外合资、外方管理的酒店表现得比较明显。

Y理论是以人为中心的管理。这一管理方式的理论基础是行为科学。这一理论认为，人们工作是正常的需要，它不仅表现为一种生活需求，而且也表现为一种精神需求，如社交、自我实现等。一旦人们将企业目标视为己任时，他们就会自觉、努力地工作。所以，Y理论主张正面引导和鼓励，并努力创造良好的工作环境，帮助员工清除前进道路上的障碍，使员工能够获得自我实现的机会。近年来许多西方酒店管理集团已经从X理论管理模式转向Y理论管理模式，我国的大部分国营酒店也采取了这一管理模式。当然，这并非一定是受行为科学的影响，也是我国员工当家作主，以及思想政治工作的结果。

Z理论是日本管理学者在总结Y理论的基础上，结合日本的民族特点而提出来的管理模式，其核心在于强烈的企业精神和特殊的协作文化。这一理论的基本点和Y理论无本质区别，实际上可以说是"以人为中心"的管理模式的分支。在日本，Z理论企业组织最重要的特征表现为终身就业、所有员工"价值"平等且互相尊重、对公司效忠等方面。Z理论管理模式就是要使员工相信，他们也是企业的主人，与雇主利益与共。这一模式，实际上与我国过去的管理模式相近，只不过其结果更易为员工所认识而已。

应该说，以上三种管理方式，各有所长也各有所短，作为以任务为中心的管理，对在建立酒店业务经营的正常秩序，实现管理和服务的系统化、标准化、规范化，克服员工的惰性等方面都有着重要的作用。但是，由于这种管理方式是以"强制"为基本特征，所以容易扩大管理者和员工的矛盾，加深对立情绪，从而使酒店组织失去凝聚力。这从外方管理的酒店中人员流动率普遍较高可见一斑。作为以人的思想感情为基础的Y理论和Z理念，不把员工看成是只会干活的，而是当作"人"来关心，给予充分的理解、信任和关怀，注重激发职工的工作激情，这在现代条件下，应该说是一种积极的管理方法。但是，如果单靠感情，也难以收到良好的效果。我国现在还处于社会主义初级阶段，现代酒店要正常运转，没有统一的意志和章法，也是不可想象的。虽然，我们不能说人天生是懒惰的，但我们不能否认，如果没有任何约束或可以不劳而获，那么人也会变得懒散。所以，这三种管理方式应该互相联系、互相补充、有机结合。我国酒店对人的管理，应该坚持以制度管理为基础、以思想政治工作为主导、以物质刺激为辅助的管理思想，把制度激励机制、物质激励机制、精神激励机制有机地结合起来。

9.1.3 酒店人力资源管理的原则

1. "以人为本，员工第一"的原则

人是生产力中最积极、最活跃的因素，酒店科学管理的各项工作、酒店的优质服务和经济效益都是由员工创造的。为此，酒店人力资源开发管理必须始终坚持"以人为本，员工第一"的原则，并解决好三个问题。一是要把员工队伍建设纳入酒店各部门考核指标中。即将员工的主动积极性、精神面貌、团结协作精神和员工队伍建设的好坏作为对酒店管理人员的重要考核指标，促使各部门都将人力资源开发管理放在首位。二是要将严格要求与感情投入相结合，调动员工工作积极性。即各部门既要严格规章制度、员工守则、劳动纪律，又要充分、广泛地运用沟通、协调、感情投入、动机激励等各种手段，充分调动员工的主动性。三是要关心员工生活，创造舒心环境。即要在员工生活条件、工作环境后勤保障、个人或家庭困难等方面给予关心、爱护与帮助，以确保员工能够生活安定、身心健康、心情舒畅地投入酒店的工作中，从而为客人提供优质的服务。

2. "坚持标准，严格录用"的原则

酒店人力资源开发是以员工配备和录用为前提和基础的，为此，酒店人力资源开发管理必须贯彻"坚持标准，严格录用"的原则。即是要针对各部门各岗位，分别制定任职条件和职责要求，然后经过严格的招聘程序和试用期，择优录用酒店管理人员、专业技术人员和各岗位服务人员，保证人员素质符合不同岗位的用人标准和任职条件，才能做好酒店人力资源开发管理，提高管理水平和服务质量。

3. "合理用人，有序流动"的原则

合理用人，有序流动是调动员工积极性、主动性和首创精神，充分发挥工作潜力，形成人才竞争，提高工作效率的重要条件。所谓合理用人，就是要将人员使用与不同岗位要求、员工的工作能力、专业特长和个人兴趣等结合起来，尽量做到"务使人载其事而各得其所宜"。特别是酒店中高层管理人员和专业技术人员的使用，一定要坚持用人标准，将他们的专业知识、工作能力、职业品质和资历、学历、阅历结合起来，合理用人。所谓有序流动，就是要根据酒店业务发展的人员使用情况，在留住优秀人才的前提下，灵活掌握，有进有出，防止一潭死水。

4. "素质优先，不断培训"的原则

酒店人力资源开发管理是一项长期而艰巨的任务。进入21世纪后，人才竞争成为市场竞争的重要体现。企业管理对人员素质，特别是中高层管理人员和专业技术人员的素质要求越来越高。为此，酒店人力资源开发管理必须坚持"素质优先，不断培训"的原则，其重点是要制订培训规划和年度计划，分层次做好管理人员、专业技术人员和服务人员的长期分阶段培训，不断提高他们的素质，以适应现代酒店业国际和国内竞争的需要，提高酒店的管理水平、服务质量和经济效益。

5. "奖优罚劣、广泛激励"的原则

在酒店人力资源管理中，为了充分调动和激励广大员工的积极性，保持酒店生机与活力，还必须坚持"奖优罚劣，广泛激励"的原则。奖优罚劣，就是要制定条理清楚、便于考核、奖罚分明的管理制度，大力培训员工的团队氛围，奖励先进，鞭策后进，在制度面前坚持人人平等。同时采用多种手段激励员工，包括物质激励、精神奖励等。特别是对那些表现突出、有特殊贡献的员工，更要广泛奖励。

9.1.4 酒店人力资源管理的任务

1. 做好人力资源配备管理，优化人员结构

酒店人力资源配备既是酒店业务管理的前提和基础，也是酒店人力资源管理的重要任务。为此，必须研究制订人力资源计划，确定各部门、各岗位人员的用人标准、任职条件、岗位职数以及酒店各级、各类人员的结构比例，以便做好人力资源配备，优化人员结构，形成最佳人员组合，并在此基础上逐步完成人员编制和人员配备，为酒店和各部门业务活动开展提供人力资源保证。

2. 做好人力资源开发管理，合理使用人员

在人力资源配备和优化人员结构的基础上，饭店要加强人力资源开发管理，做好员工的招聘、培训和合理使用，使各岗位员工充分发挥自己的聪明才智，做好本职工作，就是酒店人力资源开发管理的重要任务和中心工作之一。这些不仅是人力资源管理部门的工作，也是酒店各业务部门和职能保障部门的共同任务。

3. 做好人力资源潜质管理，调动员工积极性

人力资源潜质是指潜藏人体内的工作体能和智能，即员工的动力和士气，也就是我们常说的广大员工的主动性、积极性、责任感和首创精神。酒店人力资源管理只有充分运用各种激励手段，将广大管理人员和专业技术人员及服务人员的这种潜质激发出来，使他们的能力得到充分发挥，自我价值得到实现，他们才能为酒店管理创造优良业绩，为酒店客人提供热情、主动、耐心、细致的服务，保证酒店经营目标顺利实现。这既是酒店人力资源管理的最高境界，也是人力资源管理的重要任务。

9.2 酒店人力资源配备管理

酒店人力资源配备管理又称定编定员，它是酒店人力资源管理的前提和基础。酒店进行人力资源的配备，既能保证各部门业务经营活动的顺利开展，又能降低人员成本、提高工作效率。

9.2.1 劳动定额的管理

劳动定额是指在一定物质技术设备和劳动组织下，在保证酒店服务质量和充分发挥员工积极性的基础上，制定出每个员工平均应达到的定额工作量标准。劳动定额的制定必须科学而符合实际，即从本酒店的实际情况出发，包括员工责任、经营

效益、工作环境、设备设施、管理方法及运营机制等方面的综合考虑。核定劳动定额是调动员工积极性和创造性，节约劳动成本，提高劳动效率的有力手段。采用劳动定额既有利于员工明确任务，有利于酒店各部门的管理者对员工进行考核、评估、奖惩等工作，也有利于酒店正常运营。劳动定额的编制方法依据各部门的具体情况也有所不同，通常有以下四种方法。

1. 技术测定法

这种方法通过对员工实际操作动作的研究，分析劳动过程、操作技术和工时消耗情况，确定每一劳动过程平均的工作量，最后测定出定额指标。

它一般适合为酒店的客房、餐厅和洗衣房等部门制定劳动定额。采用这种方法进行实际测定时，必须结合各部门、各工种的劳动特点。从工时消耗的角度来看，员工的劳动时间一般要包括准备作业时间、基本作业时间、随机服务时间和结束时间，每一方面又包括许多具体动作，其中对随机服务时间必须充分考虑。因为酒店服务本身就具有随机性和一定的间歇性。如果工时排得过满，没有随机服务时间必然影响服务质量，同时还影响到员工的休息时间。

采用技术测定法制定劳动定额的计算公式为：

$$劳动定额 = \frac{规定时间 - （规定作业时间 + 结束时间）}{（基本作业时间 + 随机服务时间）\times（1 + 休息系数）}$$

2. 经验估计法

这种方法是以历史上实际达到的指标为基础，综合分析现有设备条件、经营管理水平和员工业务技术水平等一系列提高劳动效率的有利因素和不利因素，然后以估计的工时消耗来制定劳动定额。其特点是方法简便、工作量小、易于掌握，能反映员工的实际劳动效率，有群众基础。它一般适用于难以具体测定劳动量和各项劳作的工时消耗的工种和部门，如酒店前台预订、接待、问询、保安部的门卫和巡逻等工种。酒店以劳动消耗为主，随机性强，影响工时消耗的可变因素很多，所以，采用经验估计法来制定劳动定额是必要的。

3. 类推比较法

这种方法以过去实际达到的指标水平为基础，参照同类酒店的先进管理经验，结合本酒店的实际情况来估计工时消耗以制定劳动定额。酒店中有些部门和工种，例如工程部的机修工、电工、管道工以及康乐部的游泳池、网球场、健身房等，劳动随机性太强，事先难以估计工时消耗，尤其是酒店的工程部门，当设备完好时，工作量较小，而一旦发生设备损坏或技术故障，投入抢修的任务是十分艰巨的。所以，采用类推比较法制定劳动定额比较适合这些部门。

4. 统计分析法

这种方法是以统计资料为依据，分析酒店目前的实际接待能力及提高劳动效率的可能性来制定劳动定额。酒店的商品部或小卖部、理发室、仓库等这类部门的业务量变动幅度不大，便可以采用统计分析的方法制定劳动定额，其计算公式为：

$$劳动定额 = \frac{综合平均数 + 最优完成数}{2}$$

总之，酒店企业是一种综合性服务行业，内部部门与工种众多、情况复杂，制定劳动定额的方法应该多种多样。科学合理地制定劳动定额，关键要结合酒店、部门、工种的实际情况，充分考虑各种劳动的具体特点，选用适当的方法。

9.2.2 劳动定员的管理

劳动定员，是指酒店为完成规定的工作任务而应有的人员配备。定员是一种科学的用人标准，是酒店在人员配备上的数量界线和依据。酒店人事部门要根据酒店的经营方向、规模、服务内容、接待任务和员工的素质水平等实际情况，在建立岗位责任制的基础上，规定酒店各部门、各岗位必须配备的各类人员的数量。

正确编制定员，可以合理使用劳动力、提高劳动效率，同时为合理配备各类人员和编制工作计划提供重要依据。它也为改善酒店劳动组织、合理调配劳动力及劳动分工、健全岗位责任制提供了必要保证，有利于充分发挥每位员工的工作积极性，避免人浮于事。

酒店劳动定额和定员编制是相辅相成的，定额是基础，定员是保证，两者都是为提高劳动效率服务的。劳动定员的编制一般有四种方法。

1. 岗位定员法

这种方法是从酒店内部结构设置、服务设施、岗位职责与要求出发，再考虑各岗位的工作量、班次与出勤率等因素来确定定员人数的一种方法。它适用于酒店的前台人员、行李员、后勤物资用品采购员、仓库保管员、设备维修工等部门员工和管理人员的定员编制。

2. 比例定员法

这种方法是根据酒店各部门、各工种班组的劳动任务分析其工作量，在制定劳动定额的基础上，按照一定比例来确定定员人数的一种方法。它主要用于客房、餐厅、厨房、洗衣房等部门的定员编制。如客房可以根据劳动定额规定每位服务员每天负责多少房间，然后根据这一比例确定整个客房部门的定员编制；餐厅可以根据劳动定额规定每位服务员每天看管几张台面，然后按这一比例编制每个餐厅的定员人数，各餐厅人数相加，即是餐饮部门餐厅服务员的定员人数。

一般情况下酒店客房部门的员工占酒店员工总人数的20%~30%，餐饮部门的员工占40%~50%，酒店员工总人数与酒店客房数的比例一般在1：1.5-1：2左右。

3. 设备定员法

这种方法以设备数量和实际工作量为基础，员工的实际工作量由看管定额、设备开动的班次和出勤率等因素决定。这种方法一般适用于酒店工程部门编制班组定员时采用。如电工可根据酒店电器设备的多少和维修任务的大小来确定定员人数，锅炉房根据锅炉设备台数和工作量大小来确定所需人员数量。其他如管道工、机修工等都可采用设备定员法。

4. 效率定员法

这是根据酒店各部门或班组的劳动效率要求来编制定员人数的一种方法。它是以劳动定额为基础的，就是根据员工的工作量、劳动效率和出勤率来计算定员人数。采用这种方法可明确责任，提高劳动效率，降低人力消耗，其计算公式为：

$$定员人数 = \frac{每一轮班应完成的工作量}{服务员的劳动效率 \times 出勤率} \times 每日轮班次数$$

以上几种定员方法，需要酒店人事部门根据各部门、各环节的实际情况灵活运用，或将几种方法结合起来运用。

酒店员工是以为客人服务为主要工作内容，营业时间长，班次变化大，定员编制又是以企业和部门为单位的。因此，在采用上述各种方法编制劳动定员时，首先要根据劳动定额确定当班人数，然后考虑班次和出勤率，才能编制出合理的定员人数，其计算公式为：

$$部门定员人数 = \frac{当班员工人数 \times 班次}{出勤率} + 管理人员数$$

定员编制仅是一个数据指标，还需要在酒店内比较各类人员的比例、劳动效率、定员数量和员工素质，进行必要的调整后，才能做好酒店的定员编制工作。

9.2.3　酒店人力资源配备的结构控制

酒店人力资源配备管理在做好劳动定额管理和劳动定员管理的基础上，还必须调整和控制人员结构，优化人员组合，才能调动员工积极性、发挥员工潜力，做好人力资源管理。其人力资源结构控制的重点如下。

1. 员工数量结构控制

酒店员工数量结构控制主要根据酒店规模、星级高低和服务项目的多少来确定。一般以客房数量为基础确定用人比例。结合各酒店星级高低、规模大小和服务项目多少，其员工数量结构比例控制可参阅下表9-1。

表9-1　酒店员工数量结构比例表

人员比例　星级　服务项目	1、2星级	3星级	4、5星级
服务项目较少	1：0.7-1：0.9	1：0.8-1：1.2	1：1.0-1：1.4
服务项目较多	1：0.8-1：1.1	1：1.0-1：1.6	1：1.2-1：1.8
服务项目众多	—	1：1.5-1：2.1	1：1.8-1：2.5
说明	结构比例是指平均1间客房需用人数		

2. 部门员工结构控制

酒店员工是分布在各级、各部门的，而各部门的员工又包括管理人员、工程技术人员和服务员三大类。为此，做好酒店人力资源结构控制还必须在控制全店员工总量的基础上，加强各部门员工的结构控制。由于各酒店的规模大小、星级高低、组织机构形式和部门设置、服务项目的多少等各不相同，其部门员工的结构比例也会有所区别。这里以三星级以上的大中型酒店为例，以表9-2来说明其员工结构比例。

表9-2　酒店部门员工结构比例

结构\部门	部门比例	管理人员	服务人员	技术人员	员工编制说明
全店	100%	12%~15%	65%~70%	25.5%~28.5%	员工总人数
总经理室	7%~8%	70%~80%	10%~15%	—	含翻译、秘书人员
销售部	1.5%~3%	60%~70%	20%~25%	10%~20%	含销售公关人员
前厅部	6.8%~7.5%	18%~19%	70%~75%	18%~20%	含商务中心人员
客房部	20%~23%	12%~14%	65%~70%	25%~26%	含洗衣房人员
餐饮部	35%~40%	13%~15%	50%~60%	34%~36%	含厨房、餐厅人员
商品部	2.5%~5%	8%~10%	85%~90%	—	部门员工总数
工程部	5%~6%	10%~12%	30%~40%	64%~65%	部门员工总数
保安部	3%~4%	16%~17%	60%~65%	15%~16%	部门员工总数
人事部	1%~1.5%	65%~70%	15%~20%	—	含培训部人员
财务部	7%~9%	70%~75%	25%~30%	4%~5%	含计算机房人员
采供部	2%~3%	60%~65%	35%~40%	—	部门员工总数
总务部	7%~8%	15%~20%	30%~40%	50%~60%	含医务、理发、员工食堂
说明	未含康乐娱乐	主管以上	服务员和工人	有专业技术者	—

3. 岗职人数定量控制

酒店岗职人数定量控制是指每年酒店人员编制完成，确定了各级、各部门、各岗位定编人数后，要将各个岗位岗职名称、岗职人数，特别是高中级管理人员、文秘、内勤人员的岗职人数固定下来，打印出人员编制守则，作为全年安排使用员工的控制依据，并以总经理或店务委员会的名义下发到各级各部门进行贯彻实施的过程。在实行过程中，中高级管理人员的岗职人数不许变动或突破，基层服务人员或工人可根据淡、旺季的业务量不同，用临时工、季节工或小时工调节，以此来控制人员数量，提高劳动效率，降低人员成本。

9.3　酒店人力资源开发管理

酒店人力资源的开发管理，就是通过招聘、培训和使用等手段，提高员工的能力，使其适应本行业特定岗位的需要。人才资源的开发，实际上就是对酒店员工行业素质的塑造。

9.3.1　员工招聘

1. 酒店员工招聘的渠道

按照招聘员工的来源划分，酒店员工招聘渠道有外部招聘和内部招聘两类。外部招聘适合有大量职位空缺时，如新酒店开业或老酒店扩建；内部招聘适合于少量职位空缺时，如人员提升或岗位调动等。

（1）外部招聘渠道

① 大、中专毕业生。大、中专毕业生是酒店业招聘的主要对象。随着我国教育水平的提高和教育规模的扩大，尤其是旅游业的迅速发展。国内近千所院校都开设了旅游管理和酒店管理专业，每年都有大批的毕业生走向社会。由于他们具有较好的酒店经营管理的业务知识，并通过专业学习具备了一定的酒店管理实践经验，因而大、中专毕业生是酒店业最佳的招聘对象。

② 社会上的其他人员。社会上的其他人员一部分为专业人员，即有过酒店工作经历，由于种种原因离开了原来酒店的人员。这部分人既有丰富的工作经验，又有一定的专业技能，是酒店理想的招聘对象。另一部分为非专业人员，他们有志于从事酒店业工作，有较高的工作热情，但由于缺少酒店业的专业知识，因而对这部分人的招聘，酒店应该较为谨慎。

（2）内部招聘渠道

① 内部员工的提升。提升不仅可以将有管理才能的员工放在合适的岗位上，更重要的是对酒店员工的工作积极性能产生激励作用。但是，酒店内部员工的提升是否能真正产生激励员工努力工作的作用，还取决于酒店内部提升工作是否做得完善。如果提升工作没能做好，不仅不能产生对员工的激励作用，反而会起到相反的作用。因此，酒店的人力资源管理者，首先在主观上要克服"情感化"的影响，真正做到任人唯贤，其次要掌握好酒店内部提升的方法。

② 内部职位的调动。酒店内部员工调动职位主要有以下一些原因。

• 酒店组织结构调整。例如，酒店原设有前厅和客房两个部门，为了便于管理，减少不协调现象，便将两个部门合并为房务部。也可能为了适应变化的经营环境而设立新的部门，部分员工可能被调动到新的部门工作。

• 为了增强员工的适应能力（尤其是规模较小的酒店），使员工掌握两种以上的操作技能，也可能采用轮流调配的方式来培训员工。这种调动一般是短暂性的。

• 由于一部分员工对原工作职位失去了工作兴趣。为了调动他们的工作积极性，在可能的情况下，可采用调职的方法，重新安排员工到他们感兴趣的工作岗位上去。

• 可能有些员工经培训后投入工作，而经过一段时期发现他们所掌握的技能与工作表现不相适宜，则应对这些员工调动工作。

• 如果发现有些员工在原工作部门或班组产生较为严重的人际关系问题，而不利于他们工作积极性的发挥，也应对这些员工进行调动，为他们创造新的工作环境。

2. 酒店员工招聘的程序

为了保证招聘工作的顺利进行，体现招聘工作的公正、公平和公开，在市场经济的条件下，酒店业已形成了一套较为规范的招聘模式。

（1）外部招聘的程序

① 发布信息。酒店发布招聘信息时，要考虑发布方式的有效性和针对性，招聘信息既能直接传递给潜在的应聘者，又要考虑节约成本。因此，酒店往往采取到专业院校发布招聘信息和举行招聘活动的方式。酒店还可根据所招聘的岗位特点，在人才市场、劳务市场发布信息，利用人才交流会直接与求职者见面。对有些技术性强、层次较高的工作岗位，通过同行介绍、推荐来招聘人才也不失为一种有效的方法。但酒店在开业前或扩建后要进行较大规模的招聘活动的信息则需使用成本较高的新闻媒体来发布，这样传播面会较广。

② 初步筛选。通过与应聘者初步接触和面谈，使酒店与应聘者之间有了一个大致的了解。经过筛选，酒店工作人员发给合适的人员应聘申请表，并要求应聘人员递交履历表、学历或工作经历等证明文书以及其他个人资料。

③ 审核材料。酒店招聘主管人员要对应聘者递交的申请表及个人资料进行审阅和核实，以确保应聘人员基本情况的可信度。通过审核材料，进而淘汰一部分不合适基本情况的应聘人员，并在此基础上，确定下一步参加正式面谈和测试的人员名单。

④ 面试。面试能使酒店招聘主管人员有机会直接接触应聘者，直观地了解应聘者的外表、举止和表达能力，并能澄清已有资料中未能定论的疑点，对应聘者的综合素质进行评估，为录用决策提供依据。

在面试前，酒店要做好充分的准备，如选择合适的场所，在仔细阅读应聘人员材料的基础上准备面试的提纲，配备合适的面试人员，由专业部门的人员与人事主管人员组成面试小组。

在面试中，面试者不应有"恩赐"的思想、居高临下的姿态和不耐烦的表情，要营造良好的气氛，创造一个能使应聘者充分表现和发挥的环境。

在有些岗位招聘时，还要加以相应的测试，如外语水平的测试、心理测试和技能测试等，以深入了解应聘者的实际能力和水平。

面试结束后，面试小组要及时整理和汇总记录，综合意见和看法，做出结论，报人事部门做出最终的决定。

⑤ 外调体检。对拟录用的人员，要进行必要的外部调查，以全面了解应聘者

的情况。另外，还要进行体格检查，健康的体魄是胜任酒店工作的基本条件，要防止患有传染性疾病的人员从事服务性工作。

⑥ 办理手续。向合格的新录用人员发出书面的通知书，与新录用人员签订劳动合同。劳动合同是酒店与员工之间为确立相互间的劳务关系而订立的具有法律效力的协议。

（2）内部招聘的程序

① 确定提升候选人。这是搞好提升工作的基础。考查一个员工是否具有提升的资格，必须严格按照"才职相称"原则，从以下四个方面进行考核：第一，个人才能，包括知识面及分析问题、解决问题能力和管理能力；第二，个人品德，这是对管理者道德修养和品质方面的要求；第三，工作表现，这方面的考核关键是看员工在工作中是否踏实肯干、尽职尽责；第四，工作年限，提升候选人虽不应论资排辈，但工作年限一方面可以反映工作经验，另一方面也会影响管理效果。

② 测试提升候选人。对提升候选人进行测试是选拔员工过程中的一个必要环节。因为提名的候选人肯定多于岗位的实际需求人数，在这种差额选拔中，必须通过竞争，做到优胜劣汰。要保证竞争的公平合理，科学的方法就是进行能力测试，包括测试分析问题的能力、决策的能力、领导能力以及人际关系等。

③ 确定提升人选。在测试考核的基础上，通过量化的分数值进行比较，最终确定提升人选。评分项目要科学、实用，真正反映各种能力。通常采用简单评分法和加权评分法。

● 简单评分法。即将各位候选人的考评项目分值相加，最高分者即为提升对象。如表9-3所示。

表9-3　提升候选人评分表

候选人员	分项得分					总分
	分析问题能力	知识结构	组织能力	工作年限	风度气质	
A	4	5	2	2	3	16
B	3	3	5	5	1	17
C	3	4	1	5	5	18

通过总分比较，应该提升C候选人。

● 加权评分法。不同的工作岗位，对每个人的具体要求是各不相同的。例如，确定公共关系部的经理，风度气质，知识结构比较重要；挑选客房部或餐饮部的经理，其组织能力和分析问题的能力就很重要，采用加权评分法可以较好地解决这个问题。所谓"加权"就是将各个评分项目的得分乘上一个权数，以突出某些项目的重要性，如表9-4所示。

表9-4　餐饮部经理候选人加权评分表

候选人员	分项得分					总分
	组织能力	分析问题能力	知识结构	工作年限	风度气质	
A	2	4	5	2	3	48
B	5	3	3	5	1	57
C	1	3	4	5	5	44
权数	5	4	3	2	1	

　　表9-4是用来确定餐饮部经理的。按照餐饮部管理工作的特点，餐饮部经理必须有很强的组织能力和分析问题能力，所以赋予组织能力、分析问题能力以较大的权数。

　　通过总分比较，提升B候选人担任餐饮部经理最为合适。

9.3.2　员工培训

　　酒店员工培训的内容，从总体上可以分为三个方面：职业态度、职业技术和职业知识。职业态度是每一位员工都必须具有的，而职业知识与技术对不同的员工则有不同的要求。对员工和领班来说，关键是要掌握有关作业的知识与技术；对主管和部门经理来说，关键是要掌握有关本部门组织督导的知识与技术；对总经理和董事长来说，关键是要掌握经营管理的知识与技术。

　　处在酒店不同层次的员工，所需掌握和使用的知识与技能的比率也是各不相同的。职业技术培训的主要对象是基层操作人员，而职业知识培训的主要对象是管理人员。

1. 员工培训的类型

　　根据实施培训的不同阶段，酒店员工培训可分为职前培训、在职培训和职外培训三种类型。

（1）职前培训

　　职前培训也称就业培训，即酒店员工上岗前接受的训练，职前培训对每一家酒店服务质量的提高和业务的发展起着至关重要的作用。职前培训的目标是为酒店提供一支专业知识、业务技能与工作态度均符合企业要求的员工队伍。职前培训因训练内容侧重不同又可分为一般性职前培训与专业性职前培训。一般性职前培训指对新入职的员工就酒店行业知识、酒店工作的性质与特点、酒店工作人员素质要求与职业道德、酒店情况介绍等常识性内容进行灌输，以增进新员工对酒店工作的了解与信心；专业性职前培训侧重于对新员工分部门、分工种进行专业针对性训练，要求员工在上岗前切实了解所在部门业务的处理原则、规范、程序、技术与方法，以便培训后员工能立即适应并胜任所分配的工作。

（2）在职培训

　　在职培训是指酒店员工在工作场所和在完成工作任务过程中所接受的培训。员工的在职培训是职前培训的继续，是从低级水平或称培训的初级阶段迈向中级阶段的发展。职前培训是酒店员工就业前的准备，是每一位员工加入酒店行业的必由之路，而在职培训是职前培训的深化过程，它持续的时间远比职前培训要漫长，对一个注重培训的酒店企业来讲，在职培训会贯穿每一位员工就业的全过程。

在酒店日常经营中会产生各种矛盾或问题，在职培训就是解决各种经营问题的有效手段之一。酒店在发展过程中要不断采用各种新技术、新设备，要使员工掌握这些新知识，也必须通过在职培训来实现。不同形式的在职培训也有助于改进酒店的服务方式，克服服务中的缺点，改善酒店经营状况。

在职培训要重视对酒店关键工种与岗位的员工，按等级标准定期进行等级培训与考核，并使培训考核的结果与员工工资及职务晋升挂钩。

（3）职外培训

酒店因经营业务发展的需要或员工因工种变更、职位提升等需要接受的某种专门训练。这种培训要求受训员工暂时脱离岗位或部分时间脱离岗位参加学习及进修，即称为职外培训。

根据受训时间安排和受训员工脱产时间的长短区分，职外培训可分为全日式、间日式或兼时式培训。受训员工以全天的时间脱产参加培训为全日式培训；如果培训须利用数天以上的时间，但为避免影响工作，受训员工可采用间日式，即非连续进行培训；兼时式培训是在职培训与职外培训均可采用的方式，为避免影响工作或因为培训安排需要，受训员工每天仅接受若干小时训练，其余时间仍返回工作岗位，继续工作。

2. 培训实施的步骤与方法

（1）发现培训需求

发现培训需求既是酒店培训工作的开始，也是衡量培训工作效果的主要依据，即培训是否满足了工作需求。培训需求的产生主要有以下三个方面。

① 由于酒店经营环境（包括内部环境和外部环境）的变化，导致员工缺乏相应的知识和技能而产生培训的需求。

② 由于酒店各部门工作上出现问题而产生培训的需求。

③ 由于酒店员工流动而产生培训的需求。

（2）制订培训计划

参照国际著名酒店管理的经验，制订培训计划的方法是如下几点。① 先由酒店培训部发给各部门一份有关本部门业务培训的大纲。大纲包括三个部分内容：第一部分是本部门培训纲要简介；第二部分是本部门培训的内容、要求达到的标准、培训的方法、培训的整个计划和每一项目培训的实际时间、学员及培训员的名单（签字）和日期与考试题；第三部分是对培训方法与手段的简单介绍。② 培训部每年发两次《半年培训计划表》，请各部门进行填写。③ 各部门经理与各小部门主管（培训协调员）要填写一份《每月培训计划表》，培训部接到此表后，要安排好培训场所、培训所需的设备用具并帮助培训协调员研究培训活动的步骤、培训方法与考试内容等。④ 在每一次培训活动结束后，培训部要填写一份《培训活动报告表》。

（3）准备培训材料

培训材料应准备完全，要求印刷整齐、清晰。在材料的编排上，尽可能考虑到趣味性、深入浅出，易懂易记。应充分利用现代化的培训工具，采用视听材料，以增加感性认识，激发员工认真练习的动力，特别是准备好"工作分析表"，它是详细、系统地说明某一岗位的工作具体做什么，如何做，在做时要注意的问题以及所使用的工具与资料等的实用培训教材，我们可以运用"工作分析表"来对员工进行实战性培训。

（4）具体实施培训

酒店培训的方法一般可以简单地概括为"T、S、F、C"四步培训法。第一步是传授（Tell you），就是告诉你如何去做；第二步是示范（Show you），就是演示给你看；第三步是练习（Follow me），就是让你跟着练；第四步是纠正（Check you），就是对你所做的进行检查与纠正。

对知识和技术的熟练掌握与运用，是以记忆为基础的。调查显示，人实现记忆的有效率由于感观的不同而不同：通过阅读可记住10%，通过听课可记住20%，又看又听可记住50%，自己复述一遍可记住80%，一面复述一面动手做可记住90%。因此，我们应该尽量采取视听、研讨和角色扮演这些身临其境的培训方法来增强培训效果。

（5）评估培训成效

培训成效评估包含两层意义，一是对培训工作本身的评价，二是对受训者通过培训后所表现的行为是否反映出培训效果的评价。通过培训成效评估，能使培训工作不断地改善。

9.3.3 员工使用

1. 正确处理人力资源使用中的关系

（1）用人数量和工作量的关系

酒店各部门、各岗位的员工数量，都应该以业务工作量为基础，做到因事设人，保证各岗位员工饱满的工作量，防止人浮于事。

（2）人事安排和营业收入的关系

酒店人力资源管理要有利于提高工作效率，增加营业收入，降低劳动消耗。酒店及各部门的人员使用和安排都应以当地同等星级的平均劳动生产率（人均创收）为基础，确定其员工数量。如果增加人数或编制，必须同时增加营业收入。反之，如果计划营业收入降低了，则应该减少人员使用和人员编制，以保证酒店人均劳动生产率逐年有所提高而不是降低。

（3）员工业务技术专长和任务分配的关系

酒店必须将员工的业务专长、兴趣爱好、专业知识、工作经验和人事安排、任务分配结合起来，做到知人善任，人尽其才。

（4）人员使用和人事变动的关系

在市场经济条件下，酒店出现人员流动是必然的。为优化员工队伍、做好劳动力和管理队伍置换，酒店应该正确处理人员使用和人事变动的关系。其方法有三个：一是酒店每年保持20%~25%的普通员工流动率，以便形成工作压力，有利于优化员工队伍；二是每年应保持5%~10%管理人员置换率，实行末尾淘汰制，使管理人员能上能下，能进能出；三是在人员使用和人事变动过程中，要以业务需要为中心，通过劳动力和管理人员置换，不断提高酒店整体人员素质，防止不正之风。

2. 采用不同方法处理人事安排与使用

（1）管理人员的使用

管理人员是酒店各项工作的组织者和领导者。其人员使用是否合理直接决定着酒店各部门的管理水平、服务质量和经济效益。酒店管理员安排使用的基本方法是：① 根据机构设置、岗位设置和管理人员编制计划，确定酒店总经理、副总经理和各部门正副经理等的定岗人数；② 根据各部门、各岗位的工作性质和任务，制定各岗人员的职责规范，其内容应包括职位描述、职责规范、任职条件和考核标准四个方面，以便按岗择人、保证管理人员基本素质达到规定要求；③ 按各部门、各岗位的素质要求和任职条件，选拔、招聘管理人员，做到人尽其才。

（2）专业技术人员的使用

酒店专业技术人员主要包括工程部门的工程师、技术员，餐饮部门的厨师和理发师、按摩师等人员。他们是酒店的技术骨干，其人员安排使用的合理程度直接影响到工程维修质量和厨房技术发挥程度。为此，做好酒店专业技术人员使用安排的方法是：① 根据酒店设备维修保养、厨房产品风味和炉灶生产能力等，确定技术岗位的岗职人数和技术水平的结构比例，制定人员编制的岗位职责；② 根据不同技术岗位的素质要求、技术职称、技术水平和工作能力要求，选拔、聘用合格的技术人才，做好技术能力试用考核；③ 按不同岗位所要求的技术水平，安排技术工种和岗位，择优录用，保证不同岗位技术人员的技术水平和技术能力的充分发挥。

（3）服务人员的使用

服务人员是酒店劳动力的主体，他们是酒店对客服务的提供者和优质服务的创造者。其人员使用安排的方法是：① 根据酒店前厅、客房、餐厅、宴会等的业务需要，确定专业分工，形成不同工种；② 在专业分工的基础上，根据淡、旺季的业务波动程度和岗位设置，制定劳动定额和定员编制，实行弹性用人制度；③ 在岗前培训的基础上，定向分配服务人员的工作岗位，制定和落实职责规范，将试用、选拔和提升结合起来，调动员工的工作积极性。

9.4 酒店人力资源潜质管理

酒店人力资源的潜质管理，就是运用各种激励手段和管理措施，将员工潜在的能力激发出来，以充分调动他们的积极性，做好酒店管理和对客服务。因此，酒店人力资源潜质管理既是人力资源管理的重要工作，又是激发员工劳动热情的重要途径。

9.4.1 酒店员工的绩效考评

在酒店中，无论是物质激励还是精神激励，都必须在绩效考评、客观评价员工工作行为表现的基础上进行，只有这样才能取得良好的激励效果。

绩效考评是对员工工作行为表现进行核实、评定的方法和过程，是酒店人力资源管理的基础工作。绩效考评的内容主要包括德、能、勤、绩等方面。德是指思想品德；能是指胜任本职工作、完成特定任务表现出来的能力水平；勤主要包括纪律性、出勤率等；绩是指工作实绩，包括规定任务的完成情况、创造性和工作效率等。

1. 管理人员的绩效考评

管理人员是指主管以上的总经理、副总经理、总监和各部门经理等人员。总经理一般由上级主管部门或董事会考核。副总经理以下应该实行逐级考核、领导考评和员工评议相结合的制度，以主要负责人为主，每年考核两次。其基本方法是：第一，半年述职考核，即根据各岗位管理人员的岗位职责、任职条件及人事部制定的考核标准，由本人写出半年工作总结，即述职报告，向所在部门员工述职，汇报工作情况，听取上级和下级的意见。第二，年终综合考评。即根据管理人员的考核标准、岗位职责、任职条件，在个人全年工作总结和述职汇报的基础上，进行民意考核与评估。其考核内容与评分标准可参阅表9-5。

表9-5 酒店管理人员考核评估内容与标准

考评内容	分数比例	分类项目	分项分值	参加人员	分数比例
思想情况	20%	（1）掌握政策 （2）原则性 （3）正派与廉洁 （4）关心群众	35% 25% 20% 20%	上级人员（以被考核人员的直接上级为主）	40%
工作业绩	40%	（1）完成工作任务情况 （2）创造工作环境 （3）对下级培养指导情况	60% 20% 20%	下级人员（随机选择，不能指定，要有广泛代表性）	40%
知识经验与工作能力	25%	（1）知识、见识与经验 （2）计划工作能力 （3）协调能力与判断能力 （4）创造、创新工作能力 （5）组织实施工作能力 （6）学习能力与语言文字能力	40% 10% 10% 20% 10% 10%	本人（被考评对象）	5%

（续）

考评内容	分数比例	分类项目	分项分值	参加人员	分数比例
工作态度	15%	（1）工作积极性	30%	同级（同一部门或不同部门的同级参加）	15%
		（2）工作纪律	30%		
		（3）合作精神	20%		
		（4）效益意识	20%		
说明	分项内容详细制定优、良、中、差四个等级的具体标准，经学习后考评				

2. 技术人员和服务人员的绩效考评

酒店工程与厨师等技术人员和服务人员的考核方法主要采用逐级考核、越级评估与过失记录相结合的形式。一般每月考评一次。其基本方法是根据员工所在的工作岗位和工作性质，制定考核标准，由员工的直接上级每月与员工谈话，根据平时掌握的情况和员工的实际表现，填写员工考核表格，再报上一级领导签署评估，将员工评为优、良、中、差等不同等级，然后把员工每月的工作表现与工资或奖金分配结合起来，从而达到奖励先进、鞭策后进和处罚落后的目的，调动员工的工作积极性。其中，技术人员的每月考核要注重其技术水平的发挥程度，如厨师以饭菜质量为主，工程维修人员应以维修质量、有无责任事故为主。服务人员的考核要以工作表现、完成工作量的多少和服务效果为主。其考核内容与要求见表9-6。

表9-6　服务人员工作表现评估表

□ 建议/推荐　　（晋升/调职）

□试用期满　　（新员工/晋升/调职）

□定期评核　　（由　　至　　）

员工姓名_____　员工编号_____

部门/职位_____

就职日期_____　评核日期_____

员工签字_____

评核者_____

部门主管_____

人事培训部_____

等级（评估范围A至E）

A. 优　　　　（90~100分）

B. 良　　　　（80~89分）

C. 一般　　　（70~79分）

D. 要改善　　（60~69分）

E. 不合格　　（60分以下）

（续）

第一部分　工作表现质量						
要　点	A	B	C	D	E	备　注
工作知识						
工作效率						
主动性						
判断力						
准确性						
责任感						
可靠性						

第二部分　个人特征						
要　点	A	B	C	D	E	备　注
热心工作程度						
待人礼貌						
合作程度						
沟通能力						
学习能力						
待人接物						
服从性						
纪律性						
出勤率						
仪表						

第三部分　总评语

1. 员工优点

_____

2. 员工需改善之处

_____

3. 其他评语

_____

4. 总分（最高分为100分）

第四部分　年终评核员工表现情况

退步

（续）

<table>
<tr><td>进步</td></tr>
<tr><td>较佳进展</td></tr>
<tr><td>第五部分 建议/推荐</td></tr>
<tr><td>员工试用期满评核结果：</td></tr>
<tr><td>确定员工试用期满：</td></tr>
<tr><td>确定为长期员工：</td></tr>
<tr><td>晋升为/调职至：</td></tr>
<tr><td>□ 由 开始终止雇佣合约</td></tr>
</table>

9.4.2 物质激励的主要形式

目前，酒店中常用的物质激励形式主要是工资、奖金和福利。

1. 工资

（1）计时工资。计时工资的优点一是考核和计算简便，二是适用范围比较广泛。其具体形式包括小时工资制、日工资制和月工资制。一般来说，以月工资制为主，在计算加班、小时工时可采用小时工资制或日工资制。计时工资的缺点是不能将员工的工作表现准确地与工资激励结合起来，因此一些酒店在计时工资的基础上注入了新的形式，如将月工资分为结构工资、岗位工资、提成工资和全浮动工资等。

（2）计件工资。计件工资是根据员工完成一定的工作量，以劳动定额为依据，按预先规定的计件单价来计算劳动报酬的工资形式，具有较强的激励作用。其具体形式有直接无限计件、超额计件和包工计件等。但无论何种形式，都要首先确定计件单价。计件工资有以下优点：① 能够把员工的劳动报酬同他们的实际劳动贡献紧密联系起来，提高其工作积极性；② 有利于员工的全面发展；③ 有利于完成企业劳动定额等基础管理工作。其局限性主要是只适用于能实行准确劳动定额的工作场所，如酒店客房打扫等。

2. 奖金

工资是对员工定额劳动的报酬，奖金是员工超额劳动的报酬。这两个部分对于员工工作行为的激励作用都不可忽视。从能力的角度看，取得工资说明员工具备担任目前工作或者职务的能力，取得奖金意味着员工具有超过担任目前工作或者职务的能力。由于它们都影响到员工对自己能力的评价，因此它们又在一定程度上可以满足员工的精神需要。一般情况下，奖金比工资更具有灵活性和适应性，便于直接激励员工的工作积极性。

3. 福利

除了工资和奖金，福利也是酒店一项较重要的物质激励内容。福利问题解决不好，往往直接加重员工的家庭负担过重和后顾之忧，导致员工不能安心工作。员工福利搞得好，就会对酒店经营发展起到重要的激励作用。

9.4.3 精神激励的主要形式

1. 目标激励

心理学家的研究表明：激发人的动机要有一个激励的目标。酒店管理者要把酒店企业的目标与员工个人的目标结合起来，形成目标锁链，从而对员工产生激励的作用。

实施目标激励，首先酒店的目标应是能鼓舞和振奋人心的，引导员工奋发向上，但又必须是切实可行的，而且要把酒店总目标分解为每个部门和每个人的具体目标，从而形成一个目标锁链，使每位员工都清楚自己在目标链中所处的位置，意识到自己的责任，鼓励员工发挥各自的积极性去达到目标。

2. 情感激励

情感激励是针对人的行为最直接的激励方式。管理者要用自己真诚的感情去打动和征服员工的感情，真正地尊重、信任和关心员工，从感情上赢得员工的信赖。管理者与被管理者之间在感情上的融洽能产生难以估量的激发力量，使员工保持高昂的工作积极性。

管理者对员工进行情感激励要注意两点。首先，应真诚对待每一个被管理者，切忌因人而亲疏。其次，管理者对属下员工的关心和帮助应表现为同志与朋友之间的友好感情，绝不是一种居高临下式的恩赐与怜悯。

3. "参与"激励

"参与"激励就是创造和提供各种机会与途径，使员工主动关心酒店的发展，参与酒店各个层次上的经营管理活动，激发员工当家作主的热情。

酒店应通过职工大会的形式，实行民主管理，广泛地听取、收集员工对酒店经营管理发展上的建议和方案。酒店各部门和班组的管理者在日常管理中，遇事多和员工商量，多采纳员工的意见和建议。这样，既增强了上下级之间的沟通，又调动了员工"参与"的积极性，承认了员工的"价值"，进一步激发了员工的工作热情。

4. 榜样激励

榜样的力量是巨大的。在酒店中树立起实在的、生动的、让人信服的个人或集体榜样，给人以鼓舞和鞭策，激发他人学习和追赶。

榜样激励也是一种竞争激励。作为榜样者本身，得到了他人的承认，满足了荣誉感、成就感等自尊的需要。为了维护这个荣誉，他必须做出更大的努力。对其他员工，尤其是对荣誉追求有较强欲望的年轻员工来说，在不甘落后于他人的心理支配下，必须为赶超榜样而努力工作。这就是榜样所产生的激励作用。

美国哈佛大学教授詹姆士曾经指出，绝大部分的员工为了应付企业指派给他的全部工作，一般只需要付出自己能力的20%~30%，也就是说，员工为了"保住饭碗"，在工作中所发挥的效能只是其本身能力的很小部分。如果员工受到了有效的激励，则会付出他们全部能力的80%~90%。由此可知，激励对员工潜在的工作表现和工作能力有相当大的推动力。

酒店管理者必须了解各种不同激励方式的内涵，在管理过程中针对不同的对象灵活掌握和利用，有效地激发每位员工的工作热情，从而达到调动员工工作积极性的目的。

知识梳理

1. 酒店人力资源管理概念及意义

2. 人力资源管理模式：X理论管理模式、Y理论管理模式和Z理论管理模式。

3. 酒店人力资源管理原则

（1）以人为本，员工第一；（2）坚持标准，严格录用；（3）合理用人，有序流动；（4）素质优先，不断培训；（5）奖优罚劣、广泛激励。

4. 酒店人力资源管理的任务

（1）做好人力资源配备管理，优化人员结构；（2）做好人力资源开发管理，合理使用人员；（3）做好人力资源潜质管理，调动员工积极性。

5. 人力资源配备管理

（1）定动定额管理；（2）劳动定员管理人力资源配备的结构控制。

6. 酒店人力资源的开发管理

（1）员工招聘；（2）员工培训；（3）员工使用。

7. 酒店人力资源潜质管理

（1）员工绩效考评；（2）物质激励；（3）精神激励。

习题与技能训练

1. 什么是酒店人力资源管理？

2. 酒店人力资源管理必须坚持哪些原则？

3. 试述人力资源管理的任务。

4. 什么是劳动定额？劳动定额编制通常有哪些方法？

5. 劳动定员编制一般有哪些方法？

6. 外部招聘一般有哪些程序？员工培训的内容和步骤有哪些？

7. 简述培训实施的步骤。

8. 酒店员工精神激励的方式有哪几种？

9. 针对人力资源管理存在问题的案例分析。

10. 尝试团队游戏，增加学生与教师、学生与学生之间的互动和交流。

项目 *10* 完善宾客关系

■ 学习目标

■ 知识目标

1. 了解大堂副理的工作内容和职责以及大堂副理的素质要求。

2. 掌握客人对酒店产品的需求心理。

3. 掌握与客人的沟通技巧。

4. 正确看待投诉并掌握处理投诉的方法。

5. 熟悉建立客史档案的方法。

■ 技能目标

1. 掌握与宾客进行沟通的技巧。

2. 掌握投诉处理的方法。

■ 案例目标

通过案例学习，学生能够对宾客投诉有正确的认识和理解，并学会处理宾客的一般投诉，树立酒店的公关意识，掌握危机公关的基本技巧。

■ 实训目标

通过实训，学生能从宾客的角度来考虑问题，从而有益于学生加强在酒店服务过程中的服务意识、营销意识、公关意识，提高学生处理宾客投诉、加强宾客关系的能力。

■ 教学建议

1. 通过案例，学生能够理解宾客关系处理的重要性。

2. 教师对相关知识点结合案例进行详细分析讲解。

3. 教师将学生分组进行模拟客人与宾馆服务人员投诉问题处理的实践练习。

学习任务 ❶ 讨论案例

【想一想，做一做】

案例一　应对突发事件

一日，一位男士找到酒店大堂副理，要求找一位姓刘的女士，男士自称是刘女士的弟弟。（大堂副理叶筱燕：如果我是当班，我就会要求男士出示必要的证明并询问其关于客户的详细资料，在取得入住客人的同意后才能带这位男士与其见面；若入住客人不愿见面，则应婉转的向这位男士说明，保护客人的隐私。）

大堂副理根据酒店为客人保密的惯例进行处理，先打电话到刘女士的房间，无人接听，便转告该男士："客人房间无人接听。"随后，男士出示一张刘女士的遗书，上面写明离开这个世界前要来入住这家酒店。

（这时，大家对该不该打开客人的房门发生了分歧，有人建议马上破门而入，也有人说如何证明这张遗书是真的，万一是假的，岂不是打扰了客人？房务部秦经理认为：如果电话无人接听，并已证实该男子是刘女士的弟弟，则应从客人安全的角度出发，酒店相关人员会同保安部人员应立即赶往客人的房间探视。）

前台接待立即通知酒店安全部。安全部接到通知后，根据前台提供的刘女士的房间号，迅速派员赶赴房间，发现刘女士已服安眠药呈半昏迷状态。安全人员立即通知其在大堂等候的亲属赶到现场，同时，通知酒店的值班汽车原地待命。

刘女士的亲属赶到现场，同安全人员一起将刘女士通过员工电梯运送到地下停车场，迅速送往医院抢救。房务部人员赶到现场，同安全人员和其亲属一起对现场物品进行清理，并做好详细认证登记，随后清理现场。

刘女士经抢救脱险，大堂副理到医院送去鲜花，计财部清理客人的账单并请其亲属处理。从刘女士的家属进酒店查找，到刘女士离开酒店送医院抢救，从正常程序转为应急程序，整个过程经酒店监控系统纪录为23分钟，为抢救客人赢得了宝贵的时间，避免了严重后果。

资料来源：成都信息工程学院银杏酒店管理学

【案例点评】

1. 大堂副理在未确定那位男士所说的是否属实的情况下，根据为客人保密的惯例处理，未透露客人的房间号。对这位不知名男士无法辨认其身份及所说是否属实前，如果工作人员透露出客人信息可能会引起不必要的麻烦。从保证客人安全的角度出发，此时应按正常程序执行。

2. 各相关部门按程序逐步纳入应急程序，整体协调配合，以最快的速度解决问题。

案例二　执行应急程序

一位台商在客房同客人洽谈生意，台商突发心脏病，客人随即打电话通知大堂经理。大堂经理赶到房间后，发现台商已经昏迷。

（销售部周经理：立即拨打120急救中心求救，通知大堂副理、保安部，让急救中心的车子靠边停，同时，通知总台所在楼层的其他房间暂缓预定，尽量不要影响其他客人。）

安全部派人在酒店外围路口等候救护车，并引导救护车到地下停车场，避免救护车出现在大堂门前，引起不必要的混乱。

台商在医护人员抢救中死亡，酒店方面同急救中心协商，决定将台商送往医院进行再次抢救和处置。因事发在白天，为避免引起其他住店客人的注意，采取了以下措施：将台商置于轮椅上，覆盖毛巾被，一位安全人员持输液瓶随其身后，用轮椅将其送到地下停车场的救护车上，然后送往医院进行进一步的处理。

讨论重点：酒店应急服务程序的必要性及重要性，执行中应注意的问题。

【案例点评】

1. 不因紧急事件的发生而影响酒店的正常运行，并将影响降到最低。如案例二中安全部派员在酒店外围路口等候救护车，并引导救护车到地下停车场以防止引起混乱，并且为避免其他客人的注意，将台商身体盖上毛巾被后送出酒店。

2. 事后工作处理得当。两个案例中，酒店都进行了到位的、尽心的事后抚慰工作。让客人深切感受到酒店的人情和温暖。

3. 设置应急程序是酒店管理工作中不可缺少的一个环节，但管理人员稳定的心理素质，丰富的知识，缜密、远见的处事方式都是提高酒店服务品质不可或缺的必备条件，各部门的密切配合更是完美处理紧急事件的关键。

4. "99＋1＝100"的含义大家都知道，那就是服务无止境。在当前已经规范了的程序下，任何细小的问题都能引发客人对我们的不满，从而影响酒店的整体服务水准。因此，我们有必要对出现的任何情况做分析，寻原因，找出答案，进而制定出合乎酒店实际情况的可操纵程序，从而不断提升酒店的服务品质，提高酒店的综合竞争能力。

案例三 开门的启示

一天，1917房的徐先生气冲冲地跑到总台，把房卡狠狠地在台面上一摔，说道："你们是怎么搞的，我的房门又打不开了！早上已经换了一张，现在又没用了，你们想气死我呀！"大堂副理到场处理，先是安慰了客人，让他不要生气，后迅速地把房卡读了一遍，的确是1917房，时间也对，应该是可以打开的。为确保无误，大堂副理又重新做了一张新卡，并陪同客人一起去房间。当时客人还是很恼火，说："早上就打不开了，是服务员给我开的门，我到总台换了一张卡，没想到回来还是打不开。"

到了房间，大堂副理却发现房卡没有问题，这种情况很可能是客人没有正确使用房卡，插反了方向。于是，大堂副理把门关上，用慢动作再一次把门打开。这一切客人看在眼里，他心里也明白了是怎么回事。但大堂副理还是礼貌地对客人说："对不起，徐先生！可能是刚才门锁有点小问题。"这时客人的表情变了，态度也变了，忙说："谢谢，谢谢，麻烦你了。"

【案例点评】

酒店是高新科技产品运用的地方，有些设施不要说第一次住店的客人不懂如何使用，就连经常住店的客人一时间也会摸不着头脑，这就要求酒店工作人员在带客人进房间时多介绍一下房内设施的使用方法。

行李生在带客人进房间时能够向客人说一下"带芯片的朝上"，就可以带来不必要的麻烦了。我们要时刻记住"客人永远是对的"。设想一下，如果当时大堂副理说："这房卡可以开的呀，是不是您插错方向了？"正在火头上的客人会有什么反应？会更火，可能会说："怎么可能呢？明明是你们门锁的问题，怎么变成我的问题了。"遇到内向一点的客人，他虽不说什么，但心里却会不舒服，特别是有朋友在的时候，会感觉很丢面子。

因此，我们平时在处理问题的时候，一定不能跟客人抢"对"，要把"对"让给客人，事情就会迎刃而解。否则，就算最后说明我们是正确的，但客人却感到不开心，这还能说我们是对的吗？

一句话：客人对了，我们对了；客人错了，我们也错了。

案例四 网络不通

2006年12月29日，21：40，617房间的客人投诉酒店网络问题影响其发送邮件。经查该客是浔兴公司采访组的记者，要给报社发送一份非常重要的文稿，定稿时间为24：00，此时客人万分焦急，到大堂副理处非常气愤的投诉。

酒店处理过程如下。

1. 大堂副理随即同电脑主管至617房间向客人了解情况，经查客人电脑网络连接正常，因网络不稳定导致网络断线而非其他故障，其他房间可正常上网。

2. 经电脑主管诊断，该网络断线是由于酒店路由器出现了一些小故障，短时间内无法修复，新路由器已申购但未运到，且此时因团队入住已客满，无法为617房间客人换房。

3. 大堂副理了解情况后先宽慰客人，表示一定会在最短时间内解决客人发邮件的问题并提出解决方案：方案一：大堂副理借用U盘给客人让其拷贝文稿，再至商务中心发送（商务中心可正常上网）；方案二：请客人携笔记本电脑至商务中心上网。

4. 客人采纳了大堂副理提出的第一个方案，大堂副理随即借来U盘将客人的文稿存好，几分钟后将客人的文件成功发送出去。

5. 客人对先前气愤的投诉向大堂副理表示歉意，大堂副理宽慰客人并表示理解，同时把网络不稳定暂不能马上修复的情况告诉客人，对此造成的不便希望客人谅解并向客人赠送酒店致意品，同时做出有空房立即为客人换房的决定。

6. 最后，大堂副理将名片递给客人，并表示随时乐意为其效劳，客人满意而归。

7. 大堂副理协同电脑主管对全酒店网络进行全面检测，观察其他场所是否存在此情况，若有，做好应急准备与对客解释工作。

8. 交待总台有空房立即通知大堂副理为617客房的客人换房并做好交班工作。

9. 将此案例记录在大堂经理日志中以备查。

【案例点评】

因酒店设施、设备问题引起的宾客投诉是酒店投诉类型中最常见的一种，对此类投诉酒店除了加强对设施、设备维护保养外，更需要有行之有效的应急预案，这就要求现场管理人员有较高的灵活应变能力，对一些突发事件及投诉能快捷地做出反应，制定出解决方案。此例中大堂副理在接到此投诉后，在设施、设备无法立即恢复的情况下，提出了它的替代办法，解决了宾客发邮件的问题，从而使宾客投诉得到较为圆满的解决。

学习任务 ❷ 模拟处理投诉

1. 一位客人在浴缸里洗澡，起身时由于浴缸比较滑以致客人摔倒，使得客人多处软组织挫伤。客房服务员请大堂副理前去解决，如果你是大堂副理，你应该怎样处理？

2. 总台收银员在为一位客人办理退房手续时，接到客房查房结果：发现客人房间里一条毛巾有血迹，要求客人赔偿一条毛巾的费用。而客人则说是因为客房中心送的水果刀太锋利把他的手划破了，才使得他不小心将血滴到了毛巾上，说到赔偿，应该酒店赔偿他的人身损伤费。这时，作为大堂副理的你应该怎样解决？

3. 在新装修的地毯的房间里，出现了两个新鲜的烟洞，这时按酒店的常规应该要求客人赔偿，而客人则说在他入住以前就有烟洞，责任不在自己，所以不予赔偿。而根据客房记录和我们的经验判断：烟洞是在该客人入住后才产生的。此时大堂副理应该怎样处理？

4. 一位客人前来投诉说，昨下午外出回来时发现放在房间里的一台价值1万余元的手拍摄像机不见了。作为大堂副理，你应该怎样处理？

围绕以上四个案例，将学生分成宾客方与宾馆方进行投诉的模拟处理？

实 战 要 点

1. 投诉处理须按照宾客投诉的处理原则和程序来进行。

2. 投诉处理以客人与宾馆大堂副理之间面对面的口头投诉为主进行的模拟场景。

3. 教师必须对模拟场景中处理投诉的过程和场景进行指导和把握，以免造成现场混乱，甚至演变成辩论和争吵的结果。

4. 注意语言的运用和处理投诉的技巧。

实 战 演 练

1. 将每班学生分成四组，每组为10~12人，分别对以上四个案例进行事先的讨论和书面的准备。

2. 每组5~6人代表宾客A方，另5~6人代表宾馆B方，双方可以各指派1名代表（或小组长）充当A组和B组的代言人，模拟客人A方的投诉和B方的投诉处理。

3. 事后可将B方的处理方法进行讨论，如有无缺陷、处理是否妥当、客人是否满意等反馈意见进行调查，如有可改进之处，可以将A组和B组角色进行互换，再重新演示，以加深印象和体会不同角色的心理感受。

4. 学生在实训后须把实训体会上交指导教师，教师予以总结和点评。

 知识储备

10.1　酒店处理宾客关系的职能机构

10.1.1　大堂副理的主要职责

大堂副理代表酒店总经理接待每一位在酒店遇到困难而需要帮助的客人，并在自己的职权范围内予以解决，包括回答客人的问询、解决客人的疑难、处理客人的

投诉等。因此，大堂副理是沟通酒店和客人之间的桥梁，是客人的益友，是酒店建立良好宾客关系的重要环节。

在我国，三星级以上的酒店一般都设有大堂副理。大堂副理的级别可以是主管级，也可以是部门副经理级，以体现这一职位的重要性和权威性。对大堂副理的管理模式通常有两种：一是隶属于前厅部；二是由总经理办公室直接管理，大堂副理向总经理办公室或直接向总经理汇报。具体而言，酒店应该根据自身的实际情况来决定大堂副理的管理模式。

无论采用哪种管理模式，都要明确大堂副理的岗位职责和管理权限。大堂副理的岗位职责主要有以下工作内容。

（1）代表酒店迎送VIP客人，处理主要事件及记录特别贵宾和值得注意的客人的有关事项。

（2）处理客人结账时的相关问题及其他询问。

（3）决定是否受理客人的支票。

（4）迎接及带领VIP客人到他们的房间，并介绍房间设施。

（5）检查房间是否达到酒店相关要求。

（6）做VIP客人离店记录。

（7）向管理层反映有关员工的表现、客人意见等事项。

（8）处理管家部报房表上与接待处有出入的房间及重锁房间。

（9）处理客人投诉，用个人对酒店的认识及针对客人的心理，解决问题。

（10）贵重物品遗失被寻获的处理。

（11）遇紧急事件时，必须（但没有上司可请示时）做主动、决断的指示。

（12）与保安部和接待处联系，取得资料做出"意外"、"病客"报告及残疾客报告。

（13）应尽量参与接待工作，了解当天及以后的房间使用情况的走势。

（14）巡查酒店内外以保证各项功能运行正常并及时排除可防范的弊端。

（15）与客人谈话时可适当推广酒店设施。

（16）服从管理人员如总经理、副总、助总及直属上司指派的工作。

（17）与保安人员及工程人员一同检查发出警报的房间、区域。

（18）与财务部人员配合，追收仍在住宿的客人的欠账。

（19）必要时可指挥其他部门的人员工作。

（20）遇危险事故如火警、炸弹恐吓，而没有高层管理人员可以请示时，应做出适当决定，是否需要疏散客人。

以上内容可以总结为以下四点：

（1）控制酒店整体气氛；

（2）处理客人投诉，解决问题；

（3）协助各部门工作，协调矛盾；

（4）代表总经理处理日常事务。

大堂副理代表总经理全权处理宾客投诉、宾客生命安全及财产赔偿的复杂事项。大堂副理应站在维护酒店利益的立场上机智、果断、敏捷地处理各项问题，每天设立24小时值班制。在夜间，除值班经理外，大堂副理是酒店最高权力机构的指挥者。大堂副理还要协助前堂经理直接管辖前堂各部的业务操作，一般是分三班进行工作，主要是承担以下职责。

早班大堂副理上班后应与前班做好交接工作，监督检查前堂全体员工的行为及仪态，协助前堂经理对该部进行管理，参与该部一切工作及过程的指挥督导。若有VIP客人的接待，要检查VIP客人的接待工作。在VIP客人未到达酒店之前，还需检查VIP客人的房间，早上还需接受解释退房客人对账单的一切疑问。进行处理客人遗失的物品，记录下一班要处理或未处理完善的事项。

中班大堂副理与前班一样，首先要做好交接工作，督导员工的仪容仪态及工作程序，尽量完成早班定下的工作或未处理的事情，重新了解当天报告，对售房情况进行复查，检查VIP房间锁匙有否准备好。同时还须检查当天团体客人的到达及离开情况以及目前的客房使用情况。督导员工处理客房的出售。对住宿的客人，若拖欠的账目太多，则视情况进行处理，尽量提醒宾客尽快补交，不合作的宾客，按规定采取适当的强制方法。记录下一班要处理的情况及本班未处理完的事项。

夜班大堂副理与前班一样，要做好交接工作并完成中班没有完成的工作，检查第二天宾客的订房情况，并为将要到达的宾客做好编排房间的准备。根据"夜班报告"内容进行工作，与保安一起巡查酒店的安全，检查PA的大堂卫生情况，复核接待处及电话房的各种表格，记录下一班要处理的问题。在紧急情况下，大堂副理要保持沉着、冷静。接到紧急通知后，立即弄清事情的真相，与保安、值班经理及其他有关部门一起采取有效的措施，迅速处理好一切记录向总经理汇报。

10.1.2　大堂副理的工作程序

1. VIP客人的接待程序

（1）接到公关营销部下发的"VIP客人接待计划书"，立即仔细阅读并记录在案。

（2）参加公关营销部经理召开的接待协调会议，明确自己的接待任务。

（3）了解贵宾抵达酒店前的一切准备工作，并亲自检查贵宾客房以及贵宾将要前往的活动场所。

（4）熟记贵宾的人数、姓名、身份、在店时间和活动过程等细节。

（5）督导各部门所有准备工作提前两小时准备完毕。

（6）热情礼貌、准确有效地回答贵宾提出的问题。

2. 处理客人投诉

（1）听取客人投诉时，要保持头脑冷静，面带微笑，仔细倾听，并做记录以表示重视。

（2）对任何投诉都不要急于申辩。

（3）对客人的投诉表示关注和理解，但不要急于道歉。

（4）听完投诉后，能够立刻判断出是宾馆方面出错的，要立即向客人表示歉意，并做出处理，问题解决后征求客人对解决投诉的意见，以示宾馆对客人的重视。

（5）当投诉处理涉及宾馆其他部门时，应立即通知部门经理，查清事实做出处理，大堂副理必须跟进处理这一事件。

（6）处理完客人的投诉后，要再次向客人表示关注和歉意，以消除客人因此事引起的不快。

（7）通知相关部门特别留意投诉的客人。

（8）详细记录投诉客人的姓名、房号、投诉时间、投诉事由和处理结果。将重大投诉整理成文，呈宾馆领导批示。

（9）将事件详细记入交接班日志。

3. 为住店客人过生日

如果你是一名大堂副理，会怎样给客人一个难忘的生日？

4. 处理紧急事件

现代酒店具有复杂性和多功能性的特点，是紧急突发性事件较容易发生的场所，处理不当就会引发严重的后果，造成巨大损失，影响酒店的整体形象。一旦出现突发事件，酒店的处事能力直接反映一家酒店服务水平及管理水平的高低。因此，我们非常有必要来讨论一下如何妥善处理好酒店的紧急突发性事件，既要维护好客人的合理权益又不能损害酒店的利益。

首先，我们应该认识一下何为酒店的紧急突发性事件。我们知道，酒店提供给客人的是有形产品与无形产品的结合，即包括菜肴、酒水、客房和娱乐设施等有形产品，也包括接待、礼貌、氛围等无形产品，其中有形产品是基础，无形服务是保证，缺一不可。酒店服务是酒店产品的重要组成部分，是一种以物质条件为凭借，以活动本身为主要消费对象的特殊劳动，是客人在酒店下榻期间所获得的各种满足与不满足的总和。正如营销专家勒维特曾经说过："公众不是买产品，而是买满意。"客人在酒店的消费活动，几乎离不开酒店工作人员的无形服务，但无形服务具有质量标准的非量化性和不稳定性，在一定程度上不可避免突发事件的发生。

在酒店中意外随时可能发生，客人主要会发生以下几种意外情况：（1）客人生病或受伤；（2）客人自杀或死亡；（3）火灾；（4）偷盗；（5）员工意外。

10.1.3 大堂副理的素质要求

1. 讲究形象

作为酒店对客服务的代表，大堂副理应保持良好的形象：精神饱满，面带微笑，思想集中，坐姿、站姿和走姿都要自然得体；出言谨慎，口气婉转，态度诚恳，谦逊有礼。在任何情况下，不与宾客争辩，做到谦恭、有礼。

2. 礼貌待人

有宾客前来，应主动上前或起立，礼貌地问候，然后请宾客就座。对外宾能用英语或其他外语交谈，对内宾要说普通话，不能讲方言。对宾客提出的问询，要给予全面详细的回答，使对方感到可信、满意。自己能回答的问题，绝不借口推脱给其他部门解答。对确实不了解、没把握的事项，不要不懂装懂，更不能不负责任地自以为是。

接待宾客要百问不厌，口齿清楚，用词贴切，简洁明了。办事态度认真，考虑问题周到，能"急宾客所急"，愿把困难留给自己，把方便让给宾客。接待结束，要先向宾客致谢，做到自然、诚挚。

3. 善于分析

在接待宾客投诉时，首先要热情相待，耐心聆听，冷静分析。即使对方情绪激动，也不能受其影响而冲动。要心平气和，逐步引导，充分尊重投诉者的心情，要显示出自己有风度并且有能力，帮助客人处理好事情。

在听取客人投诉时，应同时做好必要的书面记录，表示酒店方对事情的重视，避免客人误认为酒店方在敷衍了事。在宾客陈述的过程中，不要随意打断对方的讲话，让其在平静的气氛中发泄，以便缓和矛盾。

对宾客的投诉，除表示理解、重视、关心外，要迅速根据实际情况做出必要的查核，拿出妥善解决的办法。在处理问题时不能主观武断，不得轻易表态，不要简单回答"是"或"非"，更不可擅自做不合实际的承诺，避免酒店遭受不必要的名誉和经济损失。

要善于察言观色，适时地用征询、商量、建议性的口吻与宾客交谈。要善于分析问题，即使在对方有错误的情况下，也不要让其丢面子。大堂是人来人往的公共场所，为不影响其他宾客的正常活动，对大声喧哗、粗暴无理的投诉者，可另择场所单独接待。

4. 沉着冷静

大堂作为酒店的重要窗口，大堂副理如遇突发性紧急事件，要沉着、冷静、果断，及时向有关方面通报信息，尽快求得指示和协助，在礼貌服务中体现优质、高效。大堂副理对外是公关形象，接触面广，沟通联系多。在与酒店内部各部门的协作中，也应注意搞好人际关系，团结互助，友善谦让，共同配合。

10.1.4　大堂副理常见问题处理答询

1. 如何处理已离馆客人信件？

答：查一下客人是否有交待如何处理其离馆的信件，如有则按客人交待的去办。如没有交待，对特快专递、急件应转寄下一站或客人家址或立即退件。

对于平信则可暂存一段时间，且每天都要查是否有此客人再次入住。若在暂存期内，客人仍没有入住，则办退件手续。

2. 一位姓陈的非住宿客人对你说，住在你馆的某客人欠他一笔钱，现陈先生无钱回家，希望你帮忙查询及告知该客人的房号，以便他可以追回欠款，你应怎样处理陈先生的要求？

答：对陈先生表示同情。向陈先生解释，没有客人的允许是不能将其房号告知其他人的。建议陈先生通过法律途径解决。并与住客联系，问是否可将房号告知陈先生。

3. 外国客人想在较短的时间内在酒店所在地游览一下，领略一下当地风情，想得到指点时，你应该怎么办？

答：拿出一张本地的旅游图，向客人介绍代表性的名胜和反映市民生活、风貌的场所。询问客人的爱好和时间，据此向客人提出建议，组织路线。如客人需要，可代为联系导游人员和交通工具。最后，给客人送去自己的祝福。

4. 客人的房间钥匙（机械钥匙）遗失，你应怎样处理？

答：遗失钥匙可能对客人的人身及财物有威胁。应进一步查找，是否有人拾获。若仍找不到则带客人换锁。通知财务部在用此房钥匙签单时，注意核实。如果客人仍感觉不安全，则帮他换房。

5. 某客寄存了5件行李在宾馆，但遗失了行李寄存卡的提取联，现他要求取回自己的行李，当时客人没有带证件，但能详细说出行李的情况，你应如何处理？

答：请客人回去取证件后再来领取。如果客人一时拿不出证件，又急着取行李，应该：A其出示信用卡，核实签名并复印；B请客人再填一张入住登记卡，与原来的进行核对；C此外还要核对其寄取行李的时间，以查行李的详情与记录是否一致。核对无误后，请客人写下收条，取走行李。

6. 团体客人在入住时才要求代订酒店以外的餐厅晚餐，应该怎么办？

答：首先了解客人的要求：口味、时间、人数、标准和忌食等。向客人介绍本地的餐厅及菜式，请客人选择。根据客人的要求，联系馆外的餐厅，帮客人预订餐位。如订不到餐位，则介绍本馆的外厅。

7. 酒店一位客人在退房时将一包物品交给你，要求你转交给他的朋友黄先生，并说明黄先生明天会来取这包东西，你应如何处理？

答：了解物品的种类，贵重物品，违禁物品可拒绝转交。请客人写一份委托书，注明物品的名称、数量、取物人姓名及联系地址等并签字。核对委托书与物品是否一致。黄先生来取物品时，出示其有效证件，写下收条。有必要则可以复印其证件。

8. 一位客人来登记入住，说他是某旅行团的客人，因提前一天到达，没有预订房间，当时酒店尚有空房，你应该如何处理？

答：先按散客形式安排客人入住。向客人讲清房价的差异，问清其团号，在团单上注明该客已入住。如客人现住房与团体所订房间种类不同，则与客人约好时间第二天转房。做好交班工作，以便第二天更改有关资料。在团体到达时，及时通知客人及旅行团的领队。

9. 旺季客满，慕名而来的客人房间得不到解决，该怎么办？

答：对来客表示欢迎。向客人说明情况，请求原谅。帮助客人联系同类其他酒店，安排车辆。在询问处，总机留下客人的联系方式以便解答有关此客的问询。

10. 客人生病怎么办？

答：对客人表示关心，简单询问一下病情。客人行动方便，引导他去医务室，行动不便则叫医生到现场诊断。运送客人就医要避开公共场所。传染病要做好消毒工作。

10.1.5　宾客关系主任

宾客关系主任是一些大型豪华酒店设立的专门用来建立和维护良好宾客关系的岗位。宾客关系主任直接向大堂副理或值班经理负责。他要与宾客建立良好的关系，协助大堂副理迎贵宾以及安排团体临时性的特别要求。

1. 层级关系

直接上级：大堂副理

2. 宾客关系主任任职要求

（1）自然条件：女，22~40岁，身高1.68米以上。

（2）文化程度：大学专科以上学历，酒店管理相关专业毕业。

（3）工作经验：一年以上四星级酒店前厅部工作经验，熟悉酒店各个部门的工作性质和工作职责。

（4）语言能力：熟练掌握一门以上外语，听、说能力较强。

3. 宾客关系主任岗位职责

（1）掌握酒店各项设施功能及营业时间。

（2）协调本部门和其他部门之间的工作。

（3）及时、准确地引导进店宾客，协助大堂副理解决宾客投诉。

（4）每日征询宾客对酒店的建议，修订成册。

（5）协助进店团体宾客的入住登记工作。

（6）如遇有宾客生病应及时协助处理，及时向上级汇报，并做好事后慰问工作。

（7）及时处理宾客遗留在酒店的物品，主动联系宾客。

（8）协助本部门各个岗位的日常工作，及时补充岗位空缺。

（9）协助上级领导对VIP客人的迎送工作，及VIP客人在店期间的事务处理。

（10）负责大堂各岗位的运作情况：员工的仪容仪表、劳动记律、服务质量，以及公共区域清洁卫生、秩序，设备完好情况。

（11）认真完成上级领导交办的其他各项任务。

10.2　建立良好的宾客关系

1. 正确认识宾客

（1）客人是"人"。要把客人当"人"来尊重，而不是当"物"来摆布。

（2）要充分理解、尊重和满足客人作为"人"的需求。

（3）对待客人的"不对之处"，要多加宽容、谅解。

（4）客人是服务的对象

在酒店的客我关系中，双方扮演着不同的"社会角色"。服务人员是"服务的提供者"，而客人则是"服务的对象"。客人不是"教育"和"改造"的对象。

2. 掌握客人对酒店产品的需求心理

酒店的客人住在酒店的这段时间，实际上是在过一种"日常生活之外的生活"，是从"第一现实"，走进"第二现实"，不管他们是否清楚地意识到，实际上都必然存在"求补偿"和"求解脱"的心理。"求补偿"就是要在日常生活之外的生活中，求得他们在日常生活中未能得到的满足，即更多的新鲜感、亲切感和自豪感。"求解脱"就是要从日常生活的精神紧张中解脱出来。

要使客人"解脱"，体验更多的新鲜感、新切感和自豪感，作为前厅部服务人员不仅要为客人提供各种方便，帮助他们解决各种实际问题，而且要注意服务的方式，做到热情、周到、礼貌、谦恭，使其感受到一种几乎从未有过的轻松、愉快、亲切和自豪。

3. 掌握与客人的沟通技巧

（1）重视对客人的"心理服务"。酒店为客人提供"双重服务"，即："功能服务"和"心理服务"。功能服务满足消费者的实际需要，而"心理服务"，就是除了满足消费者的实际需要以外，还要使消费者得到一种"经历"。从某种意义上讲，客人就是花钱"买经历"的消费者。

（2）对客人不仅要斯文和彬彬有礼，而且要做到"谦恭"、"殷勤"。

（3）对待客人，要"善解人意"。

（4）"反"话"正"说。

（5）否定自己，而不要否定客人。

（6）了解客人喜好，避其所忌。

10.3　客人投诉处理

酒店受理客人投诉的主要场所在前台和餐厅。不少酒店客房和餐饮的营业收入是整个酒店经营收入的两大支柱，前台、客房部和餐饮部接待的客人人数比例较大，因此，投诉客人多为住客、食客，投诉场所多在前台、餐厅是合乎常理的。前台和餐厅是酒店直接对客人服务的营业场所，食客对食品质量的投诉往往是通过餐厅而非厨房，住客对客房设施的投诉往往是通过前台而非工程部，因此，前台、客房和餐厅的基层管理人员尤其需要了解投诉客人的心理活动，以便运用投诉处理技巧，妥善处理投诉。

客人投诉往往是因为酒店工作上的过失或酒店与宾客双方的误解、不可抗拒力或某些客人的别有用心等因素而造成的。

10.3.1 投诉种类

就客人投诉内容的不同，可分为以下几种类型的投诉。

1. 对酒店某工作人员服务态度的投诉

对服务员服务态度优劣的甄别评定，虽然根据不同消费经验、个性、心境的宾客对服务态度的敏感度不同，但评价标准不会有太大差异。尊重需要强烈的客人往往以服务态度欠佳作为投诉内容，具体表现为以下几种。

（1）服务员待客不主动，给客人以被冷落、怠慢的感受。

（2）服务员待客不热情，表情生硬、呆滞甚至冷淡，言语不亲切。

（3）服务员缺乏修养，动作、语言粗俗，无礼，挖苦、嘲笑、辱骂客人。

（4）服务员在大庭广众中态度咄咄逼人，使客人感到难堪。

（5）服务员无根据地乱怀疑客人行为不轨。

2. 对酒店某项服务效率低下的投诉

如果说以上投诉是针对具体服务员的，那么，以下内容的投诉则往往是针对具体的事件而言的。如餐厅上菜、结账速度太慢；前台入住登记手续繁琐，客人待候时间太长；邮件迟迟送达，耽误客人大事等。在这方面进行投诉的客人有的是急性子，有的是要事在身，有的确因酒店服务效率低而蒙受经济损失，有的因心境不佳而借题发挥。

3. 对酒店设施、设备的投诉

因酒店设施、设备使用不正常、不配套，服务项目不完善而让客人感觉不便也是客人投诉的主要内容。如客房空调控制、排水系统失灵，会议室未能配备所需的设备等。

4. 对服务方法欠妥的投诉

因服务方法欠妥，而对客人造成伤害，或使客人蒙受损失。如夜间大堂地面打蜡时不设护栏或标志，以致客人摔倒；客人延期住宿总台催交房费时客人理解为服务员暗指他意在逃账；因与客人意外碰撞而烫伤客人等。

5. 对酒店违约行为的投诉

当客人发现，酒店曾经做出的承诺未能兑现，或货不对板时，会产生被欺骗、被愚弄、不公平的愤怒心情。如酒店未实现给予优惠的承诺，某项酒店接受的委托代办服务未能按要求完成或过时不复等。

6. 对商品质量的投诉

酒店出售的商品主要表现为客房和食品。客房有异味，寝具、食具、食品不洁，食品未熟、变质，怀疑酒水假冒伪劣品等，均可能引起投诉。

7. 其他（酒店方面的原因）

服务员行为不检、违反有关规定（如向客人索要小费），损坏、遗失客人物品；服务员不熟悉业务，一问三不知；客人对价格有争议；对周围环境、治安保卫工作不满意；对管理人员的投诉处理有异议等。

10.3.2 投诉表达的方式及产生的原因

1. 客人投诉时的表达方式一般分为以下几种。

（1）理智型

这类客人在投诉时情绪显得比较平静，他们力图以理智的态度、平和的语气和准确清晰的表达向受理投诉者陈述事件的经过及自己的看法和要求，善于摆道理。

（2）火爆型

这类客人很难克制自己的情绪，往往在产生不满的那一刻就高声呼喊，言谈不加修饰，一吐为快，不留余地。动作有力迅捷，对支吾其词、拖拉应付的工作作风深恶痛绝，希望能干脆利落地彻底解决问题。

（3）失望痛心型

情绪起伏较大，时而愤怒，时而遗憾，时而厉声质询，时而摇头叹息，对酒店或事件深深失望，对自己遭受的损失痛心不已是这类客人的显著特征。这类客人投诉的内容多是自以为无法忍耐，或是希望通过投诉能达到某种程度的补偿。

2. 投诉产生的原因

（1）酒店方面的原因

主要表现为消费环境、消费场所、设施设备未能满足客人的要求；员工业务水平低，工作不称职，工作不负责任，岗位责任混乱，经常出现工作过失；部门间缺乏沟通和协作精神，管理人员督导不力；对客人尊重程度不够；服务指南、宣传手册内容陈旧、说明不翔实等。

（2）客人方面的原因

主要表现为对酒店的期望要求较高，一旦现实与期望相距太远时，会产生失望感；对酒店宣传内容的理解与酒店有分歧；个别客人对酒店工作过于挑剔等。

10.3.3 正确看待投诉

客人投诉不仅仅意味着客人的某些需要未能得到满足，实际上，投诉也正是客人对酒店、对酒店员工服务工作质量和管理工作质量的一种劣等评价。任何酒店、任何员工都不希望有宾客投诉自己的工作，这是人之常情。然而，即使是世界上最负盛名的酒店也会遇到客人的投诉。

成功的酒店善于把投诉的消极面转化成积极面，通过处理投诉来促进自己不断工作，防止投诉的再次发生。正确认识宾客的投诉行为，就是不仅要看到投诉对酒店的消极影响，更重要的是把握投诉所隐含的对酒店的有利因素，变被动为主动，化消极为积极。

如果出现投诉情况，我们也应以积极的态度对待宾客的投诉，一般来说，大多数客人都是通情达理的，即使遇到个别挑剔的客人，也应本着"宾客至上"的宗旨尽可能满足其要求，但应遵循一个原则，即在维护酒店利益的同时使宾客满意。

10.3.4 投诉处理的原则和方法

坚持"宾客至上"的服务宗旨，对客人投诉持欢迎态度，不与客人争吵，不为自己辩护。接待投诉客人，受理投诉，处理投诉，这本身就是酒店的服务项目之一。如果说客人投诉的原因总是与服务质量有关的话，那么，此时此刻代表酒店受理投诉的管理人员应真诚地听取客人的意见，表现出愿意为客人排忧解难的诚意，对失望痛心者表示安慰、同情，对脾气火爆者豁达礼让、理解为怀，争取完满解决问题，这本身就是酒店正常服务质量的展现。如果说投诉客人都希望获得补偿的话，那么，在投诉过程中对方能以最佳的服务态度对待自己，这对通情达理的客人来说，也算得上是某种程度的补偿。

1. 处理投诉要注意兼顾客人和酒店双方的利益

管理人员在处理投诉时，身兼两种角色，首先，他是酒店的代表，代表酒店受理投诉。因此，他不可能不考虑酒店的利益。但是，只要他受理了宾客的投诉，只要他仍然在此岗位工作，他也同时成为了客人的代表，既是代表酒店同时也是代表客人去调查事件的真相，给客人以合理的解释，为客人追讨损失赔偿。客人直接向酒店投诉，这种行为反映了客人相信酒店能公正妥善解决当前问题。为回报客人的信任，以实际行动鼓励这种"要投诉就在酒店投诉"的行为，管理人员必须以不偏不倚的态度，公正地处理投诉。

2. 对投诉的一般处理程序

（1）做好接待投诉客人的心理准备。为了正确、轻松地处理客人投诉，必须做好接待客人的心理准备。首先，树立"客人总是对的"的信念。其次，要掌握投诉客人的三种心态，即，求发泄、求尊重和求补偿。

（2）专注地倾听客人诉说，准确地领会客人意思，把握问题的关键所在。

（3）请客人移步至不引人注意的一角，对情绪冲动的客人或由外地刚抵埠的客人，应奉上茶水或其他不含酒精的饮料。

（4）不打断或反驳客人，用适当的表情表示自己对客人遭遇的同情、理解和抱歉，并注意做好记录。

（5）着手调查。必要时向上级汇报情况，请示处理方式，做出处理意见。

（6）把调查情况与客人进行沟通，向客人做必要解释，争取客人同意处理意见。

（7）向有关部门落实处理意见，监督、检查有关工作的完成情况。

（8）与客人进行再次沟通，询问客人对投诉的处理结果是否满意，同时感谢客人。

（9）把事件经过及处理整理文字材料，存档备查。

10.3.5 常见投诉的处理

1.外国客人对我国酒店的常见投诉

（1）酒店内公用厕所的清扫员不分性别。

（2）闭路电视节目不准确，无法收看。

（3）客房没有冰块供应。

（4）卫生间及卧室有毛发。

（5）酒店没有无烟区和无烟客房。

（6）商务客房多是灯光暗淡。

（7）酒店工作人员大声喧哗。

（8）电话收费问题。

（9）酒店服务缺乏明确的时间概念。

2.客人对设备投诉，大堂副理应如何处理？

（1）向客人致歉，询问、记录设备故障的表象。

（2）征求客人维修或换房意见。

（3）根据客人要求维修或换房。

（4）工程维修完毕后立即通知服务中心，由服务中心安排人员恢复客房。

（5）如工程维修不能在半小时内完成，大堂副理应再与客人联系协商换房事宜。

（6）做好记录。

3.客人对服务态度或服务质量投诉，大堂副理如何处理？

（1）认真倾听，记录投诉内容。

（2）根据投诉内容与相关部门协调，将处理意见及时回复客人。

（3）重大投诉应通知相关部门经理。

（4）准确、详细记录在宾客意见本上。

10.4 建立客史档案

曼谷东方酒店员工的特异功能

一次，一位香港客人到达曼谷，刚下飞机，酒店机场代表前来迎接。一见面，机场代表就说：××先生，您好！要是我没记错的话，您有一年多没来我们酒店了，是不是我们的服务不好有什么地方让您不满意了？他赶紧回答：不，不，酒店很好，主要是这段时间在泰国没有业务，来泰国肯定住你们酒店！……到达酒店以后，从门童到总台接待员，再到客房服务员，见到他都像见到老朋友一样，第一句话都是××先生，您好！这一切都令这位香港客人又惊奇又感动，他心想：他们怎么都知道我的姓名呢？我有多长时间没来酒店他们也都知道。但不管怎么说，这一点令他感到高兴，就像回到家里一样。

胡萝卜汁的故事

有一位客人讲述了他在某酒店的奇妙经历：几年前，我和香港某酒店的总经理一起用餐时，他问我最喜欢什么饮料，我说最喜欢胡萝卜汁。大约6个月以后，我再次来这家酒店做客。在房间的冰箱里，我发现了一大杯胡萝卜汁。以后的几年中，不管什么时候住进这家酒店，他们都为我备有胡萝卜汁。最近一次旅行中，飞机还没在启德机场降落，我就想到了酒店里等着我的那杯胡萝卜汁，顿时心里一阵温暖。几年来，尽管这家酒店的房价涨了3倍多，我还是住这家酒店，正是因为他们为我准备了胡萝卜汁。

从这两则案例可以看出，酒店就是一个浓缩了的小社会。在这个小社会里，所有光顾消费的客人既有共同的特性和需求，又各有不同的特点，他们对于酒店提供的服务既有相同的要求，即要求服务热情、周到、规范，又各有不同的个性化要求，这是由他们各自的特点决定的。

要想超越服务的现有水平，提供富于针对性的服务，就必须深入了解每位顾客的需求特点。了解顾客的需求特点，是提供个性化服务的基础，必须做到真心、细心、耐心。有一位长包住户，是经常下工地的建筑商，每次回到客房后，皮鞋上都沾满了泥浆，用普通的擦鞋纸根本起不了作用，服务员看在眼里，马上为他专门配备了成套的擦鞋用具，这是真心。

顾客在消费时，其需求上的特点只要细心，便不难发现。例如，餐厅服务员看到顾客品尝某道菜时面露难色，但并没有吭声，便要上前询问，菜是否不合口味，需不需要回锅重做。而不能等到客人忍无可忍自己提出来，这是细心。顾客认可了酒店的服务水准，成为忠诚的回头客以后，不要放松对顾客需求的进一步了解，长年累月的细心观察累积起来，对顾客需求的特点就形成了全面深刻的认识，在此基础上提供的服务就是抓住回头客的关键所在。

譬如新加坡的华侨庄先生，酒店通过对他的反复观察和多次接触，充分了解到他喜欢的房间朝向、鲜花种类、吉祥幸运数、沐液的香型和业余爱好，并且了解到他的听力不好。这样了如指掌的认识，绝非一朝一夕的功夫，这就是耐心。在做到"三心"之后，还有一个方法，即由营销部门统计有关客人的信息，从而在接到客人预订入住信息后，及时做出反映。各部门各工种的服务人员，将对某位客人的特点认识集中汇报给营销中心，营销中心再将所有关于该客人的情报资料汇总到其档案卡上，备录下来，并输入到客户资料库。当总台接到客户的预订或入住信息后，就可以马上向相关部门发出个性化服务提示。

例如，有位客人正在办理入住登记手续。总台工作人员在录入电脑时，得到营销部门的预先提示，迅速了解到该客人的一些相关情况。如客人来自澳门地区，从事广告制作业，喜欢住15楼的南向客房，喜欢吃川菜，尤其中意小碟装的麻椒油酱等，总台据此可以迅速做出反应，先是替他安排15楼的客房，通知楼层服务台在他房间里摆放最新的广告报刊，通知餐厅，若有1522房客人来用餐，向他们推介川菜，预备一些麻椒油酱。一切都在客人毫不知觉的情况下悄然进行，客人面临的将是一个巨大的惊喜。

总的来说，我们对经常来酒店消费的顾客，尤其是那些数量和消费额都很大的顾客，可以视为重点或目标客源。对于这些宾客我们可以制作一份宾客历史档案卡，以便及时发现他们的需求特征细节，从而更好地对他们进行有的放矢的推销和服务。服务要做到有的放矢就必须先明确目的是什么，这是组织服务的第一步。在实践中，我们往往会发现，由于酒店迎来送往的客人数以万计，而他们的要求和特点又五花八门，令接待员感到很难应对，能按程序和规范要求做好接待工作就有很大的工作量了，还要充分照顾到顾客的个性化要求，则是心有余而力不足了。

解决这个问题的最好办法就是建立客史档案馆，将日常工作中收集到的有关客人的消费资料全部以资料的形式，以制度化的规范文本记载下来。这样一来就克服了个人记忆力的有限性，又可以完全准确地保留客情资料，对于那些力图搞好市场营销，使服务工作更有成效的工作人员来说，客史档案是一个珍贵的工具。同时，建立客史档案馆，拥有全面详尽的客情资料还有助于提高酒店经营决策的科学性。具体到操作上，客史档案的有关资料主要来自于客人的订房单、住宿登记表、账单、投诉及处理结果记录、宾客意见簿及其他平时观察和收集到的有关资料。在以前，这类工作大都是通过手工操作来完成的，速度慢、工作量大、管理困难、调用不方便，随着电脑的普及与应用，这个难题已经得到了极大的改善。无论是从竞争的需要还是从现实的硬件条件来看，建立客史档案馆都是十分必要和可能的。

10.4.1 建立客史档案的意义

建立客史档案是酒店了解客人、掌握客人的需求特点，从而为客人提供针性服务的重要途径。对于那些力图搞好市场营销，努力使工作卓有成效，并千方百计使自己的一切活动都针对每位客人个性的酒店经理和工作人员来说，客史档案是一个珍贵的工具。建立客史档案对提高酒店服务质量，改善酒店经营管理水平具有重要意义。

1. 有利于客人提供"个性化"服务（Personalized Service），增加人情味。

2. 有利于搞好市场营销，争取回头客。

3. 有助于提高酒店经营决策的科学性。

10.4.2 客史档案的内容

1. 常规档案

常规档案包括客人的姓名、性别、年龄、出生日期、婚姻状况以及通信地址、电话号码、公司名称、职位等，收集这些资料有助于了解目标市场的基本情况，了解"谁是我们的客人"。

2. 预订档案

预订档案包括客人的订房方式、介绍人，订房的季节、月份和日期以及订房的类型等，掌握这些资料有助于酒店选择销售渠道，做好促销工作。

3. 消费档案

消费档案包括包价类别、客人租用的房间、支付的房价、餐费以及在商品、娱乐等其他项目上的消费；客人的信用、账号；喜欢何种房间和酒店的哪些设施等，从而了解客人的消费水平、支付能力以及消费倾向、信用情况等。

4. 习俗、爱好档案

这是客史档案中最重要的内容，包括客人旅行的目的，以及平时的爱好和生活习惯；宗教信仰和禁忌；住店期间要求的附加服务。了解这些资料有助于为客人提供有针对性的"个性化"服务。

5. 反馈意见档案

反馈意见档案包括客人在住店期间的意见、建议、表扬和赞誉、投诉及处理结果等。

10.4.3　酒店客史档案的功能

酒店客史档案的功能主要表现为以下几个方面。

1. 有利于增强酒店的创新能力

酒店行业是服务型行业，所提供的产品必须适应自身客源市场不断变化的消费需求，通过客史档案的管理和应用，酒店能够及时掌握顾客消费需求的变化，适时地调整服务项目，不断地推陈出新，确保持续不断的向市场提供具有针对性、有吸引力的新产品，满足顾客求新、求奇、求特色的消费需要。酒店产品体系的创新是酒店的生命力所在，而客史档案的科学建立和运用是提升酒店创新能力的基础。

2. 有利于提升酒店的服务品质

当今世界顾客需求的个性化特征日趋明显，要求酒店适时跟进，为顾客创造更加温馨、富有人情味的消费环境和空间。客史档案是酒店客户关系管理系统和客户忠诚系统的组合平台，一方面客户关系管理系统的作用就在于通过对客户信息的深入分析，能够全面了解客户的爱好和个性化需要，开发出"量身定制"的产品，大大提高客人的满意度；另一方面，客户忠诚系统的作用则体现在通过个性化服务和一系列酒店与客户间"一对一"的情感沟通，客户对酒店会产生信任感，会认为在这里消费比其他地方更可靠、更安全、更有尊严感，顾客满意将升华为顾客忠诚，酒店服务的品质会得到客户的进一步认同。

3. 有利于提高酒店的经营效益

客史档案的科学运用将有助于酒店培养一大批忠诚顾客，一方面可以降低酒店开拓新市场的压力和投入；另一方面由于忠诚客户对酒店产品、服务环境等方面熟悉，具有信任感，因此，他们的综合消费支出也就相应比新客户更高，而且客户忠诚度越高，保持忠诚的时间越长，酒店的效益也就越好。

4. 有利于提高酒店的工作效率

客史档案为酒店的经营决策和服务提供了翔实的基础材料，使得酒店的经营活动能够有的放矢，避免许多不必要的时间、精力和资金的浪费。由于对客户消费情况的熟悉，员工的服务准备更为轻松。良好客户关系的建立，也有助于酒店工作氛围的改善，员工的工作热情，主动精神将得到有效地发挥，酒店整体的工作效率也将极大地提高。

5. 有利于塑造酒店的显性品牌

口碑效应是酒店品牌塑造的关键因素，忠诚客户一个显著的特点是会向社会、同事、亲朋推荐酒店。义务宣传酒店的产品和优点，为酒店树立良好的口碑，带来新的客源。根据客史档案划分，培育忠诚客户，可以为酒店创造更为重要的边际效应。

10.4.4　客史档案的管理和使用

1. 树立全店的档案意识

客史档案信息来源于日常的对客服务细节中，绝不是少数管理者在办公室内就能得到的资源，它需要酒店全体员工的高度重视，在对客服务的同时有意识地去收集，因此，酒店在日常管理、培训中应向员工不断灌输"以客户为中心"的经营理念，宣传客史档案的重要性，培养员工的档案意识，形成人人关注，人人参与收集客户信息的良好氛围。

2. 建立科学的客户信息制度

客户信息的收集、分析应成为酒店日常工作的重要内容，应在服务程序中将客户信息的收集、分析工作予以制度化、规范化。例如，可规定每月每位高层管理者最少应接触5位顾客，每位中层管理者最少应接触15位顾客并了解客户的需求，普通员工每天应提供2条以上的客史信息等。在日常服务中应给员工提示观察客人消费情况的要点，如客房部员工在整理客房时应留意客人枕头使用的个数、茶杯中茶叶的类别、电视机停留的频道、空调调节的温度、客房配备物品的利用情况等。餐饮部员工可注意客人菜品选择的种类、味别，酒水的品牌。遗留菜品的数量，就餐过程中对酱油、醋、咸菜等的要求，等等，从这些细节中能够捕捉到客人的许多消费信息。同时应以班组为单位建立客户信息分析会议制度，每位员工都参与，根据自身观察到的情况，对客人的消费习惯、爱好做出评价，形成有用的客史档案。

3. 形成计算机化管理

随着酒店经营的发展，客史档案的数量将越来越多，因此，客史档案的管理必须纳入酒店的计算机管理系统中。计算机管理系统是酒店的基础功能要求，在客史档案管理板块应具备：第一，及时显示功能，在酒店的每个服务终端，一旦需要客户基础数据，系统就能够立即自动显示客人的相关信息资料，为对客接待提供依据；第二，检索功能，计算机检索是档案信息现代化的标志之一，客史档案要便于随时补充、更改和查询；第三，信息共享功能，客史档案要发挥作用，必须实现酒店各部门之间的快速传递，通过酒店计算机管理系统达到客史档案的资源共享功能是客史档案管理的基本要求。

4. 利用客史档案开展经营服务的常规化

酒店营销部门、公关部门应根据客史档案所提供的资料，加强与VIP客户、回头客、长期协作单位之间的沟通和联系，使之成为一项日常性的常规工作，如可以通过经常性的回访、入住后征询意见、客户生日时赠送鲜花、节日期间邮寄一张贺卡、酒店主题活动、新产品推出时邮寄宣传资料等方式拉进酒店与客户之间的关系，让客人感到亲切和尊重，客人的忠诚度也会得到极大的提高，这样客户即使偶尔对酒店的服务有意见，也不会轻易放弃酒店。

总之，酒店客史档案的管理和应用是一项系统性工程，需要酒店高度重视，积极探索，形成科学完整的体系，以从客人日积月累的消费记录中进行各方面的分析，为管理者提供有利的决策依据，使之成为酒店经营决策的财富。

知识梳理

1. 大堂副理的主要职责

（1）控制酒店整体气氛；（2）处理客人投诉，解决问题；（3）协助各部门工作，协调矛盾；（4）代表总经理处理日常工作。

2. 大堂副理的工作程序

（1）VIP的接待程序；（2）处理客人投诉；（3）为住店客人过生日；（4）处理紧急事件。

3. 大堂副理的素质要求。

4. 大堂副理常见的问题处理答询。

5. 宾客关系主任任职要求和岗位素质。

6. 客人投诉处理

（1）投诉种类；（2）投诉表达的方式及产生的原因；（3）正确看待投诉；（4）投诉处理的原则和方法；（5）常见投诉的处理。

7. 客史档案的建立

（1）建立客史档案的意义；（2）客史档案的内容；（3）酒店客史档案的功能；（4）客史档案的管理和使用。

习题和技能训练

1. 大堂副理的主要职责包括哪四个方面？

2. 与客人沟通需要掌握哪些技巧？

3. 就投诉内容的不同，可分为哪几种投诉？

4. 投诉处理的一般程序是什么？

5. 建立客史档案的意义？

6. 客史档案包括哪些主要内容？

7. 客史档案的功能表现在哪些方面？

8. 如何进行客史档案的管理和使用？

9. 模拟客人投诉的处理。

参考文献

1. 蒋丁新. 酒店管理概论. 大连：东北财经大学出版社，2000
2. 李树民. 现代酒店管理概论. 西安：西北大学出版社，2002
3. 苏伟伦. 宾馆酒店经营管理. 北京：中国纺织出版社，2001
4. 涂明祥. 现代企业管理. 北京：中国商业出版社，2002
5. 黄震方. 酒店管理概论. 北京：高等教育出版社，2001
6. 现代旅游酒店管理. 国家旅游局人事劳动教育司编. 北京：中国旅游出版社，1999
7. 酒店世界丛刊. 上海：上海社会科学院旅游研究中心，2003-2004
8. 邹益民，张世琪. 现代酒店房务管理与案例. 沈阳：辽宁科学技术出版社，2003
9. 浙江省旅游局人事劳动教育处编. 四、五星级酒店业务知识. 浙江人民出版社，2002
10. 徐桥猛. 现代酒店管理. 北京：高等教育出版社，2004
11. 钱炜，李伟. 酒店营销学. 北京：北京旅游教育出版社，2001
12. 魏小安. 中国旅游酒店业的竞争与发展. 广州：广东旅游出版社，2000
13. 王建平. 酒店新论. 北京：中国财政经济出版社，2003
14. 谷慧敏. 世界著名酒店集团管理精要. 沈阳：辽宁科学技术出版社，2001
15. 周丽洁. 酒店管理概论. 长沙：中南大学出版社，2005
16. 吕建中. 现代酒店管理. 北京：中国旅游出版社，2004
17. 浙江省旅游局人事教育处编. 星级酒店业务知识. 杭州：浙江人民出版社，2001
18. 朱承强. 现代酒店管理. 北京：高等教育出版社，2003
19. 张利民，王素珍. 酒店管理概论. 北京：北京大学出版社，2008

教辅产品及教师会员申请表

申请教师姓名				
所在学校			所在院系	
联系电话			电子邮件地址	
通信地址				
教授课程名称			学生人数	
您的授课对象	本科□　研究生□　MBA□　EMBA□　高职高专□　其他□			
教材名称			作者	
书号			订购册数	
您对该教材的评价				
您教授的其他课程名称			学生人数	
准备选用或正在使用的教材 （教材名称　出版社）				
您的研究方向		是否对教材翻译或改编有兴趣？		是□　否□

您是否对编写教材感兴趣？　　　是□　　　否□

　您推荐的教材是：＿＿＿＿＿＿＿＿＿＿＿＿＿＿＿＿＿＿＿＿＿＿＿＿＿

　　推荐理由：＿＿＿＿＿＿＿＿＿＿＿＿＿＿＿＿＿＿＿＿＿＿＿＿＿

为确保教辅资料仅为教师获得，请将此申请表加盖院系公章后传真或寄回给我们，谢谢！

教师签名：

院/系办公室公章

地　　　址：北京市丰台区成寿寺路 11 号邮电出版大厦 1108 室

　　　　　北京普华文化发展有限公司（100164）

传　　　真：010 – 81055644

读者热线：010 – 81055656

编辑邮箱：chengzhenzhen@ puhuabook. cn

投稿邮箱：puhua111@126. com，或请登录普华官网"作者投稿专区"。

投稿热线：010 – 81055633

购书电话：010 – 81055656

媒体及活动联系电话：010 – 81055656　　　　　邮件地址：hanjuan@ puhuabook. cn

普华官网：http：//www. puhuabook. cn

博　　　客：http：//blog. sina. com. cn/u/1812635437

新浪微博：@普华文化（关注微博，免费订阅普华每月新书信息速递）